文 化 名 家 暨
"四个一批"人才作品文库

新 闻 界

思考的笔

王 晖 著

中华书局

图书在版编目(CIP)数据

思考的笔/王晖著. —北京:中华书局,2014.7
(文化名家暨"四个一批"人才作品文库)
ISBN 978 - 7 - 101 - 10071 - 6

Ⅰ. 思… Ⅱ. 王… Ⅲ. 新闻工作 - 中国 - 文集
Ⅳ. G219.2 - 53

中国版本图书馆 CIP 数据核字(2014)第 066290 号

书　　名	思考的笔
著　　者	王　晖
丛 书 名	文化名家暨"四个一批"人才作品文库
责任编辑	罗华彤
出版发行	中华书局
	(北京市丰台区太平桥西里 38 号　100073)
	http://www.zhbc.com.cn
	E-mail:zhbc@ zhbc.com.cn
印　　刷	北京瑞古冠中印刷厂
版　　次	2014 年 7 月北京第 1 版
	2014 年 7 月北京第 1 次印刷
规　　格	开本/700×1000 毫米　1/16
	印张 18¾　插页 4　字数 300 千字
国际书号	ISBN 978 - 7 - 101 - 10071 - 6
定　　价	56.00 元

出　版　说　明

　　实施文化名家暨"四个一批"人才工程，是宣传思想文化领域贯彻落实人才强国战略、提高建设社会主义先进文化能力的一项重大举措。这一工程着眼于对宣传思想文化领域的优秀高层次人才的培养和扶持，积极为他们创新创业和健康成长提供良好条件、营造良好环境，着力培养造就一批造诣高深、成就突出、影响广泛的宣传思想文化领军人才和名家大师。为集中展示文化名家暨"四个一批"人才的优秀成果，发挥其示范引导作用，文化名家暨"四个一批"人才工程领导小组决定编辑出版《文化名家暨"四个一批"人才作品文库》。《文库》主要收集出版文化名家暨"四个一批"人才的代表性作品和有关重要成果。《文库》出版将分期分批进行，采用统一标识、统一版式、统一封面设计陆续出版。

　　　　　　　　　　　　　　　　　　文化名家暨"四个一批"人才

　　　　　　　　　　　　　　　　　　工程领导小组办公室

　　　　　　　　　　　　　　　　　　2012年12月

王　晖

　　1961年9月生，江西瑞昌人。1982年毕业于江西大学（现南昌大学）中文系。现任江西日报社社长、高级记者。在任江西日报社副总编辑兼江南都市报总编辑期间，积极探索市场化运作规律，报纸进入中国报业30强。提出"脑中有导向、心中有读者、眼中有市场"的办报方针，受到高度评价。在任江西日报社总编辑期间，《江西日报》连续三年获得中国新闻奖一等奖。在国家级新闻类核心期刊上发表论文20余篇。获中国新闻奖一等奖1次、二等奖3次、三等奖2次，及"中国杰出报人奖"。获"全国百佳新闻工作者"称号，是全国新闻出版行业领军人才，享受国务院颁发的政府特殊津贴。

目 录

论 文

办报思路

新闻作品

人　物

访　谈

论　文

舆论引导

新媒体格局下壮大主流舆论的思路与对策

以微博为代表的民间舆论的快速兴起,使我们面临着一个新的舆论生态:传播手段的多样、舆论空间的多元、社会思潮的多变。传统主流媒体不再享有唯我独有的信息传播和发布权,舆论环境呈现出复杂多变的特点,面对这种格局,主流媒体的报道如果不能形成主流舆论,就有被边缘化的危险。如何发挥主流媒体的舆论引导作用,在众说纷纭的舆论环境中,传递主导社会舆论的声音,已显得十分迫切而重要。

争主动:在开放的舆论空间中树立起"风向标"

新媒体崛起所带来的变化,莫过于受众的变化。媒体的传播对象已不再是仅能被动接受信息的受众。昨天的受众,今天可以是报道者,可以是评论员。他们同样可以通过网络来发布信息甚至引导舆论,使新媒体变成了一个开放的舆论空间。这个开放的舆论空间有两大特点:一是真实性很难求证,二是轰动性很难控制。在人声鼎沸、众声喧哗的同时,也让人们陷入了一个困境:分不清孰是孰非、孰真孰假。主流媒体如果凭借其长期形成的公信力和权威性,主动为公众解疑释惑,指明方向,就能起到左右舆论走向的"风向标"作用。今年上半年,由于江西气候波动异常,导致农产品价格疯涨。群众对此议论纷纷,网上传言不断,有的地方甚至出现囤积抢购现象。"菜篮子"问题,一头连着农民,一头连着市民,两头都是大民生,《江西日报》适时推出了《三问"菜篮子"》这篇报道,从肉价涨势能否遏制、水产品价格能否回落、蔬菜价格还会不会大起大落等三个方面回答了人们所关注的问题,作为江西最权威媒体《江西日报》的发声,快速形成主导舆论,从而迅速平息了公众的恐慌情绪。

主流媒体要在开放的舆论空间树立起"风向标",必须冲着热点去,迎着难点上,围绕舆论焦点主动设置议题。过去对社会热点问题、敏感问题、突发事件,主流媒体由于担心把握不准,多年来一直存在"报与不报"的困惑。其实,这些问题恰恰是群众最为关注的,也是最需要舆论来引导的,如果我们的主流媒体回避这些问题,就起不到舆论引导的作用。在信息渠道多元化的状况下,如果公众从主流媒体上得不到信息或不能及时得到信息,公众的视线就会从主流媒体移开,就会通过网络、口头传播,甚至通过接收境外电台、上境外网站等方式获取有关信息,并且有意识地与主流媒体的报道进行比较。如果人们从其他渠道得到的是不真实不准确的报道,先入为主的信息会严重影响人们的判断,从而形成负面舆论。在当今信息时代,除国家机密和个人隐私等法律上有明确规定的之外,原则上一切信息都应该是共享的、公开的。社会热点问题、敏感问题、突发事件报道的基本取向应是日趋开放——报道禁区越来越小,透明度越来越高。只有主动、及时、公开的报道,才能够起到设置议题、引导舆论、以正视听的效果。作为主流媒体也要善于发现和敢于触及社会公众议论关注的问题,主动进行及时、有效的引导,真正起到解疑释惑、增进理解、平衡心理、改进工作、凝聚人心的作用,这样才能提高舆论引导的能力。如中央提出加快经济发展方式转变,中央人民广播电台强力推出百集系列报道《经济转变100问》,该系列"解读式"报道,全面揭示了转变经济发展方式中的问题和矛盾。针对地方政府的 GDP 冲动如何引导、收入差距为什么越来越大、如何让老百姓敢花钱等 100 个社会热点问题,记者深入到经济社会最前沿实地采访,以大量来自基层的鲜活事例,直面发展中的矛盾问题,通过记者的视角以及政府的声音、企业的声音、专家的声音,多层面、多角度对转变经济发展方式的重要性和必要性进行了分析解读,并提出了破解"经济转型"难题的新思路和好的做法,因而说服力强。这组系列报道被各大网站纷纷转载,全国二十多家经济广播电台转播,这是主流媒体围绕难点、热点问题进行舆论引导的一次成功探索和创新。

找重点：不求吸引眼球，更重引领思想

"大嗓门"、"高调"、"极端化"的观点最容易出现在网民的言论中，其目的就是为了"吸引眼球"。网络舆论因此通常比较感性化、情绪化、简单化，具有明显的非理性色彩，也常常充斥捕风捉影、道听途说、夸大其词、耸人听闻之辞，在表达方式上也呈现出偏激的倾向。而且，网络舆论变动速度很快，一些网民几乎来不及冷静思考、深入分析就发表意见，从发酵、升温到大规模扩散可在短时间内完成，一件看似不大的事情往往很快就会弄得满城风雨。当前，网上热点不仅数量越来越多、涵盖面越来越广，而且燃点越来越低、转换越来越快。往往一个热点尚未平息，另一个甚至几个热点就又形成，一些地区性、局部性和带有某种偶然性的问题，变成了全民"围观"的公共话题。因此网络舆论并不能完全代表社会主流声音，但又是不容忽视的社会情绪"晴雨表"。作为主流媒体没有必要也没有可能与网络舆论去争夺"吸引眼球"，而应密切关注网络舆情的变化，当事物初现端倪甚至潜藏于无形之时，或是当热点突发流言涌动之时，要以正确的思想引导人们理性地看待社会问题。最伟大的传播是价值观的输出，真正的舆论影响力，不仅能满足公众的观感需求，更重要的是能够潜移默化地影响公众的思维方式。主流媒体的思想高度有其他媒体不可比拟的优势，因此应充分挖掘自身优势，增加具有深刻思想内涵的评论和深度报道，以此作为引导舆论的"重型武器"，引导人们及时厘清面对各种社会问题所产生的种种思想困惑，让公众在观点和事实的不断碰撞中，逐步形成共鸣，达成共识。现在从中央电视台到一些地方电视台的新闻频道都设置了时事评论员。自从《人民日报》推出任仲平署名文章后，许多省级党报在面临重大事件或热点、敏感问题的时候，也都会推出自己的重点评论，就本地区某一时期或某一阶段的重大问题、重大事件和重大政策展开论述，"见人之所未见，言人之所未言"，向公众阐述观点、表明看法、讲清道理，每每引起广大读者和网民的热烈反响，展现了主流媒体舆论引导的独特作用，取得了很好的效果。

善融入：寻求主流舆论和民间舆论的最大重合度

事实证明，主流舆论与民间舆论重合度越大，舆论引导的效果就越好，反之，重合度越小，舆论引导的效果就越差。要取得传播效果的最大化，主流媒体应加强与新媒体的联动融合，拓展传播渠道，通过影响网络舆论达到引导社会舆论的目的。传统主流媒体与新媒体的融合主要表现在两方面：一是打破媒介边界，将传统主流媒体的权威性、公信力等优势与新媒体的快速、互动、传播面广等优势结合起来，实现传播效果的最大化。《江西日报》获得"中国新闻名专栏奖"称号的"江报直播室"，是全国首个报网互动视频直播栏目，通过这些年来报网互动的实践，这个专栏促进了"报纸读者—网站网民"的融合，党报传播的覆盖面和影响力得到了进一步的延伸和加强。在此基础上，今年《江西日报》又开设了报网联动微博栏目"大家正在说"，每天将当日报纸刊发的热点新闻转发在江西日报官方微博上供网友评议，网友还可向报纸提供新闻线索，次日《江西日报》上的"大家正在说"栏目择优刊登网友在微博上发表的精彩评论，形成报纸与网络、读者与栏目之间的联动。这个栏目一设立就受到网友的热捧，"粉丝"人数不断增多，"粉丝"活跃程度在全省媒体中高居第一。报纸通过这个栏目可以把握民意风向，从而可以有针对性地引导社会舆论。二是利用新媒体来改进主流媒体的报道，使主流舆论更好地融入民间舆论，寻求传统主流媒体与新兴媒体重合的最大公约数，使不同舆论场的声音能够最大程度地协调起来，达到传播效果的最优化。为配合宣传中央关于推动社会管理创新的精神，今年4月21日以来，人民日报评论部撰写了"关注社会心态"等系列文章，用网民乐于接受的朴实的平民化语言和诚恳平和的文风，直接回应贫富差距、弱势群体、官民关系等社会焦点问题，以加强和创新社会管理的中央精神为指针，梳理和总结政府改进公共治理的经验，呼吁各级政府关注社会心态，以包容心对待"异质思维"，用公平正义消解"弱势心态"，追求理性，从疏通利益诉求渠道起步，注意倾听那些"沉没的声音"等，这组评论在网络媒体上引发如潮好评，成为近年来受到网络舆论冲击的传统媒体重新赢得舆论影响力和传统媒体与新媒体良性互动的经典案例。据人民网舆情监测室监测："人民日报发表'关注社会心态'系列评论之后，在4月21日至6月15日的56天时间里，提到'社会心态'的新闻报道达到701篇，而网络新闻转载量一举突破11300篇。从分时段监测曲线来看，传统媒体报道增长态势平稳，人民日报评论的发表直接拉动了新闻网站的关注度，论坛、博客、微博网友言论更是以几何级数增长。另外，在党报系列评论之后,言论倾向性也发生明显变化,大量对抗性、对峙性的网络争议出现向正面转化的迹象。""关注社会心态"系列评论之所以引起舆论轰动,在大众麦克风时代显示出主流媒体的舆论影响力,就在于主流舆论和民间舆论之间实现了最大重合,使不同舆论场的声音达到了协调和一致。

求真相:在各种信息真伪莫辨之时"一锤定音"

新媒体上热点事件层出不穷,但网络海量、即时、开放的传播特点往往使得网上信息鱼龙混杂,真伪难辨。以微博为代表的各种新媒体既是舆论的放大器,也是是非的搅拌机。因此,新媒体时代越是信息爆炸,越需要剔除信息泡沫;越是真伪莫辨,人们越希望获取真实权威的解读。现代社会信息传播的价值除了"及时"以外,还必须"准确"。而且"及时"永远要服从于"准确",否则再"及时"也失去了意义。真假信息莫辨、众说纷纭之时,也是主流媒体作用彰显之时。及时、客观、公正地报道真相、澄清事实,避免"不确定"信息的传播,是主流媒体的责任所在,也是其保持权威性、公信力的重要途径。面对新媒体带来的挑战,真实准确的报道,是传统主流媒体引导舆论一大利器,甚至在关键时候能收到"一锤定音"的效果。今年甬温线"7·23"动车事故发生后,由于有关部门在事故处理上还沿用过去的老办法,回应广大公众的关切又不到位,以至于微博上出现了包括埋车头、抢通车、不救人等各种混淆的信息,引起社会舆论对此次事故处理的不满,进而让公众产生了对政府不作为、包庇纵容、监管不力的猜忌,直到新华社播发了《铁道部有关负责人就甬温线"7·23"事故社会关注的热点问题接受新华社记者的专访》,客观真实地回应了公众的关切问题,使社会的负面舆论和谣言迅速得到平息。2011年1月,《人民日报》开设了"求证"栏目,目的就在于"澄清事实,还原真相,回应关切,阻击谣传"。《江西日报》今年9月也在C1版推出了"真相"栏目,现在许多主流媒体也开出了类似的栏目,以挤压不实舆论的传播空间,消弭谣言蔓延扩散,帮助公众正确认识和了解新闻事实,引领社会舆论朝着健康的方向发展。

(《新闻战线》2011 年第 11 期)

得力　得当　得法

　　传播手段的多样化、社会舆论的多元化是当前新的舆论格局。因为所承担的责任与使命,党报现在要办好,确实比过去更加重要,也比过去难度更大。要在众说纷纭的舆论环境中,传递主导社会舆论的声音,发挥舆论"领唱"作用,党报就应与时俱进地将"主旋律"表达得更为悦耳动听。得力、得当、得法,是新形势下办好党报,提高其传播力和话语权的三个着力点。办报的实践证明:不同的形式和做法,在引导舆论上所取得的社会效果与影响是迥然不同的。

得力:以权威高端的重大报道提高舆论聚合力

　　有人说党报是各级党委的机关报,因此,党报的权威性和公信力是与生俱来的,这话说得不尽然。党报确实承担着传达党和政府声音的任务,但并不仅仅是上传下达的"留声机"。如果照搬照抄文件、决议,照登领导讲话,完全是一种图解式的、被动的报道,这种报道既枯燥又缺乏说服力,观众听了、读者看了自然生厌,它能有多大权威性和公信力,又怎么能有效引导舆论。主流媒体的报道如果不能形成主流舆论,就有被边缘化的危险。因此党报的权威性和公信力是靠得力的新闻报道和评论赢来的。得力,就是要提高党报舆论的聚合能力,通过具有公信力的报道,将多样化、分散化的社会舆论聚合起来,形成主流舆论。比如《人民日报》的任仲平文章,它视觉独特,出手不凡,往往就某一时期或某一阶段的重大问题、重大事件和重大政策展开论述,"见人之所未见,言人之所未言",每每引起广大读者和网民的热烈反响,展现了舆论引导的独特作用。因此作为党委机关报对于上级的重大决策部署,不能简单满足于按照要求和规定进行报道,而要充分发挥党报在采访条件、理论高度、人才储备等方面的优势,一旦确定选题,就要做得出新出彩,显示出党报应有的水准,让别的媒体无法比肩。能否把重大报道做深、做足、做透,做出声势和影响,是体现党报舆论引导是否得力的标志。今年胡锦涛总书记在与江西井冈山人民共度新春佳节时提出了"保增长、保民生、保稳定、弘扬井冈山精神"的要求,随后,"三保"成为今年全党、全国工作的指导方针。《江西日报》围绕总书记的讲话精神,先后推出了4篇系列评论,结合江西实际对总书记的要求作了及时而又准确的阐释。随后又对全省如何贯彻落实胡锦涛总书记的讲话精神,克服国际金融危机的影响,推出的卓有成效的政策措施和具体的探索实践,连续推出了《保增长,逆风击水向中流》《保民生,不因金融危机而退缩》《保稳定,江阔潮平好扬帆》《井冈山精神,攻坚力量之源》系列报道。这些系列评论和报道有思想、有深度、有气势、有文采,产生了非常好的社会效果,省委主要领导批示和中宣部《新闻阅评》都给予高度评价。

得当:以贴近实用的民生报道增强舆论亲和力

党报有个"老毛病",就是总爱板着脸说话,写谁谁看、谁写谁看、自说自话的窘境,已经困扰了我们很久。实践证明,只有"关注群众",媒体才能为"群众关注"。越是群众喜闻乐见和与群众利益关联度越高的报道,就越能牵动群众的心,辐射面就越广,影响力就越大。党报要扩大影响力,在舆论引导上不仅要得力,而且要得当。得当,就是党报要放下居高临下、粗声大气的架势,摒弃机关腔、文件味,变俯视为平视,变独白为对话,变严肃冷漠为亲切平和,努力增加报道内容的亲和力。具体在办报上,党报要加大民生新闻的分量,下功夫做好民生新闻,改变自说自话、不问苍生的悬空状态。但是党报的民生新闻不同于都市类报纸的民生新闻,党报的民生新闻应该站得更高、看得更远、视野更广,要跳出鸡零狗碎、就事论事"一地鸡毛"式的低浅层面,实现由一般的贴近向有高度、有深度贴近的转变,做具有主流新闻意识的民生新闻。现在党报相当数量的报道,所涉及的内容其实与老百姓息息相关,但一写出来就变味了，不是各级领导在做什么、说什么，就是政府部门在安排什么、部署什么，好像与老百姓毫无关系。为了改变这种状况，今年初《江西日报》进行了改扩版，将报纸的C叠开辟为《都市新刊》，主要做贴近性和服务性的民生新闻，对新闻事件从百姓的视角进行解读。为了做好民生新闻，我们设立单独的采编中心，实行不同于党报其他部门的运行机制，打破记者守着上面行业部门分兵把口的传统，转为面向社会了解民情，反映民意，主动把握人民群众的所思所想所盼，使新闻报道与群众密切关注的实际问题结合起来。我们要求记者在党和政府想做的、人民群众需要做的、新闻媒体应该做的这三者的交汇点上做文章，善于发现和敢于触及社会公众议论关注的问题，对其进行及时、有效的引导。《都市新刊》耳目一新的版式，一大批体现"三贴近"的稿件让人感到党报的报道同样可以好看。我们还设置了"党报帮您问""党报帮您办"等专栏，专门为读者解疑释惑、排忧解难。由于所选取的问题和事情都具有典型性和代表性，往往是解答一个和解决一件，受益的读者是一大片，因而深受读者欢迎。

得法：以互动沟通的形式发挥舆论影响力

互联网和手机作为新的媒体平台，之所以受到网民和"拇指族"的青睐，之所以在受众中的影响越来越大，除了信息的快捷外，其重要的一点就是参与性和互动性强。今天的读者不只是仅仅满足于知道报纸上登了些什么，他们更在意参与其中，利用大众媒体表达自己的心声。因此，要充分发挥党报的影响力，除了内容上要为读者喜闻乐见外，在办报的形式上还要得法。单向的、灌输式的办报形式已难以满足时代的要求，创新办报形式让读者直接或间接的参与其中，实行互动沟通，寻求党报影响力的最大化，是党报适应时代赢得读者的有效办法。江西日报在今年的重大报道中，结合报纸特点搭建参与平台，开办读者参与互动性较强的栏目。比如在纪念新中国成立60周年的报道中，先后开设了"百姓眼中的沧桑巨变""祖国在我心中"等专栏，都是以读者为中心，让读者自己出来现身说法，从他们身边可感和正在发生的事情说起，这种以受众为中心的重大主题报道形式，往往更能引起读者的共鸣。与读者的互动不仅要在版面、栏目设置上下功夫，更要把办报与办活动结合起来,广泛调动读者参与,使党报的报道形成轰动效应,从而极大地提升其影响力。近年来,江西日报每年都要开展一次大型新闻行动。今年,受国际金融危机的影响,作为劳务输出大省的江西,春节过后许多返乡农民工一时外出找不到工作岗位,我们开展了"党报搭起就业桥,岗位送给农民工——2009 江西日报新闻行动"大型就业招聘公益活动,公布联系电话,欢迎有招聘农民工意向的企业参加。来自省内外的近 300 家企业带着 2.8 万余个岗位加盟,随后这次新闻行动又将"就业直通车"开到农村,使 5000 多名农民工在自己家门口现场签订劳动合同或达成用工意向。通过这次新闻行动和报道,农民工就业问题受到社会各界的高度关注。实行报网联动,将读者请进来,融合报纸与互联网的优势,开辟新的互动平台,是党报与读者互动沟通的一个新的领域。2005 年《江西日报》推出全国首个报网互动视频直播栏目"江报直播室",从今年开始每星期一期,采取报纸编辑、记者主持新闻话题访谈,请读者作为访谈嘉宾,网上实时直播,报纸刊发主要内容。每期都通过发预告消息、公布网址等方式,吸引更多的读者和网民积极参与,实时观看,踊跃提问。报网互动促进了"报纸读者—网站网民"的融合,党报传播的覆盖面和影响力得到了进一步的延伸和加强。

(《新闻战线》2009 年 12 期)

把提高舆论引导能力放在更突出位置

胡锦涛总书记在考察人民日报社时,对新闻宣传工作明确提出"要把提高舆论引导能力放在突出位置",并着重就提高舆论引导能力提出了"五个必须"的明确要求,这是对我们党新闻宣传工作经验的科学总结,是在新时期开创新闻宣传工作新局面的纲领性文件,也是对新闻工作与时俱进的新要求,作为新闻工作者必须回答好这一时代命题。

一、增强舆论引导的有效性是提高舆论引导能力的关键

坚持正确的舆论导向是新闻工作摆在首位的任务,胡锦涛同志指出:"舆论引导正确,利党利国利民;舆论引导错误,误党误国误民。"确保舆论导向的正确是做好新闻宣传工作的前提。应该说经过多年的教育和实践,新闻宣传战线对此问题的认识和重视已有明显的提高。然而,从实践科学发展观的要求来对照,舆论导向的正确,只是对新闻工作最起码的要求,要真正做到能以正确的舆论引导人,除了要重视舆论引导的正确性外,还要重视舆论引导的有效性,这样才能真正提高舆论的引导能力。胡锦涛同志在今年全国宣传思想工作会议上指出:"提高舆论引导能力,不仅需要显著增强把握正确导向的自觉性,而且需要显著提高舆论引导的有效性。"胡锦涛总书记有针对性地把"有效性"概念引入导向问题,是从科学发展观的高度,对提高舆论引导能力作出的精辟阐述。应该说,与重视舆论引导的正确性相比,我们的新闻宣传工作对舆论引导的有效性问题在重视程度和实际效果方面存在较大的差距。而离开了有效性,任何正确的舆论引导都是"放空炮",都是在做"无用功",引导本身也就毫无意义。如果说贴近实际、贴近群众、贴近生活是主流媒体

生命力的源泉,那么要让这生命之泉喷发,形成强大的舆论引导力,新闻宣传就必须不断改革创新。改革创新就是要坚持用时代要求审视新闻宣传工作,按照新闻传播规律办事,创新观念、创新内容、创新形式、创新方法、创新手段,在改革创新中增强引导能力。

二、增强新闻报道的亲和力、吸引力、感染力是提高舆论引导能力的核心

增强新闻报道的亲和力、吸引力、感染力,是新闻宣传坚持以人为本的体现。科学发展观的核心是以人为本,一切新闻宣传也都是着眼于人,作用于人。离开了对于人的影响,新闻宣传就失去了存在的基础。提高舆论引导能力,尤其是要着力提高正面报道的亲和力、吸引力、感染力。坚持正面宣传为主,是新闻宣传工作的一条基本原则。提高正面报道的宣传效应,也是主流媒体能否巩固主流地位、有效主导社会舆论的关键。在引导舆论上,我们应该坚持高标准、严要求,不能简单化地认为,只要引导中不出问题,就算是做好了引导舆论工作。舆论引导固然不能出问题,但更重要的是如何积极主动地引导舆论。一般来说,不出问题比较容易做到,引导得力而且取得理想的效果更难。新闻报道要传达党和政府的声音,但并不仅仅是上传下达的"留声机"。照搬照抄文件、决议,照登领导讲话,是一种图解式的、被动的宣传报道。这种报道既枯燥,又缺乏说服力,受众听了、看了自然生厌。我们有些正面报道之所以不能达到有效引导舆论的目的,关键在于缺少亲和力、吸引力、感染力。没有宣传味的新闻宣传才是最好的宣传,只有主动把握人民群众的所思所想所盼,使我们的新闻报道与群众密切关注的实际问题结合起来,在党和政府想做的、人民群众需要做的、新闻媒体应该做的这三者的交叉点上做文章,这样的舆论引导才能深入人心,才能够在群众中产生共识和共鸣。实践证明,越是群众喜闻乐见和与群众利益关联度越高的报道,就越能牵动群众的心,辐射面就越广,影响力就越大。只有"关注群众",舆论引导才能为"群众关注",舆论引导才能有效。

三、积极介入社会生活中的热点、难点、疑点问题是提高舆论引导能力的途径

面对社会生活中出现的热点、难点、疑点和突发事件及敏感问题,新闻媒体多年来一直面临"报与不报"的困惑。有人总认为这些问题报道多了对社会和实际工作有负面影响，容易使受众被误导，因此不报比报好，少报比多报好。其实，这些问题恰恰是群众最为关注的，也是最需要舆论来引导的，如果新闻媒体回避这些问题，就起不到引导舆论的作用，舆论引导能力就无从谈起。市场营销有条法则，"第一"要胜过"更好"：创造一种新产品先入为主，比起努力使人们相信你可以比产品首创者提供更好的产品要容易得多。舆论引导何尝不是如此。在信息渠道多元化的情况下，如果受众从主流媒体上得不到消息或不能及时得到消息，或不能及时得到较充分的信息，就会通过非主流媒体，通过网络、口头传播，甚至通过接收境外电台、上境外网站等方式，获取有关信息，并且有意识地与主流媒体的报道进行比较。如果人们从其他渠道得到的是不真实不准确的报道，先入为主的信息会严重影响人们的判断，形成负面舆论。毫无疑问，在关系国家安全与机密、社会稳定与发展等重大问题上，对新闻报道应当设立必要的限制，新闻媒介应当无条件地服从国家和大众利益。除此之外，热点、难点、疑点问题的报道和重大突发事件报道改革的基本取向，则应是日趋开放——报道禁区越来越小，透明度越来越高。即使突发事件导致危机产生，通过公开透明，反而可以缩小影响。今年5月1日《政府信息公开条例》正式实施，这为媒体在热点、难点、疑点和突发事件及敏感问题的报道上提供了法律方面的依据。汶川大地震发生后不久，党中央、国务院和各级地方政府通过各种渠道——电视、报纸、广播、互联网，甚至手机短信在第一时间向社会各界发布灾害信息，抢占了舆论的制高点。由于媒体及时准确、公开透明的报道，消除了人们的焦虑恐慌，稳定了正常的社会秩序，应该说，这是一次十分有效的舆论引导，不仅让真相跑到了谣言的前面，而且提升了国家的形象，受到了广大群众和国际社会的好评。

恐慌止于信息公开，谣言止于信息畅通，信息不畅是谣言和恐慌的温床，只有及时、公开、透明的报道，才能够起到设置议题、引导舆论、以正视听的良好效果。在这次汶川大地震中，真相之所以能战胜谎言，真情之所以能感动世界，源于信息的公开透明。要知道，8级地震固然可怕，但震后造成的举国恐慌更可怕。作为新闻媒体也要善于发现和敢于触及社会公众议论关注的问题，进行及时、有效的引导，真正起到释疑解惑、增进理解、平衡心理、改进工作、凝聚人心的作用，这样才能提高舆论引导的能力。同时，新闻媒体的介入还能促使问题得到解决。比如这几年社会普遍反映的"看病贵、上学难"的问题，由于媒体的纷纷报道，引起了各方面的关注，使解决这些难点、热点问题终于成为各级政府乃至于中央的决策。

四、形成舆论引导新格局是提高舆论引导能力的基础

近年来，随着以互联网为代表的新媒体的崛起，带来了传播方式的革命性变革和舆论格局的深刻变化。媒体传播分众化、对象化的趋势日趋明显，社会舆论呈现出多层次的状况：各种新闻媒体虽然都拥有自己的受众，但其覆盖面都不可能"独霸天下"。新格局的出现也带来了舆论引导方式的变化：过去的舆论引导是媒体对受众的单向引导，而现在在网上很多是媒体与网民的双向交流。过去只有新闻工作者才能担当舆论引导的职责，现在受众同样可以通过网上来引导舆论。随着我国网民人数突破 2 亿，催生了一个新的流行语：鼠标也有发言权。网民纷纷以博客、聊天室、BBS、QQ 等形式来发表自己的看法，使社会话语生态更加丰富，出现了以传统媒体为代表的媒体舆论和以网民为代表的公众舆论，而且随着网民人数的增多和互联网快速及时、容量无限、时空无界、超强互动的特性，公众舆论的力量有越来越大之势。今年面对西方舆论对拉萨"3·14 事件"的歪曲报道，反击最有成效、对西方媒体形成巨大舆论压力的恰恰是这些中国网民的公众舆论。2007 年在全国产生重大舆论影响的重庆"最牛钉子户"、陕西华南虎照、山西黑砖窑等，也是由传统媒体先报道，然后在网上广为传播，最后形成舆论热点，这种强烈的"共振效应"前所未有。除了互联网之外，手机报、手机广播电视以及兴起于网络的手机短信、电子杂志等新兴媒体也都相继出现。舆论引导渠道和手段的多样化是我们面临的新课题，这就要求我们必须面对新变化，通过创新舆论引导方式来提高舆论引导的能力。报纸、广播、电视、网络有不同的传播功能，也有各自的优势，报网台联手，可以使它们的各种传播功能互补，从而集聚各种传播优势和表现形态，将各类受众"一网打尽"。比如今年 5 月 5 日，江西省委书记通过报纸、电台、电视台等传统媒体和网络、手机短信等新兴媒体同时发表《让我们共同谋划江西更加美好的明天——与省内外朋友共商加快江西发展大计》的公开信，问计于民，立即在全社会引起广泛关注和响应，仅仅一个半月，共收到各类建言 4.2 万条，跟帖 6 万多条。6 月 2 日，省委书记与

省内外网友进行了现场和在线交流,参与在线交流活动的网民突破了1000万人次,创下了江西网络直播参与网民人次的新纪录,在全国各类网站直播中高居前列。像影响这么大的传播效果,在以前是根本无法做到的。可见,只要运用得好,可以通过传统媒体和新媒体的聚合传播,融通媒体舆论和公众舆论,使两种舆论目标一致,形成共鸣和共振,形成舆论引导新格局,从而极大地提高舆论引导的效果。

(《新闻战线》2008年第8期)

焕发党报生机　　提高引导能力

——《江西日报》改扩版的探索与实践

　　党报要在新的舆论格局和市场竞争中立于不败之地,既要有所坚持,更要有所创新。从 2009 年 1 月 5 日开始,《江西日报》进行改扩版,与过去不同的是,这次《江西日报》改扩版不仅在版面设置、报道内容上作了改进和创新。为保证改扩版的成功,更在党报的考核办法、用人机制、机构设置和办报理念等方面作了较大的改革和创新,以避免党报改扩版常常出现的有好设想却难以长期落到实处,轰轰烈烈两三天又归于平寂这种虎头蛇尾的现象。

　　经过近一年的探索与实践,改扩版后的《江西日报》在贴近读者、面向市场方面,取得了新的突破。中宣部《新闻阅评》以《紧扣社会热点　化解群众难题　江西日报改扩版贴近群众面貌一新》为题,对《江西日报》改扩版给予高度评价。《江西日报》已全面进入南昌市的报刊零售摊点,零售量比改扩版之前有了较大增长,而且党报飞入寻常百姓家,1 万份《江西日报·都市新刊》已通过市场发行的办法,进入老百姓的家庭。

改版先改制以新的机制引领党报改革创新

　　党报的人才相对集中,能否从制度上有效地激发采编人员的积极性和工作潜能,搭建让编辑记者人尽其才、才尽其用的舞台,形成集思广益、尽心力办好党报的生动局面,这对于党报的改扩版具有至关重要的意义,而且好的改扩版思路也需要用好的机制来落到实处。

　　从 2008 年下半年开始,江西日报就从党报的考核评价机制上着手改革,为 2009 年改扩版做准备。在广泛征求意见的基础上,从 2008 年下半年开始先对编校质量管理机制进行改进调整并开始实施,建立和完善了一整套责任明确、操作性强的编校质量管理机制,使报纸的编校质量迈上一个新台阶。在今年 7 月揭晓的首届全国省级党报编校质量检查中,《江西日报》编校质量在全国省级党报中名列第一。随后又对报纸编辑记者的评价考核机制进行完善和改革,其中最主要的做法是将市场的法则引入到对编辑记者的考核当中。今年江西日报在改扩版的同时,以稿件"购买制"为主要内容的编辑记者考核办法也同时实施,对稿件实行优质优价,进入购买程序的稿件按质量分为 5 个等级并计相应的分值,对于质量不高或不符合要求的稿件则不予购买。稿件"购买制"对编辑记者的考核由重稿件数量转为重稿件质量,拉开了好稿与一般稿件在分值上的差距,并与记者编辑的利益直接挂钩,从而有效地调动了记者编辑采编好稿的积极性。对报纸来说,具有思想性、可读性的稿件增多了,报纸的整体质量也就提高了。《江西日报》这次改扩版重头戏是创办《都市新刊》,主要做贴近性和服务性的民生新闻,对新闻事件从百姓的视角进行解读。为此在机构设置上《都市新刊》建立了单独的采编中心,实行不同于党报其他部门的运行机制,打破记者守着行业部门分兵把口的传统,转为全方位关注重大新闻事件和民生新闻。同时在用人机制上大胆突破,改变党报采编人员不管称职还是不称职,因为都是正式在编人员而难以淘汰的状况,实行"一报两制":除了编辑中心领导层和一部分骨干记者编辑是正式在编人员外,其他人员都实行聘用制,不称职者将予以淘汰。灵活的用人机制确保了报纸改扩版的顺利进行。

既改版又改观念以新的办报理念面向读者面向市场

改扩版是报纸面对新的形势采取的一种以变应变的方式,但很多时候,由于办报观念的滞后,改版会被视作是一种进行内容调整和形式美化的"外科手术"。在这种认识下进行的改扩版往往治标不治本,难以达到预期效果。党报的任务是引领社会舆论,引领的前提是增强吸引力,有了吸引力才会有影响力,有了影响力才会有感召力。改扩版说到底就是要吸引读者,从而培育和强化党报的市场竞争优势,从而达到更有效引导舆论的目的。因此,改版必须从办报观念这个根本上改。

舆论导向正确是党报的生命线和神圣使命。但是,舆论导向正确并不是提高舆论传播力、影响力的唯一内涵,不吸引受众的舆论,再正确,传播效果也是差的。党报的报道往往存在着"官场"意识远远大于"市场"意识的现象,相当数量的报道,所涉及的内容其实与老百姓息息相关,但一写出来就变味了,不是各级领导在做什么、说什么,就是政府部门在安排什么、部署什么,好像与老百姓毫无关系。实践证明,只有"关注群众",媒体才能为"群众关注"。

现在不少区域报业市场上都市类报纸严重过剩,陷于同质化竞争,缺少高层次政经类大报,这也为党报改扩版提供了机遇。为此,《江西日报》在这次改扩版中融合早些年许多党报创办周末版和都市类报纸的成功经验,在坚持正确舆论导向的前提下,从面向读者、面向市场来破题展开。

在大力做好"三农"报道的同时,将报纸 C 叠开辟为《都市新刊》,要求记者编辑在党和政府想做的、人民群众需要做的、新闻媒体应该做的这三者交汇点上做文章,善于发现和敢于触及社会公众议论关注的问题,对其进行及时、有效的引导。

当然党报不同于都市类报纸,所报道的内容在讲贴近性的同时,应该站得更高、看得更远、视野更广,要跳出都市类报纸报道琐碎、就事论事的低浅层面,实现由一般的贴近向有高度、有深度贴近的转变。《都市新刊》先后对江西次中心城市之争、承担我国大飞机项目的南昌航空城、江西的核电建设、南昌成为我国低碳经济先行区、鄱阳湖控湖工程等许多读者十分关注的话题都作了深入报道和分析解读,反应十分热烈,报道常常被读者转发到网上论坛,继续展开议论。《都市新刊》让人耳目一新的版式,一大批体现"三贴近"的稿件让读者感到党报的报道同样可以好看。

创新办报方式通过改版使党报更加适应时代

新媒体时代的到来,使媒体传播方式发生新变化。互联网和手机作为新的媒体平台,之所以受到网民和"拇指族"的青睐,之所以在受众中的影响越来越大,除了信息的快捷外,其重要的一点就是参与性和互动性强。如果无视这种变化,还是按照过去的办报方式一成不变,党报引导舆论的能力必定会削弱。因此,党报改扩版应该注意到这种传播方式的变化,及时创新传播形态,创新办报方式,拓展传播渠道,实行报网联动、让读者直接或间接的参与其中,实行互动沟通,这样才能获得更大的注意力和公信力资源,从而适应传媒发展的潮流,寻求党报影响力的最大化,这是党报适应时代赢得读者的有效办法。

为此,《江西日报》这次改扩版设置了一些专门与读者互动的栏目,吸引读者参与。早在2005年,《江西日报》就推出了全国首个报网互动视频直播栏目"江报直播室",但由于栏目时间不固定,影响传播效果。今年改扩版后这个栏目每星期一期并固定了版面,采取报纸编辑、记者主持新闻话题访谈,请专家学者、政府官员和读者作为访谈嘉宾,网上实时直播,随后报纸刊发主要内容。每期都通过发预告消息、公布网址等方式,吸引更多读者和网民积极参与,实时观看,踊跃提问。报网互动促进了"报纸读者—网站网民"的融合,党报传播的覆盖面和影响力得到了进一步的延伸和增强。还根据党报多年形成的权威性、准确性和公信力强的特点,以及与党政部门联系密切的资源优势,开辟了"党报帮您问""党报帮您办"等与读者互动、为读者服务的栏目,专门为读者解疑释惑、排忧解难。由于所选取的问题和事情都具有典型性和代表性,往往是解答一个解决一件,受益读者是一大片,因而深受读者欢迎。

新阶段、新形势、新格局、新使命,既对党报改革创新提出新的要求,也为党报发展开辟了新的空间。《江西日报》的改扩版是党报通过改革创新适应时代、面向市场、赢得受众的一项重要举措,更是焕发党报生机,提高舆论引导能力新的探索与实践,这既是时代的需要,也是党报自身发展的需要。

(《中国记者》2009年第12期)

唱响重头戏　提升引导力

——《江西日报》转变发展方式报道的思路与实践

做好转变发展方式的报道是当前和今后一个时期新闻界的头等大事。《江西日报》紧密结合江西实际,以鄱阳湖生态经济区报道为统领,做好相关报道,并将其作为党报创新报道思路,提升舆论引导能力,从而赢得读者的生动实践。

突出重点,精心策划,打好主动仗

加快发展方式转变的报道从何处着手? 如果只是按照上级的精神做些泛泛报道效果肯定不佳。要使报道出新出彩,真正打动人心,就必须突出重点,将其做足做深做透,做出声势与影响。去年 12 月 12 日,国务院正式批复《鄱阳湖生态经济区规划》,标志着建设鄱阳湖生态经济区上升为国家战略。这是新中国成立以来江西省第一个上升为国家战略的区域性发展规划,是引领江西转变发展方式的强大引擎。鄱阳湖生态经济区占江西约 30% 的国土面积,承载了全省近 50% 的人口,创造了 60% 的经济总量。建设鄱阳湖生态经济区,特色是生态,核心是发展,关键是转变发展方式,在发展中保护生态,在保护生态中加快发展;目标是立足江西实际,顺应时代发展潮流,走出一条科学发展、进位赶超、绿色崛起之路,努力把鄱阳湖生态经济区建设成低碳与生态经济的国家级试验区,建设成生态文明与经济文明协调发展、人与自然和谐相处的国家级生态经济示范区。为此,《江西日报》将鄱阳湖生态经济区的建设作为转变发展方式报道的重中之重,贯穿整个宣传报道的始终。

为了做好鄱阳湖生态经济区的报道,有效引导舆论,使转变发展方式的理念真正深入人心,《江西日报》精心策划,集中报道,形成强大声势。国务院正式批复《鄱阳湖生态经济区规划》,《江西日报》以 A1 版整版的篇幅刊发了相关消息、社论及示意图,并在 A2—A3 版连版刊登特别策划:"一湖清水"起宏图。随后又推出了 44 个版用铜版纸印制封面的精美特刊,分八大板块从各个角度、多个层面对鄱阳湖生态经济区进行了全方位报道,让读者享受到丰盛的"新闻大餐"。

把握时机,围绕一些关键节点做好报道,是《江西日报》以鄱阳湖生态经济区为主导的转变发展方式报道深入人心的有效手段。今年以来,江西省委、省政府举行了鄱阳湖生态经济区建设动员大会,国务院新闻办举办了鄱阳湖生态经济区新闻发布会,江西省委、省政府还在人民大会堂举办了鄱阳湖生态经济区建设座谈会。这些重大活动举办之时,人们的关注度则最高。《江西日报》抓住时机,先后推出了《"一湖清水"引领绿色崛起》《舞好鄱湖"龙头"带活一江春水》等一批报道,生动地回答了为什么要建设、怎样建设鄱阳湖生态经济区等热点问题。今年 2 月,《江西日报》连续刊发 3 篇署名"江仲平"的文章,从转变发展方式的高度,阐明了鄱阳湖生态经济区建设的重大意义。中宣部《新闻阅评》评价指出:"以 3 篇江仲平文章为代表的一系列相关报道,紧紧围绕时代主题,多层次多角度地阐述了鄱阳湖生态经济区建设对江西实现科学发展、绿色崛起的重大战略意义,为把广大干部群众的思想统一到中央战略决策上来、为推动江西加快转变经济发展方式、实现经济社会平稳较快发展营造了良好的舆论环境。"

典型引路,增强报道的有效性和说服力,提高舆论引导力

运用典型鼓舞群众,引导舆论,推动工作,是我们经常采用的、行之有效的方法。从新闻实践来看,在选择新闻事实上,应选择有新闻价值的事实,而在有价值的新闻事实中,最有说服力的莫过于具有典型意义的事物。这种有典型意义的事物,由于深刻反映了时代精神,其影响力也十分强烈、持久。在转变发展方式的报道中,《江西日报》注重选择那些通过转变发展方式在经济社会发展方面取得显著成效的典型加以报道,以增强报道的说服力和有效性。

江西共青城是全国唯一一座以"共青团"命名的城市,从上世纪 80 年代

起,共青人从养鸭子、加工板鸭到制作羽绒服,让这里成为闻名中外的中国羽绒服装名城。但是单一粗放的经济结构,使这里的发展在上世纪90年代陷入低谷。从2002年共青城开始转变发展方式,并将其称为"二次创业期"。他们不走同业竞争的"套路",不走低质增长的"老路",不走牺牲环境的"弯路"。树立现代化、国际化、低碳化的城市发展理念,重点发展高新技术产业,改造提升劳动密集型产业,从产业布局和城市定位上,共青城探求经济发展与生态保护双赢之路。江西时任省委书记来到这里,感叹共青城"换了人间"!根据省领导的指示,《江西日报》对共青城这个转变发展方式的典型进行了全方位宣传报道。从3月17日起,《江西日报》先后刊发了《共青城　鄱阳湖生态经济区建设排头兵》等3篇系列报道,并配发评论员文章。共青城的宣传在全省上下引起强烈反响,使人们感受到了一个看得见、摸得着的转变发展方式的典型。

析事明理,解疑释惑,将报道从事件层面延展到解释层面

解析、分析、阐释,总体上就是深度报道能力的集中体现。谁解释与挖掘得更好,谁就等于对新闻事件的真正内涵与价值更有解释权,对舆论与人心就更有影响力。

《江西日报》通过多角度、立体式的深入解读,让读者了解、把握加快转变发展方式的本质,使其成为群众的意愿、社会的共识。为贯彻落实中央加快转变发展方式的战略部署,江西省出台《十大战略性新兴产业规划》,并作为建设鄱阳湖生态经济区的重要举措加以推进。这十大战略性新兴产业包括光伏、风能核电、新能源汽车及动力电池、航空制造、半导体照明、金属新材料、非金属新材料、生物、绿色食品、文化及创意。这些产业符合低碳与生态经济要求以及当代新产业发展趋势,既贴近了江西现有的产业基础,又把握了未来科技前沿与发展趋势。为深入报道好关系江西未来发展的十大产业,《江西日报》在A1版开设了"加快发展方式转变　做强做大新兴产业"深度报道栏目,将这些产业的发展放在全国甚至全球的背景下进行解读,既报道相关产业龙头企业的发展态势,又采访有关的企业家和专家学者;既分析发展战略性新兴产业的必要性和美好前景,又注重分析存在的困难与挑战。每篇报道都配发企业家和专家学者的业内观点。这些报道从转变发展方式的

高度对发展十大战略性新兴产业作出了精辟解释,既有深度又有高度,富有思想含量,使人读后心悦诚服。

以活动为载体,增强贴近性,延伸影响力,使转变发展方式报道叫好又叫座

把办报与办活动结合起来,是提升报道影响力的重要途径,也是延伸报纸品牌的一种有效方式。《江西日报》把围绕鄱阳湖生态经济区建设开展相关活动,作为提升转变发展方式报道舆论引导能力的重要环节,努力实现新闻报道与活动开展的互补,增强报道的宽度和广度,以活动的开展延伸转变发展方式报道的影响力。为策应鄱阳湖生态经济区建设上升为国家战略,《江西日报》3月启动了大型策划"2010江西日报新闻行动暨鄱阳湖大型考察活动",并得到社会各界的积极响应和大力支持。江西省科技厅、旅游局、水利厅、文化厅、测绘局等5个厅局与江西日报携手开展"2010新闻鄱考",共同为江西人民打开一扇认识鄱阳湖、了解鄱阳湖生态经济区的窗口。

"2010新闻鄱考"系列活动的开场好戏——"鄱阳湖生态旅游大探寻",由21人组成探寻队,从南昌出发,途经鄱阳湖沿岸8个县区,先后探访了50多个乡镇的近百个景区(点),行程2000多公里,挖掘了一批鲜为人知的旅游资源,整理推荐出8条旅游特色线路。每天连续不断讲故事式的报道,吸引了读者的目光,大大提升了鄱阳湖生态旅游的知名度。随后,"2010新闻鄱考"又推出第二项行动"科技创新鄱湖行",记者和科技人员深入鄱阳湖生态经济区的9个县市,通过采访报道充分展示科技如何引领鄱阳湖生态经济区低碳经济发展,支撑江西十大战略性新兴产业崛起和科技创新结出丰硕成果等。"2010江西日报新闻行动暨鄱阳湖大型考察活动"目前仍在进行中,还将不断推出新的活动。报道与活动相结合,创新了新闻传播方式,通过生动、理性的实地考察,报网互动,文字、图片、视频相结合的立体展现,带领读者一起去认识鄱阳湖生态经济区,思考鄱阳湖生态经济区的发展,报道取得了既叫好又叫座的效果。

(《中国记者》2010年第6期)

媒体创新

推动媒体融合发展　打造新型主流媒体

日新月异的传播手段,带来媒体格局的深刻调整和舆论生态的重大变化。平面媒体实现了从"翻阅时代(纸质媒体)"到"点击时代(电脑媒体)"再到"触摸时代(移动媒体)"三次大跨越。与此相对应,传播形态呈现出社会化和碎片化的特征。江西日报社高度重视媒体融合发展,积极探索推进媒体融合的途径,力求实现传统媒体与新兴媒体之间信息内容、技术应用、平台终端、人才队伍的共享融通。实践证明,传统媒体和新兴媒体的融合使媒体核心竞争力发生巨变,既延长了新闻产业链条,突破了传统媒体在时间、空间、影像表现方面受到的局限,又继承了传统媒体的权威性、公信力和强烈的策划意识等长处,使新闻产品的传播媒介具有丰富性和可选择性,还节约了资源,提高了时效,扩大了媒体的影响力。

一、树立一体化发展理念,实现各种媒介资源、生产要素的有效整合,形成强大合力

报业集团要实现传统媒体与新兴媒体的融合,首先要解决的是传统媒体与新兴媒体"两张皮"的问题。这些年来,几乎所有的报业集团都办了不少新兴媒体,但如果仅是为传统媒体的新闻报道增加新的平台和渠道,简单重复地发布一下内容,就不能称其为融合。江西日报社社委会认为,传统媒体与新兴媒体的融合,首先要树立一体化发展理念,运用新媒体运作的新思维在整体上进行战略化重组,实现各种媒介资源、生产要素的有效整合,做到你中有我、我中有你。为此,江西日报社按照全社一盘棋的格局,统筹协调推进全社新媒体建设和媒体的融合发展。报社所属各媒体按照传媒格局发展的态势,认清发展方向,以平台建设为突破口,结合各自定位和特点,积极探索传统媒体和新兴媒体融合发展的途径。为改变传统媒体和新兴媒体分立单干的状况,组建了江西日报社全媒体中心,打造布局合理、设置科学、技术先进,集采编、发布、经营、管理为一体的集团全媒体数字化转型技术支撑平台。报社所属的江西日报、信息日报、江南都市报、新法制报、中国江西网都成立了各自的官方微博、微信平台,形成了江西日报社微博微信矩阵,媒体融合平台建设在深度和广度上正不断推进。报社的微博发布厅已经搭建,将全报社的微博整合为一体,整体推出新媒体方阵。在建设好传播平台的基础上,江西日报社转变思维方式,结合技术引领和驱动,与新媒体融合生产出适应受众新的阅读特点和习惯的新闻产品,让受众在互动中参与,在参与中传播。目前,《江西日报》已在报纸上设立了三个微博专栏,即全国首个"微博大赛"栏目、每天就热点新闻发表看法的"微话题"栏目,以及根据微博线索再进行追踪采访的"见微知著"栏目。《江西日报》和中国江西网报网融合,依托后者的音视频手段和技术,结合《江西日报》版面资源创办的"江报直播室"专栏,获得第20届中国新闻名专栏奖称号。随后《江西日报》又与中国江西网联合推出了"党报帮你办"栏目,受众提出的合理合法诉求,通过党报和网站记者的共同努力,得到解决,深得广大受众好评。为配合党的群众路线教育实践活动的开展,从2013年7月开始,中国江西网搭建全媒体直播平台,开展"反对'四风' 实干兴赣——网络听诉问政系列访谈"活动。江西省领导干部通过网络在线交流的方式,征询并回答群众诉求,听取群众的相关建议。到目前为止,江西省委书记强卫等6位省领导以及17位厅局主要领导通过中国江西网和《江西手机报》的视频直播与群众在线交流。江西日报社整合旗下的《江西日报》、《信息日报》、《江南都市报》、《新法制报》和各媒体所属的微博微信、移动客户端等传播形态,实行全媒体联动报道。截至目前,江西省领导和厅局主要领导在线交流,中国江西网全媒体问政平台累计收到受众意见、建议、投诉、问题4740余条,随后又在媒体上公布了省领导在线交流所受理的830多个问题办理结果,在群众中引起强烈反响,彰显出全媒体报道的巨大影响力。

　　为加快媒体融合的步伐,《信息日报》在全新领域利用微博扩大该报影响力,他们通过媒体融合,统一进行新闻主题策划、活动策划和网友投票等多种活动,开设了特色栏目——"微博报料平台"和"失物招领平台",其中"微博报料平台"已成为《信息日报》第二条新闻热线。通过设置议题,加强策划,《信息日报》旗下的新媒体平台充分发挥正面引导作用,使发布的内容,无论在点击率、浏览量、转发量、评论数、粉丝活跃度等方面均得到明显提升。《江南都市报》通过报纸和法人微博还与受众积极互动,在2013年4月1日发起的"晒我的中国梦"的活动中,仅仅4天的时间,通过微博"晒"梦想的网友将近40万,增强了"中国梦"重大主题宣传活动的影响力。

二、没有移动传播力,难言舆论引导力,推动媒体融合向移动化转型

新兴媒体的迅猛发展,既给传统媒体带来挑战,也带来了新的传播平台和新的受众。智能手机、平板电脑等移动终端已成为人们上网获取信息的最主要手段,现在"纸阅读"的依赖度越来越低,"屏阅读"的渠道越来越多。在智能手机、平板电脑日益普及的今天,大量的受众在哪里? 在移动终端上。武汉大学教授沈阳指出,国外有人研究发现,用户每天触碰手机平均达到150次。国内近期的调查发现"95后"年轻人正在形成只要能用手机解决就不用电脑的习惯。这意味着抓住了移动化,就抓住了用户最大化的碎片时间,也就抓住了社会受众。

纸媒发挥优势、扬长避短,进行移动化转型,提高移动传播水平是媒体融合的趋势与方向。江西是国家互联网信息办公室在全国推行"一省一手机报"5个试点省份之一。2014年2月25日,重新打造的江西省最大的移动媒体——《江西手机报》正式上线。该报由江西省委宣传部主管、江西日报社主办,定位为江西省手机版党报,在短信、彩信、移动网站、手机客户端等多平台开展全媒体报道,短信彩信版每天早晚各推送一次,移动客户端实现了全天24小时更新。除了每天广泛推送江西日报社各媒体记者的优质原创新闻内容外,《江西手机报》客户端还在头条、江西等新闻栏目基础上新增了投诉互动栏目,增加用户跟帖评论、专题报道等功能,使读者阅读体验得到进一步优化,同时也进一步拓展了报道的传播广度和影响力。今年3月,《江西手机报》派记者前往北京参加全国两会采访报道,并进行了4场视频直播。为了增加传播渠道和覆盖面,《江西手机报》将江西各地原有的手机报全部整合进来,内容上采取"N+1模式",前面为当地新闻,后面为统一推送的新闻,目前已经完成了6个设区市、18个县市区手机报的整合,统一平台用户已经突破

100万。其余各县市区地方手机报整合仍在推进中,到年底用户将达到300万。《江西手机报》还面向市场进行推广,通过报社的纸质媒体进行推介,派发10万多张免费手机报充值月卡,并联合省内各高校开展"手机党报进高校"大型文化公益活动,为广大学生免费安装下载(并注册)客户端,让主流声音及正能量进高校。计划到2016年,《江西手机报》的用户要达到1000万。

为了加强移动传播力建设,江西日报社还打造集政务微博与媒体微博为一体的微博矩阵。除《江西日报》法人微博微信矩阵外,作为全省政务微博龙头的省政府新闻办公室官方微博"江西发布",也设在《江西日报》微博工作室,创办仅两个月,已吸引粉丝70余万。"江西发布"被人民网和新浪网评为全国"政务之星"和全国"最佳创新应用政务微博"。《江南都市报》微信不断开创发展新模式,与江西移动合作推出微信订报,利用微信这个新兴平台吸引更多年轻的读报群体加入,形成一条新兴媒体与传统媒体互融的通道。该报还与江西移动打造微信粉丝矩阵,微信矩阵粉丝超35万,强化了传播效力。今年4月,《江南都市报》法人微信进行二次升级,版块区分更有特色,功能更为强大,每天推送新闻外,还可以通过自定义平台,进入掌上江南版块。这个版块不仅仅是一张报纸,还是一个电台、一本艺术杂志、一份出行指南……集新闻性、服务性于一体。最热活动和我要说说版块,是与受众互动的主要版块,通过这两个平台,受众可以报名参加各类公益性、游玩性、趣味性的活动,还可以发表意见和建议、述说心情与感慨,弥补了报纸互动性不足的缺陷,成为新兴媒体与传统媒体有效融合的载体。今年2月,人民网研究院发布的《2013中国报刊移动传播指数报告》,江西日报社所属的《江西日报》、《江南都市报》双双进入中国报纸移动传播百强。

三、实行"一岗双责",建立适应融合发展的管理体系和考核办法,提高记者的全媒体素养

传统媒体和新兴媒体的融合发展,编辑记者队伍建设是关键。为了加快建设形态多样、手段先进、具有强大传播力和竞争力的新型主流媒体,达到传播范围的最大化、传播效果的最优化的目的,2013年9月报社制定了《江西日报社"一岗双责"实施办法》,提出纸媒记者在采访新闻时,在向各自纸质媒体发稿的同时,应积极采用适当形式,向各自媒体的法人微博微信、中国江西网、《江西手机报》发稿；应注意根据新闻事件的特点，采集视频或音频内容，向新媒体发稿时，可同时发布音频、视频内容；纸媒记者也可挖掘微博上的好线索进行深度采访，变成报纸新闻。同时制定了基于全媒体的采编流程和相应的考核办法。比如给江西日报社所属媒体法人微博发稿，发布原创的单条微博以及微直播、微话题、微访谈等微博专题，进入微博评分评级，其结果作为报社编辑记者微博工作考核和奖励的依据。同时，依据思想深度、语言活度、传播广度，将单条微博和微专题各分为三个等级。根据转发数量，将单条微博分为三个等级：三等微博，转发数达百次以上，计50分值；二等微博，转发数达200次以上，计100分值；一等微博，转发数500次以上，计300分值。以微博转发数为统计数，将微专题分为三个等级：三等微专题，总转发数达200次以上，计150分值；二等微专题，总转发数达500次以上，计300分值；一等微专题，总转发数达1000次以上，计500分值。通过考核使记者编辑"一岗双责"落到实处。报社同时加快记者编辑的跨媒体转型，通过培训和实践，不断提高他们的全媒体素养。让报纸记者不仅做到能写、能拍、能摄，还能对所获信息进行多层次、多样式、多手段的整合处理，在第一时间以更灵活的手段推送到不同的媒介上。形成一次采集、多次生成、多元发布、多级放大、多渠道融合、多平台互动的新型采编及发布流程。在今年全国两会期间，江西日报社整合资源，全媒体出击，多媒体联动，在京设立"全媒体直播间"，首次通过报纸、网络、微博、微信、手机报、移动客户端等全媒体报道阵容，聚焦全国两会盛况，做到快捷、形象与深度、广度的统一，形成了强大的舆论合力，两次得到中宣部的通报表扬和肯定。

媒体融合发展是一个全新的课题，也是传媒领域一场重大而深刻的变革。对传统报业集团来说，既要认识到融合发展才是一条"活路"，同时还要不断探索切合自己实际的"活法"。传统媒体与新兴媒体的融合发展，目前还没有成熟的经验和路径，需要我们以改革创新的精神，牢记使命与担当，不断探索和实践，走出一条形态多样、手段先进、具有强大传播力和竞争力的新型主流媒体之路。

脑中有导向　心中有读者　眼中有市场

——《江南都市报》搞好主旋律报道的探索

《新闻战线》编者按：江南都市报的实践说明，都市报不但需要主旋律报道，而且能够搞好主旋律报道。既关注热点、难点和疑点，也关注亮点、兴奋点和闪光点，讲究报道艺术，主旋律报道同样可以出新出彩；努力在"政府想做的、老百姓需要做的、媒体应该做的"这三者的交叉点上做文章，报纸会拥有更多的读者；认真倾听群众的心声，一端连着政府，一端连着百姓，能取得政府、读者、媒体三满意的效果。把坚持正确舆论导向、满足读者需求、尊重市场规律三个方面统一起来，报纸在新世纪新阶段能更好地发挥党的舆论阵地的作用——江南都市报的这一实践经验，是宝贵的。

《江南都市报》是江西日报社主管主办的一份综合性都市类报纸，是江西省日发行量最大、阅读率最高的报纸。《江南都市报》按照"脑中有导向，心中有读者，眼中有市场"的办报方针，做好新闻报道工作，认真唱响主旋律，打好主动仗，使报纸成为沟通政府、联系群众、传递民声民情的桥梁和纽带，在配合党和政府的中心工作中找准位置，抓好落点，从而发挥自己作为党报子报的舆论阵地作用。

一、既关注热点、难点和疑点，也关注亮点、兴奋点和闪光点，使主旋律报道出新出彩

作为一张面向市场的都市类报纸，毫无疑义要关注热点、难点和疑点问题,但作为主流媒体,同时必须关注社会生活中的亮点、兴奋点和闪光点,弘扬主旋律。过去在人们眼中,主旋律报道往往与枯燥、可读性不强联系在一起。通过实践我们认为,主旋律报道同样可以出新出彩。这就要求编采部门进一步讲究主旋律报道的宣传艺术,在新闻策划中导入市场观念,最大程度开掘主旋律报道中的"亮点",调动读者的阅读愿望和参与意识。在2002年宣传战线最为重要的十六大宣传报道中,《江南都市报》高扬主旋律,独具创意地策划了一批令人叫好的新闻报道。生活在南昌的市民,没有在蓝天上看到过自己生活的这个城市在改革开放以来发生的巨大变化,也从来没有媒体为读者展示过这一幕幕壮丽景象。为此,《江南都市报》在十六大召开前夕推出了《喜迎十六大　空中看变化》的大型报道,经与空军部门协商,租用飞机从空中拍摄城市发生的巨大变化。记者用笔、用镜头为读者呈现出在自己身边发生的沧桑巨变。随后我们又将不同区域拍摄的图片制成展板,进入相应社区展览,让市民从空中的角度看看他们居住生活的地方,他们倍感亲切。这一活动,既配合了党的十六大宣传,又使读者看了解渴、看了振奋。十六大召开之后,江南都市报又设下大奖,举办十六大和新党章知识竞赛,参赛者达7万多人,使党的十六大精神深入人心。刊登竞赛试题的报纸一时"洛阳纸贵",许多单位为组织集体参赛,还专程派人来购买报纸。

二、办报与办活动结合,与读者形成互动,广泛调动读者参与,使主旋律报道形成轰动效应

报纸是办给读者看的,但绝不能停留于"我办你看"的这种单向传播方式。江南都市报在办报与办活动结合方面做了大量的尝试,在主旋律报道中,不仅在版面、栏目设置上下功夫,而且让读者参与到报道中来,从而使主旋律报道形成轰动效应,极大地提升其影响力。

南昌古称豫章,千百年来,名人雅士不断吟颂"豫章十景",但"豫章十景"经过漫长的历史烟云,有的已不复存在。新一届江西省委、省政府围绕加快江西发展,实现在我国中部地区崛起,开展了一场轰轰烈烈的解放思想学习教育活动。尤其是省会城市南昌,以建设"花园城市"为契机,提高城市经营理念,老百姓明显感受到自己生活的这个城市同以前相比已完全不一样了。为此,2002年9月,江南都市报策划了评选"新豫章十景"活动,这一策划一经推出，即在社会上引起了轰动效应，省市旅游局先后介入，各景点踊跃参加，争相亮相，在南昌市影响越来越大，评选规格越来越高，活动先后吸引了8万多人参加投票，社会反响之大，出人意料。南昌市委书记、市长在接受江南都市报记者采访时表示，江南都市报"为南昌市办了一件大好事"。最后经专家审议，南昌市委、市政府审批通过，评选出"新豫章十景"，为南昌市打造了一张"城市名片"，活动影响巨大，收到了政府满意、百姓叫好、报纸影响力上升的"三赢"效果。

现在走在南昌街头，不时掠过的公交车上的一首首激情的诗篇成为英雄城的一道亮丽的风景。这就是江南都市报2003年2月与有关部门举办的"诗画南昌"活动结出的硕果。用优美的诗句为城市营造文化氛围，同时，为趋于萎缩的诗歌寻找通往大众心灵的道路，这就是"诗画南昌"所要达到的目的。由江南都市报和省文联、南昌公交公司等单位联合主办的"诗画南昌"活动引起了省内外各界人士的浓厚兴趣，"诗赛"热线响个不停，从开赛到截稿的一个多月时间内，先后收到了全国10多个省市及国外作者的5000余首诗歌，参赛者年龄最大的89岁，最小的仅10岁。诗歌爱好者凌先生和妻子及11岁的女儿全家上阵，写诗参赛。据统计，像他们这样全家参赛的家庭就有十几家。最后经专家评审和市民投票选出200首优秀诗作，在《江南都市报》刊出后又印制在公交车上，每首诗配上相应的画面和图片，供乘客欣赏、品味。由江南都市报与其他单位联办的这一活动，受到了社会各界高度赞扬，《人民日报》以《南昌流淌着诗意》为题载文给予高度评价，称这一"流动诗会"，不仅为南昌城增添了一道亮丽的文化风景，而且也为南昌城营造了一种文明进步的人文环境。

仅2002年，《江南都市报》就推出了"花博会盛世婚典"、"美丽南昌拒绝赤膊"、"迎接十六大重走长征路"、"请你为江西风景选美"、"全国都市报老总看江西"等几十项弘扬主旋律的重大新闻报道，提升了报纸品位，扩大了报纸的影响力。

三、在"政府想做的、老百姓需要做的、媒体应该做的"这三者交叉点上做文章，以通俗、平易近人的报道方式吸引读者、感动读者

作为一份面向市场的都市类报纸，以什么方式来提升报纸的影响力，如何来塑造报纸一个负责任的主流媒体形象呢？我们认为，报纸必须找准自己的"落点"，找准自己的"最佳位置"，这就要求报纸必须"想政府所想，急百姓所急"，自觉地把新闻报道与党和政府的中心工作联系起来，在"政府想做的、老百姓需要做的、媒体应该做的"这三者的交叉点上做文章。只有这样，新闻报道才能既引起读者的共鸣，又能得到政府部门的全力配合，报纸才能有更大的市场。

近几年来，江南都市报在这方面做了大量的尝试。2002年底，江南都市报和江西省劳动和社会保障厅联合举办了一次"再就业大篷车"活动。通过这次活动，江南都市报联合劳动部门进行"送岗位下乡"，帮助县区下岗工人重新就业。《江南都市报》把这一活动作为贯彻十六大精神的一个重要组成部分，每天都辟出重要版面，对此进行全程报道。记者与"再就业大篷车"一起，足迹踏遍6个市、20多个县（区），涉及煤炭、冶金等近10个行业，累计为各地送去362家用工单位的就业岗位2.27万个，入场求职人数2.24万人，8201人次现场登记求职。整个活动，帮助近4000人走上了再就业之路。

这一活动的成功，正是江南都市报在"政府想做的、老百姓需要做的、媒体应该做的"三者交叉点上做足了文章。再就业工作是政府部门的一项重要工作，而偏远县区工矿企业下岗工人又因为地处偏远，交通不便，信息缺乏，再就业难度更大。江南都市报和劳动部门的"送岗位下乡"活动正是找准这个落点，从而在社会上引起重大反响。

四、以市民热线为桥梁，一端连着政府，一端连着百姓，取得政府、读者、媒体三赢的效果

都市类报纸讲究面向读者，其市场拓展相对容易。但是，若一味地迁就迎合读者，追求轰动和卖点，也会使报纸的形象无法提高。在"政治家办报"这个大前提下，如何让报纸既使党和政府认可，又使读者满意，是都市报老总们必须思考的问题。一些都市报在成长的过程中，负面报道过多以及"捅娄子"，使部分政府职能机关与之产生对立情绪。这种现象有时由于政府职能部门的不配合，报纸往往漏报政府出台的与群众密切相关的重要信息，亦使媒体的权威性大打折扣，影响了报纸的公信力。

江南都市报开办市民热线后，这种矛盾得到大大缓解。报社定期邀请政府部门和与群众生活密切相关行业的领导客串主持市民热线，使群众与政府官员有了直接对话的机会。对话的详细内容第二天即整版见诸报端，热线"我倾听、我传递、我沟通"的职能发挥得淋漓尽致：各部门不会因敏感问题曝光而"猝不及防"，群众也有了解决问题的机会。创建花园城市开始之后，其声势之大，发动面之广，效果之好都是前所未有的。由于这项工作与老百姓关系非常密切，并涉及拆除违章建筑和清理占道经营与群众利益有关的问题，江南都市报专门策划了请南昌市市长接听市民热线，市长和市有关部门的负责人与市民直接对话，对市民提出的问题一一给予解答，对需要解决的问题落实专人解决。自此之后，南昌市民有急难事，都会拨打市民热线倾诉和求助。江南都市报的市民热线几乎成了市长热线。由于打进热线的读者数量有限，江南都市报又将市民热线延伸到社会，经常在省城中心广场摆摊设点，事先在报纸上发出预告，邀请政府部门领导现场接受群众投诉和群众来访，既使政府部门及时了解情况，又能为群众解决问题，从而化解了社会矛盾，真正做到为政府分忧，为百姓解难。在媒体众多、"热线"竞争激烈的情况下，这些与百姓关系非常密切的政府职能部门如此看好江南都市报的市民热线，从一个侧面凸显出这条热线所具有的优势。

自2001年5月中旬以来，江南都市报的行风评议市民热线再次引起了全省群众的广泛关注，省建设厅、国税局、地税局、教育厅、交通厅、环保局、民政厅、国土资源厅等8个厅局的厅局长和所有班子成员，先后光临江南都市报市民热线，直接倾听基层群众的呼声。随同厅局长们前来的，还有各职能处室的处长及省会南昌市的相关局领导。江南都市报市民热线室的两部电话铃声不断，几乎每个厅局接听都要一再延长接听时间。许多群众由于电话太忙打不进来，他们便赶到江南都市报直接向有关厅局领导反映问题和情况，出现了室内热线火爆、室外接待来访群众不断的景象。对于读者反映的问题，能够当场解决的，厅局长在接听热线现场就拍板解决；要研究后答复的，各厅局就在现场召开办公会，拟出限期解决方案。

"接听市民热线是走群众路线的重要渠道。"当时任江西省交通厅厅长的宋军在接听市民热线特别开通的"交通厅行风评议专线"后感慨地说："这种方式很生动也很活泼，使职能部门直接面对群众监督。我们是带着压力来倾听百姓呼声的。而压力正是我们切实改进作风的动力。"所有的厅局在接听江南都市报市民热线后,均无一例外地做出了"三天内答复热线所投诉问题"的承诺,并在报纸上公布。现在省市政府部门在涉及群众利益重大举措出台之前,要征求群众意见,为群众解疑释惑,其领导往往都来江南都市报接听市民热线。

正是在众说纷纭的舆论环境中,江南都市报市民热线传递出主导社会舆论的声音,而且政府满意,百姓欢迎,媒体形象上升,达到了"三赢"的效果。

五、让主旋律报道与群众切身利益结合起来,着力解决群众关心的实际问题

走向市场的报纸之所以受读者欢迎,一是好看,二是实用。因此其对主旋律的报道应更多地从人文关怀和具体之处着眼,深入阐释、宣传各项改革政策,使人民群众充分了解、理解、支持、拥护党和政府的工作。实践证明,与群众利益关联度越高的报道,就越能牵动群众的心,辐射面就越广,影响力就越大。《江南都市报》在宣传十六大精神报道中,开辟了"十六大精神与百姓生活"的专栏,就十六大报告中提出的"全面建设小康社会"、"非劳动收入"、"健全社会保障体系"、"千方百计扩大就业"等与群众生活密切相关的内容分成专题,派记者采访省有关部门,请他们作出相关政策上的阐述,形成"政策完全手册",非常具体和实用,这几期报纸大受群众欢迎,市场上一度脱销。

六、推出"话题新闻",以亲和方式向读者讲述观点和思想

2003 年 2 月 14 日,中共江西省委宣传部通报了 2002 年全省最有影响的十项宣传活动,由《江南都市报》开设的《都市新观察》版名列其中,这是十项重大宣传活动中唯一由一家子报独自开展的重大宣传活动。省委宣传部的通报中说:"2002 年,由江西日报社主办的《江南都市报》,每个星期推出的谈论思想和观点的话题新闻——《都市新观察》,在全省引起了广泛的关注,有力地配合了我省开展的解放思想学习教育活动,取得了非常好的效果。"

作为以社会新闻为主打的都市报,推出这种话题新闻,是一个大胆的尝试,在全国都市类报纸中是第一家,也是都市类报纸办报中的一个创造。《都市新观察》中所涉及的话题，常常成为人们街谈巷议和茶余饭后所议论的焦点。

2001年5月份，新一届省委、省政府上任后，围绕加快江西发展，实现江西中部崛起，开展了一场轰轰烈烈的"解放思想学习教育活动"，它的冲击力使每一个生活在这一片土地上的人都感受到一种震撼和希望，江西媒体及时跟踪报道了这些变化。但读者反映对这些报道总有一种不满足的感觉，因为这些报道大多都是事件报道，而缺少理性分析与思想引导。为此，《江南都市报》推出了《都市新观察》话题新闻版，采用对话和访谈的形式，反映知识阶层、政府官员、企业家及老百姓对江西过去经济、历史、文化的一种反思，同时包含江西要在中部地区崛起应在经济、社会等方面有哪些应对的措施，以及外省经济和社会发展中的一些做法和思路，透过现象看本质，讲了些人所未言或言而未及的东西。《都市新观察》每期以两个版以上，围绕一个话题，请省内和省外的专家学者发表他们的观点和看法。

《都市新观察》的力量在于观点、在于思想。该专栏十分注意把可读性、贴近性与思想性融为一体，少些训导味，多些谈心味，让专家学者、政府官员和企业家从高高的讲坛上走下来，走到老百姓中间，用聊天的口吻同他们谈思想、谈观点。

为了使这些新的观点和思想在读者中产生影响，《都市新观察》的话题都是从形象可感的东西说起，努力做到言之有物，而不是空洞的说教，注重在潜移默化中引导读者、影响读者，从老百姓身边正在发生的事情说起，使其有所感、有所悟、有所得。

同样的话题新闻除正在开办的《都市新观察》以外，今年江西省人大、政协"两会"期间《江南都市报》也对"江西现象"进行了报道。2002年，江西经济在中部省份中快速崛起，引进外资增幅和固定资产投资增幅居全国第一。国家计委有关人士称之为"江西现象"。《江南都市报》适时推出"江西现象"的系列报道，对"江西现象"的成因、由来及发展前景作了一系列的报道，极大地鼓舞了人心，成为今年全省"两会"期间代表议论的中心话题。这一话题新闻推出后，江南都市报热线电话络绎不绝，广大读者也参与进来发表看法，我们都及时予以刊发，一时间，"江西现象"成为江西开始崛起的代名词，省委宣传部也充分肯定了这一报道。今年全国"两会"期间，参加江西代表团讨论的中央领导,也提到了"江西现象"这一话题。《都市新观察》版和"江西现象"大讨论的成功说明,都市类报纸通过传递新的思想和观点,在弘扬主旋律,促进社会和经济发展等方面同样大有可为。

(《新闻战线》2003 年第 6 期)

新媒体格局下办报理念的创新

以互联网为代表的新媒体的迅速崛起,冲击并改变了原有的传统媒介生态环境。作为传统媒体的报纸,在拥抱网络的同时,其自身的办报和经营理念也在发生着前所未有的变化,以适应新媒体时代读者的需求和报业自身发展的需要,让报纸这一传统媒体焕发出新的生命力。

一、从抢抓第一落点到把握第一解释权

拼抢独家新闻、抓住新闻第一落点,曾经是报人的职业追求。然而在网络媒体、手机媒体及以博客、播客等新媒体形态不断出现的今天,报纸要抢独家新闻和新闻的第一落点,无异于天方夜谭。对于重大新闻事件"从网上得消息,在报上得解释"已成为群众的阅读习惯。因此,报纸既没办法也没必要去与网络、电视媒体拼抢时效,而应在"以快制胜"外再找一个应对新媒体的"杀手锏",这个"杀手锏"就是报纸要掌握新闻的第一解释权。

新媒体时代,传媒的主要功能是:新闻信息、娱乐、观点。网络以信息快捷取胜,电视有着不可替代的娱乐功能,人们第一时间获得信息的来源已主要不再是报纸,而对新闻事件的解释及深刻见解,将成为报纸应对其他媒体竞争的利器。况且在新媒体时代,人们可以接触的新闻信息传播渠道越是多样,信息来源越是多元化,关注的事件、现象与信息越是复杂,人们就越是需要权威的解释与判断,这才是报纸的独特魅力所在。中央电视台的"马斌读报"和凤凰卫视的"杨锦麟读报"栏目之所以受欢迎,一直保持很高的收视率,并不在于人们需要从那里了解报纸所报道的新闻事件,因为这些新闻事件可能大家早已知道,而真正吸引他们的是各种报章上对新闻事件的点评与解

释。真正能打动读者的报道,不是只报道事实,而往往是对事实的解释。解释往往比事实自身更直接、更深刻、更有力,更难以改变。对新闻事件精辟的解释,使报纸更经得起细读,使人心悦诚服,从而真正扩大报纸的影响力。在报纸同质化竞争的今天,同样要靠掌握第一解释权来号召市场。因为事实层面的报道容易模仿和追随,而独特的思想和智慧却是很难复制和雷同的。所以很多都市类报纸都纷纷开设自己的时评版和栏目。因此,对报纸的记者来说,不仅要做新闻事件的报道者,还要做社会现象的阐释者。

二、从全面覆盖到重点选择

过去办报一直强调"一报在手,样样都有"。现在这种大而全的办报模式越来越受到互联网的挑战,因为互联网上的无限空间,更能够做到这一点。报纸虽然越来越厚,但与互联网的信息是无法相提并论的,何况网络还可以无限链接。

但从另一个方面讲,传统媒体的有限性和网络媒体的无限性,既是它们各自的优点,也是它们各自的缺点。传统媒体的有限性和受众时间的有限性是吻合的,而网络媒体在拥有无限性特点的同时,也会给受众带来选择上的负担,信息越多反而越没价值。在相对有限的阅读时间内,读者必然选择最有阅读价值的信息,他们看中的是"精"而不是"多"。作为传统媒体的报纸,应适应网络媒体带来的新变化,在办报模式上由全面覆盖转到重点选择,对新闻资讯要精选、精编,在众多的信息来源中为读者选择和提供最真实、最有价值而又必读的东西,这样报纸才能扬长避短,找到自己发展的空间。所以早几年报纸以拼命扩版来谋取竞争优势的景象现在已很少见了,许多报纸开始由扩版这种外延式的发展,走向为读者精挑细选报纸内容的内涵式发展道路,有的报纸在这方面下足了工夫。如《广州日报》除了精选每天报纸内容外,还将报纸一版和二版开辟为导读与索引版,这两个版可以说是标题新闻和简明新闻的综合体。一版主要是标题新闻与大幅图片,让读者在短时间内能对当天的重大新闻一目了然。二版的空间比较充足,除了标题新闻外,还对重要新闻的核心内容做了提要,就相当于简明新闻。这两个版并非简单地将重要的有看点的新闻报道的标题及其内容概要加以复制或者堆砌,而是十分注意"导读与索引"与报纸内容的互补性,从而使有关新闻报道的内容得到不同层面的强调,获得一种立体呈现的效果。这种重点而又精心的选择,大大提高了报纸对读者的吸引力。

三、从"内容为王"到"创意为先"

报业属于文化产业,而文化产业最核心最本质的就是创意。我们过去强调的是"内容为王"的办报理念,一张报纸只要内容做好了,发行和广告就会自然上升。当然,我们现在办报也丝毫不能忽视内容,但仅仅依靠内容打天下的时代已经过去。报业竞争,以前主要体现在报纸与报纸之间。报纸只要有了好的内容就能吸引读者,从而扩大报纸的发行量,而有了发行量就能吸附大量广告。但现在,这种单一的赢利模式已面临诸多的挑战。特别是随着网络等新媒体的崛起,从 2005 年以来,报纸广告增长乏力,有的报纸广告甚至出现下滑,传统以"内容为王"的办报模式已很难适应新媒体时代的竞争要求。报纸所面对的不仅是其他报纸的竞争,更要面对新媒体的挑战。依靠创意提高报纸的整体运作水平,从新闻报道、发行营销、广告经营、品牌扩张、活动开展等方面,全方位进行创意策划,是办好一张报纸的必然要求。湖南卫视"超级女声"的成功,靠的就是独具匠心的创意。一些报纸的创意,同样令人注目。如钱江晚报去年创意策划的百万读者"蜂巢行动"就很成功。该报在杭州房交会开幕时,在报纸上刊出填写购房意向楼盘及购房人姓名、地址、电话等内容的"小蜜蜂"选票。读者只要填写选票和投票就可以参加极具魅力的公开抽奖。这次创意活动收到有效选票 11.17 万张,也就是说聚集了 11 万多名(户)有明确意向的购房者和房产广告销售对象,并据此汇编建立了杭州最大的购房数据库。随后他们又将有购买意向的"小蜜蜂"数据提供给相关楼盘开发商,使他们实现精准营销。在此基础上又建立起房地产与媒体的联盟——蜂巢会。这一创意不仅让该报一次性获得了 477.4 万元的广告收入,而且提升了报纸的影响力、创新力和亲和力,并为以后的报纸创收提供了平台。

好的创意对一张报纸来说,每个环节都可产生巨大的影响力和效益。《江南都市报》创刊十周年时,按照以前的惯例,由报纸出大笔资金举办一台庆祝晚会,邀请有关人员观看。后来他们进行创意策划——自己庆祝不如让全社会都来庆祝。该报决定通过市场化运作在省体育馆举办"江南都市报之夜——宋祖英群星演唱会"。通过报纸的连续报道,引起全社会关注,演出门票销售十分火爆。报纸既没花一分钱又取得了意想不到的庆祝效果。

四、从二次销售到更多次销售

报业经营在传统上是二次销售,即把报纸卖给读者,再把拥有众多读者的报纸版面卖给广告客户。二次销售理论作为报业经营的核心理念,指导中国报业成功地走过了多年的改革创新之路。但现在看来,报纸仅仅停留在二次销售阶段是对报纸资源的极大浪费。而且随着报业竞争的加剧,二次销售理论在报业经营的现实中已变异。第一次销售不仅不能产生效益,而且要投入巨大的成本以确保第二次销售的实现。报纸的赢利点实际上只剩下广告经营。如果广告增长不能随着报纸成本同步增长,报业经营就要陷入困境。因此,报业经营要引入整合营销的理念,进一步延伸报纸产业链,全新打造报业销售宽度,实现更多次的销售。如现在许多报纸的内容,已开始用手机报的形式再次开发利用。南方都市报利用报纸品牌创办《南都周刊》杂志。湖北日报报业集团利用其子报《楚天都市报》的影响力和集团的现金流优势,投资"楚天都市花园",挺进房地产领域。上海文汇新民联合报业集团的《上海星期三》输出"星期三"管理模式,打造了《苏州星期三》《扬州星期三》等系列报,这都是更多次销售的范例。

五、由经营报业走向经营资本

世界范围内传媒产业的经营实践,已由产业经营理念创新为资本经营理念。近年来,国内报业在发展过程中,其经营理念也有了很深刻的变化,由仅仅经营报纸、经营产业开始走向经营资本,由实业经济迈向虚拟经济。

报业的资本经营,就是将报纸所拥有的可经营性资产,包括和报业有关的广告、发行、印刷等产业,也包括报纸所经营的其他产业部分,都可视为有经营价值的资本,通过价值成本的流动、兼并、重组、参股、控股、交易、上市、转让等途径进行运作,优化报业资源配置,扩张报业资本规模,进行有效经营,以实现最大限度增值目标的经营方式。一张报纸如果光靠自己的经营积累,虽然也能发展,但其发展的速度和规模十分有限。报业要加速做大做强,必须实现产业经营和资本经营相结合,加速实现资本扩张与规模扩张。同样面对新媒体的挑战,我国报业的广告增幅逐年下滑,如果我们仅局限于经营报业,无疑是抱残守缺。由经营报业到经营资本,使报业发展跨入一个崭新的天地,也将从根本上创新现有的报业体制。从成都商报控股的博瑞传播借壳四川电器上市成功开始,中国报业的资本运作一直在不断探索。特别是今年以来,许多报纸在这方面纷纷有新的举措。解放日报报业集团以四部分资产注入新华传媒公司。此举实质上实现了解放日报报业集团借新华传媒之壳上市的目标,使该集团成为我国省级党报集团中借壳上市第一家。南方报业传媒集团与复星集团共同投资的股份制报纸《21世纪经济报道》也准备今年在深圳直接上市,以扩充资本,满足其在2008年业务快速发展的需要。除上市外,其他形式的报业资本运作,也是多姿多彩。其中令人注目的是安徽日报报业集团与全球第五大传媒集团的南非MIH集团,总投资逾6亿元,组建新安文化有限公司。该公司以安徽日报报业集团所属《新安晚报》品牌为主要资源,将《新安晚报》的广告、发行等经营资本与报业集团印务中心优质资本整合,主要经营广告、发行、印刷等业务。在此之前,重庆日报报业集团所属的重庆商报也与南非MIH集团进行了成功的合作。这是国外的传媒资本直接进入我国的省级党报集团,可谓一大突破。

六、由传统报业走向数字报业

报纸作为一种传媒形态,它不会消亡,但报纸的传播介质总有一天会由纸质变为数字形式。传媒大亨默多克认为:"报纸最终会衰弱,但报业不会,它将向数字化转型。"

报纸与网络既是竞争对手,又是合作伙伴。作为传统媒体的报纸,内容创作是其鲜明的特长,而传播速度、广度及互动性是其"短腿"。报纸与新兴媒体的对接与融合,借助新媒体的优势,把自己的"短腿"加长,进而拓展新的领域,打造新的发展空间,这是新媒体时代事关报纸生存与发展的重要课题。为此,许多报纸在实践中已探索出不少有效的途径。比如:江西日报与大江网合作创办了全国第一个报网互动的栏目"江报直播室"。由报纸与网站共同设置公众关心的话题,请名人、专家与网民进行交流,通过大江网进行视频现场直播,然后报纸将交流的内容整理成文,在报纸上大篇幅刊出。这种报网互动使媒体的触角有效向社会各个层次延伸,大大增强了报道的社会效果。

在报网互动的基础上，有的报纸更引入互联网报道模式，实现报网合一的跨媒体实践。这种媒体融合的模式，对纸质媒体是一种划时代的转型。如《江南都市报 QQ 社区》版，在报纸上和网络上同时面世，在 QQ 群和博客上，读者不仅可以和主持人交流，网友彼此之间还能实现有效互动。《江南都市报》每周二、四都安排了一个《QQ 社区》版见报，将 QQ 群和博客上讨论的热门话题或网友关注度高的新闻平移到报纸上。既是记者也是版主，既是读者也是网友。《QQ 社区》中报纸与网络媒体的互相渗透，催生了以前没有过的角色转换，使读者也能参与到新闻产品的创作过程中来。

新媒体时代，作为传统媒体的报纸依然大有作为，关键是我们要及时地创新办报理念，以创新拓展自己的生存发展空间，最终实现报业形态和赢利模式的战略转型。

（《新闻战线》2007 年第 6 期）

新舆论格局下党报的改革与创新

面对传播手段的多样、舆论空间的多元、社会思潮的多变这一新的舆论格局和传媒市场的激烈竞争,各类媒体都在充分发挥自身特点和优势,以争取读者,占领舆论制高点。党报要在新的舆论格局和市场竞争中立于不败之地,既要有所坚持,更要有所创新。

从去年开始,江西日报在办报和运行机制上进行了较大的改革和创新。在办报方面进行新一轮改扩版和创新办报形态,在运行机制方面改革考核办法、用人机制和机构设置。经过一年多的探索与实践,《江西日报》在树立现代传播理念、贴近读者、面向市场方面取得了新的突破,一些报道在全国产生了较大影响。中宣部《新闻阅评》以《紧扣社会热点　化解群众难题,〈江西日报〉改扩版贴近群众面貌一新》为题,对《江西日报》改扩版给予高度评价。《江西日报》已全面进入南昌市的报刊零售摊点,零售量比改扩版之前有了较大增长,而且有1万份《江西日报·都市新刊》已通过市场发行的办法,进入了老百姓的家庭。

以新的办报理念面向读者面向市场

党报的改革创新是面对新的舆论格局所采取的一种以变应变的做法。党报的重要职责是引领社会舆论,就是要在众说纷纭的舆论环境中,传递主导社会舆论的声音。而引领的前提是增强吸引力,有了吸引力才会有影响力,有了影响力才会有感召力。党报的改革创新说到底,就是要在坚持正确舆论导向的前提下,更多地吸引和影响读者,从而培育和强化党报的市场竞争优势,达到更加有效引导舆论的目的。因此,党报的改革创新必须从办报理念这个根本上改。

长期以来,党报的许多报道往往存在着"官场"意识大于"市场"意识的现象,相当数量的报道,所涉及的内容其实与老百姓息息相关,但一写出来就变味了,不是各级领导在做什么、说什么,就是政府部门在安排什么、部署什么,好像与老百姓毫无关系。实践证明,只有"关注群众",媒体才能为"群众关注"。现在不少区域报业市场上都市类报纸严重过剩,陷于同质化竞争,缺少高层次政经类大报,这也为党报的改革创新提供了良好机遇。为此,《江西日报》在改扩版中融合早些年党报创办周末版和都市类报纸的成功经验,在坚持正确舆论导向的前提下,从面向读者、面向市场来破题展开,在大力做好"三农"报道的同时,将报纸的 C 叠开辟为《都市新刊》。我们要求记者编辑在党和政府想做的、人民群众需要做的、新闻媒体应该做的这三者的交汇点上做文章,善于发现和敢于触及社会公众议论关注的问题进行及时、有效的引导,同时加大党报舆论监督的力度。

当然,党报不同于都市类报纸,它所报道的内容在讲究贴近性的同时,应该站得更高、看得更远、视野更广,跳出就事论事"一地鸡毛"式的低浅层面,实现由一般的贴近向有高度、有深度贴近的转变。为此,《江西日报·都市新刊》开辟了"大特写""江报直播室"等栏目,对读者关注的话题作深入的报道和解读,读者反映十分热烈,一些报道常常被全国其他报纸转载,或被读者转发到网上的论坛展开议论,在全国产生强烈的反响。比如《一家企业搅乱了许多人的恬静生活》报道见报后,全国媒体纷纷转载。经过连续跟踪报道,企业的污染问题得以彻底整改。"在大草原上拉了一堆屎,有点臭,算不算污染?"东乡县工业园区艾姓环保官员答本报记者问的这句话,被新华社评为2009 年全国最雷人的十大官腔之一。今年 7 月 22 日,《江西日报·都市新刊》关于景德镇市邮政局顶风违纪,用公款组织赴日旅游的报道,及随后该局利用自己发行特权扣发刊登对其进行舆论监督的党报的报道,又在全国引起巨大反响,国内一些著名评论员纷纷对此事进行评论,最终有关当事人受到了严肃处理。《都市新刊》让人耳目一新的版式,一大批体现"三贴近"的稿件让读者感到党报的报道同样可以好看。

以新的机制引领党报的改革创新

党报在长期的发展中,培养和锻炼了一大批新闻宣传人才,能否从制度上有效地激发这些人的积极性和工作潜能,搭建让编辑记者人尽其才的舞台,形成集思广益、尽心尽力办好党报的生动局面,对于党报的发展和创新具有至关重要的意义,而且好的办报思路也需要用好的机制来确保落到实处。为此,江西日报先从考核评价机制改革上着手,为报纸的创新做准备。在广泛征求意见的基础上,先对编校质量管理机制进行改进调整并率先实施,建立和完善了一整套责任明确、奖罚分明、操作性强的编校质量管理机制,使报纸的编校质量迈上了一个新台阶。在去年 7 月揭晓的首届全国省级党报编校质量检查中,《江西日报》名列第一。随后我们又对稿件的评价考核体系进行改革,而其中最主要的做法是将市场的法则引入到对编辑记者的考核当中。《江西日报》在改扩版的同时,以稿件"购买制"为主要内容的编辑记者考核办法也同时实施,对稿件实行优质优价,进入购买程序的稿件和图片按质量分为 5 个等级并计相应的分值,对于质量不高或不符合要求的稿件则不予购买。稿件"购买制"对编辑记者的考核由稿件的数量转为质量,拉开了好稿与差稿在分值上的差距,与记者编辑的利益直接挂钩,从而有效地调动了记者编辑采编好稿的积极性。对报纸来说,具有思想性、可读性的稿件明显增多,报纸的整体质量也就有了显著的提高。《江西日报》创新的重头戏是创办《都市新刊》,主要做贴近性和服务性的民生新闻并开展有效的舆论监督,对新闻事件从百姓的视角进行解读。为此在机构设置上《都市新刊》建立了单独的采编中心,实行不同于党报其他部门的运行机制,打破记者守着行业部门分兵把口的传统,转为全方位关注重大新闻事件和民生新闻。同时在用人机制上大胆突破,改变党报采编人员不管称职还是不称职,因为都是正式在编人员而难以淘汰的状况,实行"一报两制":除了编辑中心领导层和一部分骨干记者编辑是正式在编人员外,其他人员都实行聘用制,不称职者将予以淘汰。灵活的用人机制保证了党报改革创新的顺利进行。

以新的办报形态拓展党报的影响力

新媒体时代的到来,媒体的传播方式发生了新的变化,深刻地改变着人们的信息接收方式和习惯。过去的媒体基本上都是"我办你看"这种单向的传播方式,互联网的出现极大地调动了受众的参与意识,单向传播变为双向交流。互联网和手机作为新的媒体平台,之所以受到网民和"拇指族"的青睐,之所以在受众中的影响越来越大,除了信息的快捷外,其重要的一点就是参与性和互动性强。如果无视这种变化,还是按照过去的办报方式一成不变,党报引导舆论的能力必定会受到削弱。因此,党报的改革创新应该注意到这种传播形态的变化,增强互动、共享、分享等功能,以适应传媒发展的潮流。创新办报形态让读者直接或间接地参与其中,实行互动沟通,寻求党报影响力的最大化,是党报适应时代赢得读者的有效办法。为此,《江西日报》专门设置了一些与读者和网民互动共享的栏目,吸引读者和网民的参与。早在 2005 年,《江西日报》就推出了全国首个报网互动视频直播栏目"江报直播室",但由于栏目时间不固定,影响了传播效果。从去年开始,这个栏目每星期一期并固定了版面,由报纸编辑、记者主持新闻话题访谈,请读者作为访谈嘉宾,网上实时直播,报纸刊发主要内容。通过发预告消息、公布网址等方式,吸引更多的读者和网民积极参与,实时观看,踊跃提问。报网互动促进了"报纸读者—网站网民"的融合,党报传播的覆盖面和影响力得到了进一步的延伸和增强。我们还根据党报多年形成的权威性、准确性和公信力强的特点,以及与党政部门联系密切的优势,开辟了"党报帮您问""党报帮您办"等与读者互动、为读者服务的栏目,专门为读者解疑释惑、排忧解难。由于所选取的问题和事情都具有典型性和代表性,往往是解答一个和解决一件,受益的读者是一大片,因而受到读者欢迎。

把办报与办活动结合起来,实现新闻报道与活动开展的互补,增强报道的宽度和广度,是提升党报报道影响力的重要途径,也是延伸报纸品牌的一种有效方式。去年 12 月 12 日,国务院正式批复《鄱阳湖生态经济区规划》,标志着建设鄱阳湖生态经济区上升为国家战略。这是新中国成立以来,江西省第一个上升为国家战略的区域性发展规划,是江西发展史上的重要里程碑,是引领江西转变发展方式的强大引擎。为报道好鄱阳湖生态经济区建设,使其能够深入人心,江西日报今年3月启动了大型策划"2010江西日报新闻行动暨鄱阳湖大型考察活动",并得到了社会各界的积极响应和大力支持。有5个厅局与江西日报携手开展"2010新闻鄱考",共同为江西人民打开一扇认识鄱阳湖、了解鄱阳湖生态经济区的窗口。"2010新闻鄱考"系列活动的开场好戏——"鄱阳湖生态旅游大探寻",由21人组成的探寻队,从南昌出发,途经鄱阳湖沿岸8个县区,先后探访了50多个乡镇的近百个景区(点),行程2000多公里,挖掘了一批鲜为人知的旅游资源,整理推荐出了8条旅游特色线路。每天连续不断讲故事式的报道,吸引了读者的目光,大大提升了鄱阳湖生态旅游的知名度。随后,"2010新闻鄱考"又推出了"科技创新鄱湖行",记者和科技人员深入到鄱阳湖生态经济区的9个县市,通过采访报道充分展示科技如何引领鄱阳湖生态经济区低碳经济发展,支撑江西十大战略性新兴产业崛起和科技创新结出的丰硕成果等。报道与活动相结合,创新了新闻传播方式,通过生动、理性的实地考察方式,用报网互动,文字、图片、视频相结合的立体展现形式,带领读者一起去认识鄱阳湖生态经济区,思考鄱阳湖生态经济区的发展,报道取得了既叫好又叫座的效果。

在新的传播格局下,传统媒体面临着深刻的嬗变和转型,党报因为所承担的责任与使命,现在要办好,确实比过去更加重要,也比过去难度更大。党报不变,是不可能的,不创新,是没有出路的。通过改革创新,使党报的新闻报道和话语体系更加贴近实际、贴近生活、贴近群众,才是党报不断发展的必由之路。

(《新闻战线》2010年第9期)

开阔思路　增创优势

　　《新闻战线》编者按:江南都市报近年之所以能迅猛发展,其原因就在于该报实事求是,确立了符合江西报业发展实际的办报思路:在发展战略上,坚持走区域市场"小而优"、细分市场"大而强"的报业发展之路;在新闻报道上,追求自身独特的品性,注重独家的策划和独家的新闻包装,同时想方设法既让正面报道出新出彩,又用建设性的观点处理负面报道。江南都市报的经验启示我们,只有坚持务实和创新的统一,发展才能有新思路,事业才能有新跨越。

　　"关注都市冷暖,关心百姓甘苦",江南都市报作为江西日报社的子报,1997年8月1日更名时,就确立了这条办报思路。江南都市报是江西最早采用市场化运作的报纸,在最近几年取得了迅猛发展。尤其是2000年以来,都市报发行量突破20万份大关,一跃成为江西省发行量最大的报纸。在省会城市南昌,江南都市报发行量更是省城所有同类报纸发行量的总和,同时创下了零售量第一、家庭订阅户第一、广告刊登额第一、报纸阅读率第一等多项纪录。2002年,江南都市报广告收入较上年增长67%,利润总额增长125%,已在全省中心城市建立了1000多人的发行队伍,江南都市报已成为在江西老百姓中最具影响力的报纸。

　　目前,江南都市报的广告份额已经占到全省40多家报纸广告总额的1/3多;在省会城市,江南都市报所占的份额也超过50%。一份发行量20多万份的报纸,为何能在江西快速发展呢? 这和江南都市报近年来办报思路的转变有很大的关系。

发展战略的转变：区域市场"小而优"，
细分市场"大而强"

纵观这几年江西的报业竞争，其惨烈程度和其他地方相比并不逊色。南昌市区 140 多万人口，却集中了 9 家日报，除了江西日报和南昌日报属于党委机关报外，其他 7 家均是采用市场化运作的综合性城市日报。7 家同类报纸在一个城市里拼杀，外地能用的招数江西大都出现过，如零售 5 分钱、小贩回收新报等。还有的推出送价值 30 万元的房子、10 多万元的车子等重奖，这在全国还不多见。2002 年以来，报纸发行更是派送成风，许多报纸送米、送油、送奶、送礼品券。这些措施无不见证了江西报业市场竞争的激烈态势。然而，这么多报纸所争夺的报业广告蛋糕有多大呢？从 2001 年的情况来看，不过是区区 1.6 亿元，还不如很多城市一家报纸的广告量。报业市场的狭小，使江南都市报迅速面临了一个发展的"瓶颈"问题。从这种现状来看，江南都市报要走大投入、大发行量、高广告收入这种"大而强"的路子显然不现实。城市人口的限制，使我们不可能将发行量做到 50 万、100 万，即使做到了这个量，江西报业的广告量也难以支撑这张报纸。基于这种情况，江南都市报确立了走"小而优"的报业发展之路，即确定一个合理的发行量区间，保持一个合理的报业整体利润。这个发行区间，我们定为 25 万—30 万之间，报纸整体利润定为 2000 万元左右。规模虽然小，但发行质量高，广告回报合理。

当然"小而优"只是与全国同类报纸的比较而言，并不意味我们在重点地区放弃我们的"强势"地位。在全省范围内我们追求"小而优"，但在省会城市和中心城市我们同样要确定"大而强"的地位。反映到发行战略上，我们采取的是"抓大放小"的策略，县城以下基本放弃，对于县城则任其自行增长，保持一定的覆盖面。而对于中心城市，则采取"寸土必争"的做法，高密度发行。尤其是在南昌，我们必须确保发行总量第一的位置，始终保持强大的发行优势和版面强势。2002 年以来，我们已两次扩版，最大限度抬高报业竞争门槛。现在江南都市报在南昌地区除周六、周日外都是 4 开 40 版，省城以外为 32 版，继续保持版面强势。

从 2002 年下半年以来，江西的报业又进入了新的一轮"博弈"，从目前来看,南昌市的9家日报中有7家定位于市民生活类,这种结构显然是不合理的,像上海那么大的城市,也只有新民晚报和新闻晨报两家。都市类报纸的激烈竞争,最终将有两类报纸生存得最好,一种是"大而强",一种是"小而优"。江南都市报的目标,最终是将这两种特点成功地结合起来,因此,我们在江西这个较大范围的区域市场内,报纸的定位是"小而优",即以最优化的报业布局来赢取最合理的报业利润,而在重点区域重点城市,则追求对这个城市的独占和控制,也就是"大而强"。

办报思路的转变:由独家新闻转向独家策划

都市报的时代,对报纸的内容提出了新的挑战。江南都市报作为江西最早市场化运作的报纸,其办报的风格、理念无不成为省内其他报纸效仿的对象从而直接导致版面的风格、报纸的定位日趋相同。在这种情况下,新闻报道的精心策划便成为江南都市报的当务之急。

1. 新闻资源的整合追求独特性。同质化的竞争带来的最大后果是千报一面,江南都市报在新闻报道上尽可能追求一种差异化竞争。由于新闻竞争的加剧,独家新闻越来越难抓到。因此,我们主攻独家的策划和独家的新闻包装。不仅仅是本土新闻,就是新华社或网络交换的稿件,使用时也必须体现报纸的独特性。这样才能高出一筹,体现与同类报纸的不同之处,收到不同的社会效果。比如南昌市2002年举办的绳金塔庙会,各个报纸都浓墨重彩地予以报道,江南都市报独辟蹊径,与组委会共同推出"千对情侣点柚灯"的大型策划,现场报名者排成长队,热线电话不断;江西省举办首届花卉博览会,我们就与花博会组委会一起推出"百对新人盛世婚典"的特别策划,效果也很好。又如"南昌创建现代文明花园城市"这一新闻,江西多家媒体都在做,江南都市报用半个月时间推出"打造新南昌"等4个主题策划,运用46个整版,发稿20多万字。

2. 用建设性的观点处理负面报道。负面新闻比较集中,这是都市类报纸存在的一个普遍现象。我们认为负面报道不是不可做,而是要以建设性的观点,以积极的态度来处理,而不是单纯为了曝光而曝光。为此,江南都市报在处理负面报道时多从以下两个方面做文章:

（1）抓住政府关注、百姓关心，反应强烈的事情，在两者的结合上做文章。这样的负面报道刊登出来以后就容易取得比较好的效果，容易使问题得到解决，使政府和百姓都满意。在这个问题上，江南都市报注重发挥两个热线的作用，一个是市民热线，一个是新闻110。供水、供电、道路、公交等是负面报道较为集中的领域，容易与职能部门产生对立情绪。江南都市报定期请政府部门和与群众生活密切相关的行业领导客串主持，使群众与政府官员都有直接沟通和对话的机会。各部门不会因敏感问题而"猝不及防"，群众也有了解决问题的机会。近年来，先后有省公安厅、交通厅、卫生厅、教育厅、民政厅、国土资源厅、国税局、地税局、电力局等厅局长率全部门处以上干部集体接听市民热线，接受群众评议。通过这一途径，江南都市报将不利化为有利，收到了党和政府满意、百姓欢迎、媒体形象上升的"三赢"效果。

（2）尽力找到和挖掘负面报道中的正面因素，让负面报道起到正面效果。2001年，江西省开展了轰轰烈烈的解放思想学习教育活动，为配合这一活动，江南都市报请来名家包装，强势推出了每周一期、每期两个版面的《江铃都市新观察》。这是思辨性很强的版面，观点也很尖锐，涉及江西的政治、经济、文化、历史等方方面面。虽然用了大量的篇幅谈江西发展的差距，但是不戴"帽子"，主要是发掘其正面意义，起到了很好的宣传效果，有力地配合了江西省委、省政府新一轮的解放思想学教活动，极大地提升了报纸的思想内涵和品位。

3. 正面报道出新出彩，同时与开展活动结合起来。都市报要有读者，还要让正面报道出新出彩，产生轰动效应；正面报道也要做得读者愿意看，这包括两个方面：

一方面，要使正面报道吸引读者，就是体现一以贯之的策划意识，将策划贯穿于正面报道的始终；另一方面，要使正面报道产生轰动效应，还必须将办报与开展活动结合起来。近年来，江南都市报在办报与办活动结合方面做了大量的尝试。目的是为了改变报纸就是"我办你看"的单向传播模式，在让读者看报的同时，吸引他们参与到报道中来，形成互动。南昌古代叫豫章，名人雅士曾吟颂过"豫章十景"。2002年9月，江南都市报策划了评选"新豫章十景"的活动。这一策划一经推出，就在社会上引起强烈反响，省市旅游局先后介入，各景点踊跃参加，争相亮相，在南昌市引起了广泛影响，评选规格越来越高。该活动先后吸引了 5 万多人参加投票,社会反响之大,出乎我们意料。南昌市委书记和市长接受我报记者采访并表示,江南都市报为南昌市办了一件大好事。又如江南都市报与省劳动保障厅联合举办的"再就业大篷车"送岗位下乡活动,行程 2000 多公里,为全省偏远的矿山、厂区,送去 22752 个就业岗位和信息,举办了六场招聘洽谈会,现场登记的达 8201 人次,有 3827 人达成了录用协议,使下岗工人切身感受到党和政府的关怀,也增强了报纸的影响力。2002 年以来,江南都市报还推出了一系列的公益活动,如开设"江南都市报读者专场电影",免费游千年古村、环球公园等。事实证明,办报与办活动结合,是扩大报纸影响力的重要手段。

办报思路的转变,进一步巩固了江南都市报在江西市场的"先发"优势,与其他报纸相比,更显示出了不可替代的优势。

(《新闻战线》2003 年第 2 期　与练蒙蒙合撰)

面对新舆论生态的新闻传播策略

党的十八大报告明确指出:"构建和发展现代传播体系,提高传播能力。""坚持正确导向,提高引导能力,壮大主流思想舆论"。这既指明了面对当前新的舆论生态媒体发展的方向,也是当前和今后一个时期新闻战线所面临的重大任务。

近年来,科技进步突飞猛进,传播手段日新月异,大众传媒和舆论形势发生了深刻变化。媒体实现了从"翻阅时代"到"点击时代"再到"划时代(移动媒体)"三次大跨越。与此相适应,传播形态也实现了从宣传时代到传播时代再到交流时代的演进。

一、当前的舆论态势

党的十八大是"微博时代"召开的第一次党的代表大会。十八大召开以来,来自现场的新闻牵动着国人神经,然而受制于时间、地点的约束,使得人们不可能每时每刻坐在电视机前收看直播,移动互联网的优势由此得以凸显。借助以智能手机为代表的移动终端,各类移动新闻客户端让用户得以随时随地获取十八大新闻。微博成为网民热议十八大的集结地。据统计,截至11月8日19时,腾讯微博"聚焦十八大"话题数量超过1亿个。

当2009年微博进入中国人视野时,恐怕很少有人会想到,仅仅3年时间,中国的微博用户会快速增加到接近4亿,以微博为代表的自媒体深刻地影响到了我们的生活。当今中国,众声喧哗。概言之,社会舆论中存在三种话语体系,一种是网上活跃知识分子的批判性话语体系,一种是社会上表达各种诉求的民间话语体系,一种是传递政党主张、国家意志的治理者话语体系。

在三种话语体系的交流交融甚至交锋中,能不能求同存异、最大程度地弥合分歧争端,能不能引领舆论、最大限度地凝聚共识,决定了媒体的价值和作用。

(一)新兴媒体异军突起

近两年,以互联网为基础的新兴媒体,发展速度十分惊人。新兴媒体的本质特征是技术上的数字化、传播上的互动性。中国互联网络信息中心发布的最新统计显示,截至 2012 年 6 月底,中国网民数量达到 5.38 亿,互联网普及率为 39.9%,中国成为"世界上网民最多的国家"。中国 5 亿多网民已经成为一个庞大的社会群体,其中大多数是年轻人,代表明天,代表未来。

目前,全国共有网站 230 万个、手机网民 3.6 亿,微博用户达 3 亿以上。一些网站的实力非常雄厚。我国已有 39 家互联网公司在香港和美国上市。其中,腾讯、百度的市值都在 450 亿美元左右,超过了招商银行、中信银行、贵州茅台、上海汽车等 A 股行业龙头。一些网站的融资能力极强。百度、搜狐、腾讯、新浪、网易等商业网站的发展极为迅速,成长经历不过 10 年左右,全部员工 1000 人左右,但盈利能力却都在百亿以上,远胜传统媒体。一些网站的影响力迅速提升。媒体的影响力,主要取决于受众群体的规模、数量。百度、搜狐、腾讯、新浪等商业网站,日点击量均过亿,其受众数量远超国内任何一家平面媒体。近年来,全国发生的所有新闻舆论事件的背后,都有这些新兴媒体的影子。网络成为社会事件的"放大器"和社会情绪的"发泄器",而微博更将这两大功能无限放大。微博传播不是点对点、点对面的传播,而是裂变式的广泛传播,一个人的微博可以被其"粉丝"转发、再被"粉丝"的"粉丝"转发,不断蔓延。有关实验表明,一条微博在半天之内可以传到国内各地及 10 多个国家和地区。前不久,"表哥"杨达才被撤职,网民再次欢呼网络监督的胜利。在不到一个月的时间里,陕西安监局长杨达才在 2012 年延安"8·26"特大交通事故中陷入"微笑门"后,又被网友"人肉搜索"发现其在不同场合分别佩戴多块名表,还戴高价眼镜。最终,这名被网民戏称为"表哥"的局长,在舆论漩涡中被纪检部门立案调查,最后被撤职"双规"。

近年来,无论是陕西"周老虎"事件、武汉"经适房六连号"事件,还是南京"天价烟局长"、"史上最牛团长夫人"、"广州越秀区委常委、武装部政委方大国与空姐冲突"、重庆"雷政富艳照"等事件,人们一次次看到了网络监督的巨大潜力和实际效果。

"微博改变中国"已成为不少网友的共识,网络上流行这样一段话:"当你的粉丝超过100,你就好像是一本内刊;超过1000,你就是个布告栏;超过1万,你就像一本杂志;超过10万,你就是一份都市报;超过100万,你就是一份全国性报纸;超过1000万,你就是电视台。"虽然用词略显夸张,但微博的影响力可见一斑。微博方兴未艾,微信又开始悄然崛起,它不受140个字的限制,可传音频视频和图片,将博客和电子邮箱的功能集为一体,可在微群里迅速传播。

(二)传播格局深刻变化

新兴媒体的崛起突破了传统新闻传播的时空,打破了传统新闻传播格局,颠覆了传统新闻传播规律,刷新了传统新闻传播的理念。传统媒体的传者和受者定位非常明确,传者是信息的发布者,受者只能被动地接收,不管喜欢或讨厌,无从表达对信息的看法。但是新兴媒体使传者和受者之间的界限变得模糊,受众不再是被动的信息消费者,而具有了与传者交互信息的功能,甚至转变成传者的身份。特别是微博的兴起,改写了中国的传播格局:忽如一夜春风来,千户万户微博开。现在的社会生活,几乎已到了无"微"不至的地步。

近年来,以互联网为公共传播平台,传播格局出现了三个明显的趋势:一是网络媒体化,二是媒体网络化,三是媒体大众化。互联网的普及,打开了公众话语权的大门。论坛、跟帖、博客,特别是微博的兴起,催化了新闻媒体平民化、大众化的进程,使公众取得了新闻媒体所拥有的话语权。新闻传播进入了"自媒体"时代,"处处有媒体,人人是记者"。"自媒体"爆炸式膨胀,分散了传统媒体的受众,挤压了传统媒体的空间,稀释了传统媒体的话语浓度,钳制了传统媒体的作用。客观上,传媒领域正在面临重新洗牌的压力。对此,我们应该正视,更应该重视。

现在经常发生一种怪现象,有些事情,网络上议论纷纷,微博有图有细节,有当事人诉说有旁观者描述,可传统媒体竟不见半句报道,纸媒无字,电视无影,广播无声。这种很奇特的话语失衡怪象完全违背了新闻传播规律。当然,这种被传统媒体遮蔽的事,往往不是什么好事。

众声喧哗、众说纷纭的微博,与某些时候对客观存在的事实假装看不见的某些传统媒体,完全形成了截然不同的舆论场。身处其中,有时会感觉到两个截然不同的中国。

如今常有人抱怨传统媒体被新兴媒体抢了风头,昔日的主流媒体、日益被边缘化为非主流;而昔日被视为边缘角色的微博、网络论坛,却日益成为很多人心中的主流媒体,成为很多年轻人接受信息、浏览新闻、检索资料的主要信源。主流媒体和边缘媒体的角色对换,并非新兴媒体多么强大、微博多么万能,而是一个昔日的主流媒体在违背新闻传播规律中逐渐将话语权和主导权拱手相让的过程。很多时候不是传统媒体不争气,被绑着双手和双脚的他们,无法施展自身的传播优势。

可想而知,一件事情发生后,当很多人无法借助传统媒体了解事实真相,却要借助于微博上的碎片化信息去试图拼凑出一个完整的事实时,传统媒体很难不被抛弃,很难不被边缘化。或者,当网络上很多所谓的传言一再被证实并非为捕风捉影,而传统媒体却看不到半点迹象的时候,网络在人们的心中很难不跃升为主流。

而之所以出现这种传统媒体和新兴媒体的两个舆论场的结果,主要源于不均衡的信息管理。网络相对自由,"自媒体"不易管理,而传统媒体背后有更多看得见、看不见的手在调控,重重把关下容易形成"舆论一律"。在这种不均衡的管理下,传统媒体的调查和报道优势无法施展,很多时候不得不无奈地将话语权让出,并眼睁睁地看着风头被新兴媒体"抢"走。就像球赛,一方可以犯规不受罚,而另一方却要严守规矩,稍有犯规就要被罚下,这场球的输赢就早在预料之中。

二、重视新兴媒体

社会舆论既可促进社会发展、造福人类,又可影响政治的稳定和政权的巩固。新兴媒体的崛起,使社会舆论对现实社会的影响和作用越来越大。

（一）影响事件走向

一是能够改变事件的进程。司法审判,有着严格的程序和时限。从理论上讲,不管多大案件、多大冤情,也不管涉及什么人,必须严格按照法律规定的程序和时限办事。但在舆论的强大压力下,有时必须进行变通。比如药家鑫案,在全国掀起了巨大的舆论狂潮。为了维护稳定,国新办直接出面,建议最高人民法院尽快做出判决。

二是能够异化事件的性质。按照法律，司法案件应该就事论事、直接客观。但有时因为媒体的介入、公众情绪的推动，形成的社会影响会背离案件本身。比如著名的"我爸是李刚"事件，本是一起典型的汽车肇事刑事案件。就是因为一句"我爸是李刚"的传言，迅速异化为一起"仇官"性质的新闻舆论事件。

三是能够影响司法的判决。从理论上讲，司法具有很强的独立性。但从客观现实来看，在特殊情况下，法律有时顶不住舆论的压力。最具典型性的，就是2009年5月10日湖北巴东县邓玉娇案。

四是能够推动制度的创新。制度，是人们的行为规范。制度的合理性、合法性，在于社会公众普遍认可和共同遵守。如果媒体和公众，群起而质疑甚至攻击某项制度，那么，就很可能会动摇这项制度的合理性和合法性，甚至可能终结这项制度。最具代表性的，就是2003年3月17日发生的孙志刚事件，开始只有广东《南方都市报》一家报道，随后，新浪、搜狐、人民、新华等网站跟进转载，形成了强大舆论场。最后，终结了国家实行20多年的收容政策。

（二）足以颠覆政府

网络传播，使动员社会力量更加容易、更加便利。有时，新兴媒体能够轻而易举地颠覆政府。从西亚北非动荡中，我们可以清晰地感受到互联网的强大社会动员力。

以突尼斯政府垮台事件为例。2010年底，"维基解密"网站揭露突尼斯官员腐败的绝密外交文件发布后，引起了一位网名为"阿里"的突尼斯网友的高度关注。"阿里"通过互联网，将分布在突尼斯全国各地的14名年轻人组织起来，成立了一个15人新闻组，密切跟踪并广泛传播相关内容。这些年轻人或通过网络寻找新闻线索，或者亲赴各地采集新闻报道，然后将有关新闻和自己的观点发布到互联网上。当突尼斯政府对互联网实施严厉管制之时，他们运用脸谱（Facebook）、推特（Twitter）等网络新技术，不断建立新的交流平台，始终保持与全国乃至全球网友的联系，使总统家族的奢华生活和政府的贪污腐败广为传播，在互联网虚拟世界中激起了国人的愤怒。2010年12月17日，政府执法人员粗暴对待一位水果小贩，并致其死亡。新闻组的年轻人充分利用互联网,每天在电脑前工作 15 个小时,动员社会力量,抗议政府,成功地将虚拟社会中的愤怒,引到了现实社会,并迅速转化为激烈的抗议行动,形成大规模社会骚乱,造成多人伤亡。几天之后,突尼斯总统本·阿里逃亡沙特阿拉伯。整个事件前后只有 29 天,新闻组的年轻人,平均年龄不到 26 岁。由突尼斯的一个小贩自焚开始的中亚北非政治动荡,至今导致了 6 位国家元首下台。

值得注意的是,美国推出的推特(Twitter)技术平台,与我国现行的微博基本相同;而脸谱(Facebook),则与我国的 QQ 即时通讯,没什么两样!目前,我国每天 QQ 上的实时在线人数都在 2 亿左右,而微博的在线人数也在 3 亿以上!这个庞大的群体,绝大多数都是 20 岁至 40 岁的人。这个群体,一旦在某件事情上达成了共识,形成了合力,后果很难预料。

(三)诱发社会动荡

近年来,伊朗、英国、巴黎骚乱以及华尔街抗议事件、西亚北非政局动荡等,显示脸谱(Facebook)、推特(Twitter)等社交网站的组织动员能力越来越强,令一向标榜言论自由的西方国家有苦难言。

在我国利益分化、需求分散带来受众分层化,影响了面向全体受众的主流媒体进行传播的精准度和传播效果。与此同时,一些特定的社会事件,如征地、拆迁、国企改制、城市管理、环境污染、交通肇事、涉法涉诉案件等,如果被抹上"官"、"富"、"警"等特定色彩,立即能够聚合起一大批非直接利益攸关者,短时间内形成舆论强势,上访、上网、上街。如最近发生在宁波、启东、什邡等地的群体事件,起因都是涉及环保的项目,这种事放在十年前会被当做招商引资的大好事,五年前无人会关注,现在就不一样了。很显然,事情发生了,并且这些变化已经变得不可加以阻止,这些新现象也已经对中国政治体系的运作构成了巨大的挑战。有人甚至认为,越来越多的新状况可以在毫无预见性的情况下发生。

三、科学引导舆论

如何发挥主流媒体的舆论引导作用,在众说纷纭的舆论环境中,传递主导社会舆论的声音,已显得十分迫切而重要。

尽管现在网络时代"人人是记者",为什么还要我们这些记者编辑,为什么还要办大学新闻系？那就是传统主流媒体有不可取代的优势。把网络做得好的留给网络,把网络做不到的做好做强,这是传统媒体转型的方向和目标。

(一)争主动:在开放的舆论空间中树立起"风向标"

新兴媒体这个开放的舆论空间有两大特点:一是真实性很难求证,二是轰动性很难控制。在人声鼎沸、众声喧哗的同时,也让人们陷入了一个困境:分不清孰是孰非、孰真孰假。主流媒体如果凭借其长期形成的公信力和权威性,主动为公众解疑释惑,指明方向,就能起到左右舆论走向的"风向标"作用。2010年上半年,由于江西气候波动异常,导致农产品价格疯涨。群众对此议论纷纷,网上传言不断,有的地方甚至出现囤积抢购现象。"菜篮子"问题,一头连着农民,一头连着市民,两头都是大民生,《江西日报》适时推出了《三问"菜篮子"》这篇报道,从肉价涨势能否遏制、水产品价格能否回落、蔬菜价格还会不会大起大落等三个方面回答了人们所关注的问题,作为江西最权威媒体《江西日报》的发声,快速形成主导舆论,从而迅速平息了公众的恐慌情绪。

传统媒体要在开放的舆论空间树立起"风向标",必须冲着热点去,迎着难点上,围绕舆论焦点主动设置议题。过去对社会热点问题、敏感问题、突发事件,主流媒体由于担心把握不准,多年来一直存在"报与不报"的困惑。其实,这些问题恰恰是群众最为关注的,也是最需要舆论来引导的,如果我们的主流媒体回避这些问题,就起不到舆论引导的作用。在当今信息时代,除国家机密和个人隐私等法律上有明确规定的之外,原则上一切信息都应该是共享的、公开的。社会热点问题、敏感问题、突发事件报道的基本取向应是日趋开放——报道禁区越来越小,透明度越来越高。只有主动、及时、公开的报道,才能够起到设置议题、引导舆论、以正视听的效果。否则,就会处处被动。

作为主流媒体也要善于发现和敢于触及社会公众议论关注的问题,主动进行及时、有效的引导,真正起到解疑释惑、增进理解、平衡心理、改进工作、凝聚人心的作用,这样才能提高舆论引导的能力。现在许多传统媒体都纷纷开通法人微博。

(二)找重点:既要吸引眼球,更重引领思想

　　"大嗓门"、"高调"、"极端化"的观点最容易出现在网民的言论中,其目的就是为了"吸引眼球"。网络舆论因此通常比较感性化、情绪化、简单化,具有明显的非理性色彩,也常常充斥捕风捉影、道听途说、夸大其词、耸人听闻之辞,在表达方式上也呈现出偏激的倾向。而且,网络舆论变动速度很快,一些网民几乎来不及冷静思考、深入分析就发表意见,从发酵、升温到大规模扩散可在短时间内完成,一件看似不大的事情往往很快就会弄得满城风雨。当前,网上热点不仅数量越来越多、涵盖面越来越广,而且燃点越来越低、转换越来越快。往往一个热点尚未平息,另一个甚至几个热点又已形成,一些地区性、局部性和带有某种偶然性的问题,变成了全民"围观"的公共话题。因此网络舆论并不能完全代表社会主流声音,但又是不容忽视的社会情绪"晴雨表"。主流媒体没有必要也没有可能与网络舆论去争夺"吸引眼球",而应密切关注网络舆情的变化,当事物初现端倪甚至潜藏于无形之时,或是当热点突发流言涌动之时,要以正确的思想引导人们理性地看待社会问题。最伟大的传播是价值观的输出,真正的舆论影响力,不仅是满足公众的观感需求,更重要的是能够潜移默化地影响公众的思维方式。主流媒体的思想高度有其他媒体不可比拟的优势,因此应充分挖掘自身优势,增加具有深刻思想内涵的评论和深度报道,以此作为引导舆论的"重型武器",引导人们及时厘清面对各种社会问题所产生的种种思想困惑,让公众在观点和事实的不断碰撞中,逐步形成共鸣,达成共识。现在从中央电视台到一些地方电视台的新闻频道都设置了时事评论员。自从《人民日报》推出任仲平署名文章后,许多省级党报在面临重大事件或热点、敏感问题的时候,也都会推出自己的重点评论,就本地区某一时期或某一阶段的重大问题、重大事件和重大政策展开论述,"见人之所未见,言人之所未言",向公众阐述观点、表明看法、讲清道理,每每引起广大读者和网民的热烈反响,展现了主流媒体舆论引导的独特作用,取得了很好的效果。

　　(三)善融入:寻求多种话语体系的最大重合度

　　事实证明,多种话语体系重合度越大,舆论引导的效果就越好,反之,重合度越小,舆论引导的效果就越差。要取得传播效果的最大化,主流媒体应加强与新兴媒体的联动融合,拓展传播渠道,通过影响网络舆论达到引导社会舆论的目的。传统主流媒体与新兴媒体的融合主要表现在两方面:一是打破媒介边界,将传统主流媒体的权威性、公信力等优势与新兴媒体的快速、互动、传播面广等优势结合起来,实现传播效果的最大化。《江西日报》获得"中国新闻名专栏奖"的"江报直播室",是全国首个报网互动视频直播栏目,通过这些年来报网互动的实践,这个专栏促进了"报纸读者—网站网民"的融合,党报传播的覆盖面和影响力得到了进一步的延伸和加强。在此基础上,2011年2月江西日报又开设了法人微博,江西日报微博一设立就受到网友的热捧,"粉丝"人数不断增多,现在江西日报微博的粉丝已超过报纸的发行量。报纸也可以通过法人微博把握民意风向,从而可以有针对性地引导社会舆论。二是利用新兴媒体来改进主流媒体的报道,使主流舆论更好地融入民间舆论,寻求传统主流媒体与新兴媒体重合的最大公约数,使不同舆论场的声音能够最大程度地协调起来,达到传播效果的最优化。媒体一要讲真话,二要讲人话。习近平总书记在十八届一中全会结束后与记者见面会上的讲话,没有任何政治口号和空话、套话,是一段"唠家常"式的话语,讲话亲切、实在、朴素并充满激情和力量,而且出现在就职亮相这个重要场合,着实令人耳目一新。现在,不少报告、讲话和媒体报道充斥着官话、套话、大话、空话、废话、昏话、蠢话,总之讲的都是老百姓听不懂也不愿听的话。这样怎么能融入民间话语体系呢?

(四)求真相:在各种信息真伪莫辨之时"一锤定音"

新兴媒体上热点事件层出不穷,但网络海量、即时、开放的传播特点往往使得网上信息鱼龙混杂,真伪难辨。以微博为代表的各种新兴媒体既是舆论的放大器,也是是非的搅拌机。因此,新兴媒体时代越是信息爆炸,越需要剔除信息泡沫;越是真伪莫辨,人们越希望获取真实权威的解读。现代社会信息传播的价值除了"及时"以外,还必须"准确"。而且"及时"永远要服从于"准确",否则再"及时"也失去了意义。真假信息莫辨、众说纷纭之时,也是主流媒体作用彰显之时。及时、客观、公正地报道真相,澄清事实,避免"不确定"信息的传播,是主流媒体的责任所在,也是其保持权威性、公信力的重要途径。面对新兴媒体带来的挑战,真实准确的报道,是传统主流媒体引导舆论一大利器,甚至在关键时候能收到"一锤定音"的效果。2011年甬温线"7·23"动车事故发生后,由于有关部门在事故处理上还沿用过去的老办法,回应广大公众的关切又不到位,以至于微博上出现了包括埋车头、抢通车、不救人等各种混淆的信息，引起社会舆论对此次事故处理的不满，进而让公众产生了对政府不作为、包庇纵容、监管不力的猜忌，直到新华社播发了《铁道部有关负责人就甬温线"7·23"事故社会关注的热点问题接受新华社记者的专访》，客观真实地回应了公众的关切问题，使社会的负面舆论和谣言迅速得到平息。2011年1月，《人民日报》开设了"求证"栏目，目的就在于"澄清事实，还原真相，回应关切，阻击谣传"。《江西日报》2011年9月也在C1版推出了"真相"栏目，现在许多主流媒体也开出了类似的栏目，以挤压不实舆论的传播空间，消弭谣言蔓延扩散，帮助公众正确认识和了解新闻事实，引领社会舆论朝着健康的方向发展。总之，传播力决定影响力，话语权决定主动权，透明度决定公信度。这就是本文得出的结论。

（《人文兴赣：传承·创新·发展》，社会科学文献出版社
2013年7月第1版）

试论新闻报道与群众的贴近性

改革的大潮席卷着 80 年代的中国。这场大变革时代的冲击波,对全社会都产生了强烈的震荡,从经济基础到上层建筑、从生活方式到思想观念,一切都在变化。而反映这场改革的新闻报道,其本身的改革也显得更为迫切。作为新闻的接受者——广大人民群众,他们的思想观念和心理状态,已不再是历史形成的平淡无奇、自给自足的价值观念,而是一个色彩斑斓的世界。正如党的十三大报告中所指出的:"改革和开放,也使民族精神获得了新的解放,长期窒息人们思想的许多旧观念,受到很大冲击。"广大人民群众对新闻报道的要求愈来愈高,他们不但要求从中获取一般的信息,而且要求新闻要如实地报道和解答现实生活中的难点(迫切需要解决而又一时找不到解决办法的问题)和热点(人们议论纷纷的热门话题)。因此,新闻报道要打动群众,拨动群众的心弦,就必须积极满足群众这一要求,并以此作为新闻改革的突破口,及时、正确地回答人民群众普遍关心的各种各样的问题,使新闻报道更加接近群众,成为党和政府同人民群众之间经常对话的一条重要渠道。

一、真实向群众报道难点和热点是社会主义新闻工作性质所决定的

新闻报道要向广大群众积极反映现实生活中的难点热点,是由社会主义的新闻工作的根本性质所决定的。新闻报道一方面要宣传党的路线、方针、政策,宣传党和政府的主张,另一方面要反映人民的呼声,对群众普遍关心的问题,及时地、准确地通过报道给予科学回答,这两方面并不矛盾而且完全一致。因为我们党和政府是代表广大人民群众根本利益的,党和政府要讲的话也正是人民群众需要了解的、人民群众所关心的问题,也正是党和政府要向人民群众说明的。十三大报告指出："各级领导机关的工作,只有建立在倾听群众意见的基础上,才能切合实际,避免失误。领导机关的活动和面临的困难,也只有为群众所了解,才能被群众所理解。"这就要求作为党和政府同广大人民群众重要对话渠道的新闻报道,对于现实生活中的难点要全面地、迅速地、如实地进行报道,使群众能及时了解党和政府的重大决策、措施,了解遇到的困难和存在的问题。

我们今天进行的改革是一个新事物,人们认识的先后、理解的程度都有不同,而改革又是需要千百万人民群众亲身投入的伟大实践,人民群众是改革的主体,不从思想认识上真正帮助群众解惑释疑,就无法组织动员群众很好地投入改革。新闻报道敢于抓改革中出现的难点和热点之类的问题,对于全面、真实地宣传党和政府的方针、政策,调动人民群众的积极性有很大的好处,对推进改革的深入也有很大的好处。列宁曾经指出:"我们开诚布公地说真话会得到更大的好处,因为我们深信,即使是一种沉痛的真话,只要讲清楚,任何一个觉悟的工人阶级代表,任何一个劳动农民都会从中得出唯一正确的结论。"新闻报道也只有不回避群众所关心的现实生活中的难点和热点,用生动活泼的形式进行报道,才能使党和政府的方针、政策的宣传,真正地深入人脑、深入人心,这样才能更好地起到喉舌作用。

二、我国社会所处的历史阶段要求新闻工作者原原本本地向群众报道事实

目前我国尚处于社会主义的初级阶段,在这一阶段,要求广泛地进行社会主义初级阶段基本路线的教育。而进行这一教育,首先是使人们懂得自己的国情。因此引导广大人民群众真正了解国情,对国情有一个切合实际的认识,在社会主义初级阶段不断进行经济和政治体制的改革,是一个至关重要的问题。党的十三大报告指出:"正确认识我国社会所处的历史阶段,是建设有中国特色的社会主义的首要问题。"对于新闻报道来说,正确引导人民群众认识我国的国情,是一项义不容辞的任务,而要完成这项任务,就必须原原本本地向群众报道我国现实生活中的实际情况,只有把事实讲清楚,使人们了解大局、发展趋势和存在的困难,才能进一步鼓舞人们投入到改革的洪流中去。

目前正在进行的经济体制改革,就其引起的社会变革的广度和深度来说,是我国的第二次革命,它涉及全社会每个人的切身利益。各项改革措施归根到底都会给人民群众带来利益,但不是每一项措施都能使每一个人同时得到利益,有时还可能影响一部分人的暂时利益;也不能要求每一项改革措施都完美无缺,只有正作用,没有副作用。所有这些,新闻报道都应该原原本本地向群众讲清楚,哪一方面有成绩就谈哪一方面,有几分成绩就谈几分,不言过其实,同时,也不回避存在的困难、问题和矛盾。改革的实践是客观存在,只要如实报道就足以服人,不应该也用不着夸大渲染、人为粉饰,那样只能产生反效果。毛泽东同志曾要求新闻报道"要讲真话,不偷、不装、不吹"。只有这样的报道才能合情合理,易为群众理解、信服,才能帮助群众提高对改革的理性认识和心理承受能力,树立全局观念,增强改革的使命感、责任感。

处在社会主义初级阶段的中国,改革的过程将会是漫长的,在这一过程中,新的理论的提出,不同见解的争鸣、探讨,新的工作经验、工作方法的创立等等,这些尚无"定论"的东西,都是实践着的广大人民群众时刻关心,需要及时了解的。对于这些尚无"定论"的东西,应改变那种非好即坏、非坏即好的思维方式,及时地向群众原原本本地报道,只作反映,不予评价,不褒不贬。这对于活跃人们思想、开阔视野只有利而无害。

政治体制改革,也给新闻工作者提出了向读者原原本本报道事实的任务。政治体制改革要求各级领导机关层层建立社会协商对话制度,提高领导机关活动的开放程度,重大情况让人民知道,重大问题经人民讨论。群众的要求和呼声能够及时地、准确地反映上来,真正做到下情上达,上情下达,彼此沟通,互相理解。在这方面新闻报道对建立社会协商对话制度起着特殊的、不可缺少的作用。这就要求新闻工作者要充分地、及时地报道"上情",也就是增加对政务和党务活动的报道,让人民群众及时准确地了解全国的大局,了解中央的一些重大决策和一个时期国家遇到的困难。同时还要求新闻报道及时地、真实地反映人民群众的生活状况、思想状况,反映他们的愿望和要求,包括人民群众对党和政府的方针政策提出的批评和建议。党的十三大报告强调:"要通过各种现代化的新闻和宣传工具,增加对政务和党务活动的报道,发挥舆论监督的作用,支持群众批评工作中的缺点错误,反对官僚主义,同各种不正之风作斗争。"无论报道上情还是反映下情,新闻工作者都应力求在维护国家利益和注意保密的前提下,原原本本地报道事实,只有这样,才能增强新闻报道的可信性,才能真正取得人民群众的信任。

三、新闻报道要入情才能深入人脑

新闻传播也是一种感情交流。新闻传播者的感情藏在字里行间、藏在每个画面中。新闻接受者的感情显露在读(听、看)新闻时的情绪、对待新闻的态度之中。南北朝时的文学理论家刘勰说:“缀文者情动而辞发,观文者披文以入情。”两情相通或相近,传播渠道畅通。否则,传播受阻。因此新闻工作者表露在报道中的倾向、感情、看法,同广大人民群众对这件事的感情、看法一致或近似,报道方式为群众所乐意接受,才能取得大多数人的信任。社会主义的新闻工作者,立足点应站在党和人民群众这一边。这样写出来的报道,才能为广大群众所信任、所接受,也才能深入人脑。

新闻报道的“情”包括两个方面:真情实感和报道方式上的入情入理。真情实感是指新闻工作者要与人民群众感情相通,将读者作为主人。刘少奇同志曾对记者说:“你们的任务是写给读者看,读者就是你们的主人,他说你们工作没做好,那就等于上级说的,你们没有话说。”新闻报道要与群众感情上相通,就必须真实地回答群众所想的问题,新闻工作者就必须深入到各阶层群众中去了解他们在想些什么,想知道什么。关心群众、体贴群众,以平等的态度与群众交心谈心,为群众排忧解难,以情感人、以理服人,做到《文心雕龙》中所说的“情动而言形,理发而文见”。新闻的接受者是分层次的,不同阶层所关心的问题是不同的,想了解的事情也不同,我们的新闻报道应照顾到这些差别和特点。新闻接受者在不同时期关心的问题也不一样。形势在发展,环境在变化,人的思想、利益、兴趣也会随之变化。原有的要求满足了,新的要求又产生了;以前的疑问清除了,又一些问题出现了。改革初期和改革深入时,人们的思想境界和实际表现不一样;生活困难时期和些许改善以后,人们的想法和需求也不相同。新闻工作者要悉心研究形势的发展和人民需求的变化,提出新的报道题目,以满足读者的需要。报道方式上,也要改变过去那种居高临下的说教方式,变单向灌输为讨论式、对话式的宣传,最大限度地运用群众的思维结构、思维方式,群众的语言、群众的表现手法,靠近生活、贴近群众、带人情味,在思想感情上与群众交融。这样,新闻工作者才能入情于读者,报道也才能深入人心、深入人脑。

四、新闻报道接近群众的新突破

党的十一届三中全会以来,特别是党的十三大前后,新闻报道接近群众已开始出现好的势头,出现了一个又一个的突破,人们都感到新闻舆论工作有了变化,这些新的突破表现在:

1. 新闻报道更加开放,更能如实地向群众报道事实,能够公开的东西尽量公之于众。这个变化是从 1987 年 8 月份全国人大六届五次会议开始的。那次人代会期间,国家领导人及一些部门的负责人举行了一系列中外记者招待会,电视台播放了八次实况,报纸也相继作了大量报道,各地群众对此反映很好。这之后,在大兴安岭火灾的报道中,不仅迅即如实地反映了灾情,而且向人们揭示了引起大火的原因。

2. 新闻报道更加接近群众、接近社会、接近生活,开始跳出狭隘的业务技术、单纯工作指导的圈子,把镜头对准人民群众关心的事情,回答人们关心的问题。去年 9 月间,正当人们对物价问题议论较多的时候,中央电视台曾播放过一次别开生面的对话,这次新闻报道受到广大群众的普遍欢迎。去年 6 月,当人们对改革关心、议论较多的时候,国家体改委几位中青年理论工作者与北京四所大学的七十几名本科生、研究生代表,就改革问题进行了对话。学生们坦率地提出了对于改革的疑虑和普遍关心的问题,理论工作者也对改革的进程和困难作了坦率的回答。《人民日报》以纪实的方法,公开刊载了这些对话的主要内容,受到读者热烈欢迎。

3. 为群众所注目、感兴趣的探索性新闻报道不断增多。这类报道及时反映了改革中出现的一时尚无定论,也不尽善尽美,但对实际工作、对人民群众有一定指导作用或参考价值的新事物。人民群众对这类报道都非常关注。当租赁企业是姓"社"还是姓"资",人们对这个问题认识还不十分清楚的时候,《经济日报》围绕辽宁本溪市关广梅的租赁一事,在报纸上展开讨论,各种意见公开发表,不仅生动具体地回答了姓"社"还是姓"资"的问题,而且引发了"关广梅观象"的连锁反应,使租赁承包在辽宁及全国更加普遍地开展起来,有效地促进了改革的深入。

归根到底,新闻报道需要大力加强群众观点,增强为广大群众服务的观念,要善于从群众的角度来判断新闻价值,确定报道主题,选择新闻事实。新闻报道更紧密地接近群众,这本身就是一种探索,肯定会遇到各种各样的困难和阻力。但是新的气候已经出现,只要新闻工作者勇于探索、实践,把这个问题作为新闻改革的新课题,重点突破,就一定能摸索出一套新的经验,从而把我们的宣传艺术大大提高一步,使新闻报道真正成为党和政府与人民群众对话的一条宽广、有效的渠道。

(《江西社会科学》1988 年第 1 期)

"双线"双赢

——记江南都市报创新办报理念

由江西日报社主办的子报江南都市报,有两条热线——市民热线和新闻110,这两条热线,既是新闻热线,又是党和政府的耳目和沟通与群众联系的纽带。老百姓信赖它,党和政府重视它,使这两条热线在江西深入人心,同时这两条热线创新了江南都市报的办报思路,提升了报纸品牌。近两年,江南都市报在赣鄱大地上迅速崛起,创造了江西报业的多个第一,确立了其在江西报业发展中举足轻重的地位。

市民热线:沟通政府与群众联系的纽带

党报子报的性质决定了江南都市报同样是党的重要舆论阵地,而且它可以依托党报的优势,采写党和政府部门的权威信息。另一方面,作为都市类报纸,它又必须贴近生活,贴近读者,为广大读者所喜闻乐见,并探寻出一种"关注都市冷暖,关心百姓疾苦"与读者真情互动的沟通方式。这种双重角色,使它能够成为沟通政府与群众联系的桥梁与纽带。

我倾听、我传递、我沟通

江南都市报自从开通了"市民热线"之后,一个普通的电话,把读者与媒体紧密联系在一起,热线的主要职能被概括为9个字:我倾听、我传递、我沟通。为便于新闻报道的表达,热线还设置了一位虚拟主持人"郑义",并在全国同类报纸中率先推出每天一个《市民热线》版。

　　读者的反应非常强烈,投诉、咨询、倾诉潮水般涌向热线。该版的常设栏目包括"昨日读者来电""郑义调查""社情民意""郑义帮你问""街谈巷议""读者新闻""有照为证""咄咄怪事""掌声响起"等。

　　曾经有人认为"市民热线"反映的全是鸡毛蒜皮的小事,上不了大台面,撑不住一个版。但事实证明,获得最大读者群最广泛的支持,正是一种媒体行为存在下去的最大理由。当读者需要一条这样的热线,新闻媒体又提供了这条热线的时候,读者和媒体的互动关系就形成了。从某个角度来说,平民百姓似乎人微言轻,而当他们能够在影响较大的报纸上找到代言人,忠实表达他们的要求和愿望时,其对报纸的信任自然毫无保留。

　　市民热线有专职的主持人和记录员,有专用的市民热线登记表。到2000年9月5日,市民热线已记录下第10万个电话,打入这个电话的读者获得报社奖励的"海南五日游"。至今年6月底,该热线接听的电话已突破20万个,每天来电话均在100个以上。

　　随着江南都市报市民热线的影响越来越大,一些政府部门将其作为直接倾听群众呼声并与他们沟通的重要渠道。2000年8月份以来,先后有江西省公安厅、卫生厅、建设厅、教育厅、交通厅、民政厅、国土资源厅、国税局、地税局以及省电力部门的厅局长、主要负责人率所有班子成员光临江南都市报接听市民热线。每当这个时候,江南都市报市民热线室的三部电话铃声不断,火爆异常,几乎每次接听都要一再延长接听时间。许多群众由于电话太忙打不进来,他们便赶到江南都市报直接向有关领导反映情况,出现了室内热线火爆、室外接待来访群众不断的景象。对于读者反映的问题,能够当场解决的,厅局长们在接听热线现场就拍板解决,要研究后答复的就在现场开会,拟定期限拿出解决方案。

　　通过政府的这些厅局领导到江南都市报接听市民热线,更加提升了这条热线在群众心目中的分量。接听热线的第二天,报纸就用一个整版的篇幅刊登接听实录,被群众反映问题的部门从上到下再也坐不住了,都按照厅局领导的要求限期对热线接听中所涉及的问题做到事事有回音、件件有着落,并将解决和落实情况再见诸报端。由于能够打进热线的读者毕竟人数有限,为了让更多的群众能够充分反映问题,报纸又与接听热线的厅局配合,将市民热线引向社会,在接听热线的随后两三天内,又在报纸上刊发消息,预告接听热线的厅局领导将率有关人员在南昌市中心的八一广场设点,接受群众咨询投诉。群众带着需反映的问题涌向广场,人群排成"长龙"。很多群众因问题得到了及时妥善解决,衷心感激政府部门,也感谢江南都市报为群众办了好事。一时间,江南都市报的市民热线成为群众街谈巷议的热门话题。

现在,在江西,江南都市报的"市民热线"作为一个"能解决问题"的电话在人群中传递着,"打热线,找郑义"甚至成为全省老百姓的口头禅。

一端连着政府　一端系着群众

由于都市类报纸坚持贴近读者的原则,使其对市场的拓展相对容易。但是,如果一味地迁就迎合读者,追求轰动和卖点,也使报纸的形象无法提高,始终处在小报小刊的地位。在"政治家办报"的这个大前提下,如何让报纸既使党和政府认可,又使读者满意,是都市报老总们必须思考的问题。在都市类报纸成长的过程中,负面报道过多,及"捅娄子",曾使部分政府职能机关与之产生对立情绪。这种现象有时由于政府职能部门的不配合,报纸往往漏报政府出台的与群众密切相关的重要信息,亦使媒体的权威性大打折扣,影响了报纸的公信力。

江南都市报市民热线的成功,使这种矛盾得到大大缓解。报纸定期邀请政府部门和与群众生活密切相关行业的领导客串主持市民热线,使群众与政府官员有了直接对话的机会。对话的详细内容第二天即整版见诸报端,热线"我倾听、我传递、我沟通"的职能发挥得淋漓尽致:各部门不会因敏感问题曝光而"猝不及防",群众也有了解决问题的机会。

去年5月份开始,新一届的江西省委、省政府为加快江西发展,在全省开展了广泛深入的解放思想学习教育活动。6月份,南昌市委、市政府班子重新调整后,坚决贯彻省委、省政府的指示精神,首先以市容环境整治为突破口,兴起了一个创建文明花园城市的热潮,其声势之大,发动面之广,效果之好都是前所未有的。由于这项工作与老百姓关系非常密切,并涉及拆除违章建筑和清理占道经营与群众利益有关的问题,江南都市报专门策划了请南昌市市长李豆罗接听市民热线,市长和市有关部门的负责人与市民直接对话,对市民提出的问题一一给予解答,对需要解决的问题落实专人解决,收到了非常好的社会效果。自此之后,南昌市民有急难事,都会拨打市民热线倾诉和求助,市民热线几乎成了市长热线,而且南昌市政府也十分重视江南都市报市民热线群众所反映的问题,每天有专人收集情况和报纸的报道,并提交有关部门解决。在媒体众多"热线"竞争激烈的情况下,这些与百姓关系非常密切的政府职能部门如此看好江南都市报的市民热线不能不从一个侧面凸显出这条热线所具有的优势。

"接听市民热线是走群众路线的重要渠道。"江西省交通厅厅长宋军在接听"市民热线"特别开通的"交通厅行风评议专线"后感慨地说:"这种方式很生动也很活泼,使职能部门直接面对群众监督。我们是带着压力来倾听百姓呼声的,而压力正是我们切实改进作风的动力。"

在众说纷纭的舆论环境中,江南都市报市民热线传递出主导社会舆论的声音,而且政府满意,百姓欢迎,媒体形象提升,取得了"三赢"的效果。

市民热线的成功提升了报纸品位

时代在进步,读者的要求也在提高。2000年7月1日,江南都市报编委会为应对报业竞争形势,打破传统平面媒体部门设置的旧框框,增设了市民热线部。

为一条热线专设一个部,这在国内同行中并不多见。该部采用部版合一的采编体制,在原有《市民热线》版的基础上,另外还创办了《百姓周刊》,开辟有"一周热线焦点""一周民情分析""每周民评""本周来电排行榜""民情周记""百姓调查""平民故事"等栏目,成为市民热线的进一步延伸,今年6月1日,《江南都市报》扩至32版,《市民热线》版也由以前的每天一版扩为每天两个版。

此时的市民热线已不只是一条电话线那么简单,与读者的沟通形式发展为中文传呼留言、语音信箱、电子信箱,还在报社网站上开通了即时投诉。另外,党报一般设有群众来信来访接待室。随着读者信任度的加深,江南都市报一样要接待大量的来信来访,市民热线部正好可以承担这方面的职责。每天,江南都市报都将群众反映的问题及时反馈给政府有关部门阅处,这表明,作为"党报办的子报"在缓解社会矛盾方面同样可以大有作为。

江南都市报"市民热线"的成功,也为如何提升都市类报纸的品位提供了启迪。那就是:要做大都市新闻,改变过去都市新闻以社会新闻甚至以"杀抢盗淫火"等新闻唱主角的状况,大力拓展都市生活的报道领域。时政报道过去一直是该报的一个弱项,通过政府部门领导接听热线和广大读者反应的热烈程度,该报感到:党和政府的有关新闻,他们的重大决策,老百姓照样是很关心的、很爱看的。通过行风评议的热线接听,该报密切了与政府部门的联系,加大了时政报道的分量,通过这座新闻富矿的挖掘,既提高了报纸的权威性,又扩大了报道面,报纸的发行量也持续上升。

"新闻110":既是信息热线,又是党和政府的耳目

江南都市报另一条热线新闻110,自2000年6月份设立以来,已成为报社一个响当当的品牌,深入人心。两年来,新闻110平均每天接到30至40个电话。新闻110的固定电话号码6849110已像警方110、急救120、消防119一样成为当地市民生活中不可缺少的一部分。市民遇到感人事、紧急事、新鲜事首先想到的就是给新闻110打电话。在南昌市区,新闻110栏目记者出动有时比警方110、急救120还要及时。开办新闻110栏目带来的最直观的变化是报纸上独家新闻与现场新闻的增多,直接拉大了与同城媒体的距离,提升了报纸的品牌效应。

新闻110的热线电话成为市民的常用电话

2000年南昌市的报业竞争态势日趋激烈,如何应对报业竞争?新一届江南都市报的编委会认为报纸最具核心的部分是新闻,最具竞争力的还是新闻。新闻竞争的焦点体现在对新闻资源的争夺与拼抢上,《江南都市报》作为综合类市民报纸,必须以广大市民为服务对象。而市民最关心的是身边的人和事,以最快的速度捕捉到市民身边的新闻,抢到新闻的第一落点,让读者第一时间知道自己身边发生的新闻,这样的报纸才能立于不败之地。按照这一思路,以"第一时间目击新闻现场,第一时间报道新闻事件"为宗旨的新闻110栏目应运而生。编委会决定,新闻110栏目由新闻部牵头主办,相关部门配合,新闻部抽调记者组成新闻110采访小分队,安排记者值守热线电话,值班记者每天将接听的热线电话交给部主任,由部主任遴选有价值的新闻线索。如遇突发事件,值班记者则及时报告主任,安排记者采访,重大新闻线索报告

总编辑。做到重大的突发新闻不漏报,感人的新闻能及时报道。办公室安排四部采访车随时待命;车身喷绘"新闻110"的醒目标志和电话,一有线索,立即出发。同时报社对新闻线索提供者给予线索奖,每天在新闻110栏目中公布获奖线索和提供线索人的名单。每天编前会上,都像定头条一样敲定新闻110栏目的稿件,报社力求让新闻110栏目成为一个亮点、看点。

新闻110栏目在2000年6月份在一版正式亮相以来,读者反响强烈。新闻110的报料电话,应接不暇,哪里有突发事件,哪里就有新闻110的采访车,新闻110采访车成为南昌街头一道流动的风景线,6849110新闻热线已融入市民的生活当中。2000年9月25日,江南都市报编委会又作出了《关于把"新闻110"办成本报精品栏目的决定》,从运作机制、政策保障和栏目要求三个方面都作出了具体规定,从而使新闻110的运作更上一层楼。2000年11月11日南昌洪城大市场一农行储蓄所发生持枪抢劫案。几名歹徒开枪打死两名储户,打伤多人,并抢走许多现金。事发过程中,现场目击群众立即拨打新闻110的电话,记者闻讯后5分钟赶到现场。第二天,本报强力推出的报道,由于现场感强,采访全面深入,使得当日报纸零售脱销。

现在,在南昌几乎所有的重大事件或突发事件都有新闻110记者在场。此外,与市民生活紧密相关的重要事件也是新闻110关注的重点。如2000年市民反映的"潲水油"问题,2001年反映的私宰肉现象、票贩子猖獗,2002年反映的自行车屡屡被盗,经报道后都引起广大市民的共鸣,促成了政府有关部门的严厉监管。感人事和新鲜事则是新闻110的另一个亮点。2000年报道的《百年苦旅谁能相依》讲述了一个孤苦老人在世纪末的风雨沧桑,成为本报世纪末报道中的最具人文关怀的慰藉篇。这个穿着一身补丁的老人幸福而又平凡的百年人生,让多少市民为之落泪。2001年感天动地的母为子捐肾的故事,打动了无数市民的心。

新闻110运作一段时间后,不仅得到了读者的认可和市场的检验,而且得到相关政府部门的大力支持与配合。南昌市公安局110指挥中心、南昌市急救中心、消防指挥中心主动与新闻110互联互通。2001年12月份由南昌市110指挥中心牵头召开的全市社会联动单位年会,江南都市报是惟一受邀到会的新闻单位,充分说明新闻110已被社会认可。总之,在扣人心弦的抢险中,在分秒必争的生命大营救中,在阳光暂未照到的角落……新闻110的记者用笔和相机忠实地记录,为勇士喝彩,为弱者呼吁。

反应敏捷的新闻 110 是党和政府的耳目

新闻 110 不仅是江南都市报直接获取新闻线索的渠道,也是党和政府了解社会情况的耳目。省委、省政府领导经常就新闻 110 所报道的问题和情况作出批示。各级政府和部门对新闻 110 报道的情况和问题也给予了同样的重视,据此改进工作,制定或修改管理条例和文件。2001 年在南昌市创建花园城市过程中,市民反映停车难,新闻 110 记者经过调查后写出了《南昌停车让我很无奈》的报道。市委书记阅后责令相关部门拿出解决办法,并以政府文件形式下发执行。同样是在建设花园城市的过程中,南昌市个别城管队员执法野蛮、粗暴,多次将市民打伤。其中一次将几名市民打伤后于当晚将人扔到郊外。新闻 110 接到线索后,考虑到当时迁拆工作难度大,一旦报道出来很可能引发市民与执法部门的矛盾加剧,影响拆迁进展。于是在调查清楚后及时反馈给城管支队。城管支队领导极为重视,查处了有关责任人,登门道歉,赔偿伤者损失,并召开全体城管队员大会,宣读记者所写的调查报告,引以为戒。之后城管队员执法时注意讲究方法了,市民投诉大为减少。

在新闻 110 的岗位上,记者的新闻敏感与政治敏锐应高度一致。能够对新闻 110 线索作出冷静的判断,不冲动、不盲从。对突发事件的判断能做到不添乱、不越位。如对可能诱发现场群众情绪失控或引发不良连锁反应的重大事件,新闻 110 记者一般不出击,而是将情况通报有关部门。

2001 年 12 月 31 日上午万载县一家烟花爆竹厂发生爆炸,同一天下午丰城市一煤矿发生瓦斯爆炸,新闻 110 在第一时间都接到线索,并确切得到有关人员伤亡信息。报社及时将情况上报省委领导,而此时,省委领导尚未接到报告,由于新闻 110 提供的信息准确及时,为省委领导布置抢救伤亡人员和处理事故赢得了宝贵的时间。此后,新闻 110 多次将一些突发事件的信息及时报告给省领导,新闻 110 也成为省领导获取信息的一条渠道。

新闻 110 开通以来,不仅得到了社会的认可,而且得到了党和政府的充分肯定。两年来,新闻 110 记者还写了大量内参,将这些不宜公开见报的信息直接通过内参形式反映到省委、省政府。

新闻110带来的是什么

竞争手段的改变,拓展了新闻资源市场。随着新闻竞争的激烈,媒体竞争手段与形式发生了根本变化,媒体作为产业来运作,要求新闻操作按市场规律来办,由于网络技术飞速发展,国际新闻、国内新闻、娱乐新闻、体育新闻已实现了信息共享。作为地域性很强的都市报,抢夺本地新闻成了"独门暗器"。如何抢夺新闻?原先是分兵把守,占线跑动。这种占线跑动找新闻有其优势一面,一是找来的新闻权威,二是有利于全面熟悉其所采访的行业。这对记者专注一行报道有利。但其优势也是劣势,静态的东西易总结,动态的东西难把握,对于正在发生的新闻事实守线的记者难以知晓,读者的新闻需求也难以摸透。对于市民类报纸的记者来说,必须是一个全天候的记者,能够成功实现与读者的双向互动。只有深入新闻现场,与老百姓零距离接触才能写出让读者爱看的新闻,改变我写新闻你看的灌输意识,代之读者报料新闻记者写,记者写稿时的读者意识自然增强。这种开辟新闻来源、拓展新闻资源的举措,同样也是江南都市报读者意识的强化。这从报纸的零售中可以看出,新闻110栏目推出后,由于新闻110栏目的新闻有卖点,市场零售明显增大。

提升了报纸的品牌效应,拉开与同城媒体的竞争距离。此前,在南昌的报界有这样的认识和看法:南昌城小、新闻资源少,江南都市报推出新闻110栏目,无疑是拓展了新闻资源市场。新闻竞争手段的运用,是为了达到竞争的目的,在新闻资源的争夺上,江南都市报明显比对手技高一筹。一些媒体稿源荒缺时,江南都市报却可以从容挑选新闻线索,在新闻竞争中牢牢地占据了制高点,以至其竞争对手不得不群起效仿江南都市报的做法。一些广电媒体更是直接从《江南都市报》找线索,拿《江南都市报》补同期声和画面,而后全文照念。对读者而言,新闻110的新闻是必读新闻,读者的必读习惯铸成了该栏目的美誉度,进而提升了整个报纸的知名度,报纸的品牌效应也显示出来了——《江南都市报》从2000年的几万份发行量发展到年底10万份,2001年又突破20万份,成为江西发行量最大、阅读率最高的报纸,新闻报道连续两年获得中国新闻奖。

(《中国新闻出版报》2002年8月6日　与石玉华合撰)

群众路线是新闻工作的灵魂

当宣传者,先做践行者。开展党的群众路线教育实践活动,对新闻工作来说是提高新闻工作质量,增强舆论引导力、满足群众新闻需求十分重要的途径。群众路线是新闻工作的灵魂。作为新闻工作者,既要宣传报道好教育实践活动,又要以强烈的责任感参与到活动中。

新闻工作从本质上来说就是群众工作。新闻工作根基在群众,血脉在群众,力量在群众,新闻媒体追求的强大影响力也在群众。群众是新闻的认识源泉,生动、丰富、具体的新闻原料都来自于群众,将新闻之根深深扎于人民群众实践的土壤之中,才能使新闻之树常青。同时,人民群众又是新闻的接受主体,新闻工作具有宣传群众、动员群众、引导群众功能,它是党联系群众的重要的桥梁和纽带。

做好新闻工作要把握立足点。群众立场是决定我们党的性质的根本政治问题,也是决定新闻工作性质的根本政治问题。群众立场要求新闻工作始终站在人民立场上而不是站在个人、少数人立场上说话。当前,全国新闻战线正在开展的"走基层、转作风、改文风"活动,其根本要求就是始终坚持群众立场。尊重实践、尊重群众,才能使我们的新闻工作无论是主题宣传、典型宣传,还是热点引导、舆论监督,都能把体现党的主张与反映人民心声统一起来,把坚持正确导向与通达社情民意统一起来,不断增强新闻宣传的亲和力、吸引力、公信力,推动新闻工作迈上新台阶。

做好新闻工作要选好结合点。"与大地贴得更近,看天空才会更远",这是杂交水稻之父袁隆平的话,也是他的成功之道。对于新闻工作者来说,什么是大地? 人民群众就是大地;什么是天空? 党和政府的工作大局就是天空。新闻工作者只有深入群众,才不会坐井观天,才能从群众的实际经历、感受和述说中,深入细致地反映人民群众的伟大实践和生动创造,实在可信地反映党和政府的政策措施给人民群众生活带来的实际变化,以及他们的要求和呼声。接地气才能有灵气,真实感知生活的脉动、群众的心声,才能够胸中有大局,笔下出精品,写出一篇篇"顶天立地"的报道。

做好新闻工作要找准切入点。信息传播技术的迅猛发展,给当代社会的舆论生态环境带来了极大的变化。新媒体为广大群众发声、反映要求提供了新的渠道,也为党和政府了解社情民意提供了新的平台。但新媒体终究具有间接性、虚拟性,如何化解和消除虚拟世界和现实世界之间的误区和落差,以求更加真实、更加准确地反映和报道客观世界,实际上已成为当前新闻工作遇到的新问题。对于新闻工作者来说,新媒体时代群众路线要有新走法,关键是要找准切入点。一方面,要善于发现和敢于触及群众议论关注的问题主动进行及时、有效的引导,真正起到释疑解惑、增进理解、凝聚人心的作用;另一方面,新闻工作要融入新媒体,拓展传播渠道,与群众进行平等的交流,使不同舆论场的声音达到协调和统一,从而使新闻工作体现时代性、把握规律性、富有创造性。

(《江西日报》2013 年 8 月 23 日)

区域合作开拓报业市场空间

当前,我国媒介市场尤其是报业市场正处于一个体制与机制均发生剧烈变革的转型期,报业传统的垄断经营地位已经丧失,国内外的竞争者蜂拥而至,市场竞争日趋激烈。同时,报业的生产方式和传播模式也发生了巨大变化,即时性、互动性、虚拟性和多元化的特征日趋明显,传统受众的忠诚度正经受着严峻考验。

近几年来,中国报业的发展已逐步突破单一产业发展模式

随着媒体整合趋势的加快,媒体之间的界限越来越模糊,报业的跨媒体经营趋势也愈加明显。与四川广播电视报社有密切合作的上市公司博瑞传播,开始从报纸发展到网络媒体领域。赛迪传媒重组 ST 港澳后,从原先主要经营 16 家 IT 专业报刊开始渗透到电视、网络等领域。跨媒体经营加强了媒体间的合作,为中国报业的发展提供了更大空间,同时也实现了资源共享。

伴随跨媒体的发展,报业的跨区域经营也渐成趋势。最早是南方日报与光明日报两大报业集团联手打造《新京报》,在市场上获得很大的成功。之后,其他的报业集团也纷纷仿效。2004 年 8 月,深圳报业集团全资购并新华社辽宁分社旗下的《时代商报》;同月,华商传媒投资 1 亿元的《重庆时报》创刊;11 月,上海文广新闻传媒集团、广州日报报业集团、北京青年报社在上海创办《第一财经日报》;12 月,解放日报与成都日报两大报业集团投资的《每日经济新闻》出版。羊城晚报报业集团甚至把这种模式延伸到了澳大利亚,2005 年 6 月与侨鑫集团合作创办了华文报纸《澳洲新快报》。跨地区的经营加强了报业集团之间的合作,这也是报业集团在竞争日益激烈的报业市场上寻求生存和发展的有效途径之一。通过地区间的合作可以开拓市场,实现资源的共享以及节约运营资本,从而为报业的发展开拓更大的利润空间。

近年来,江西日报社多次积极组织和承办不同类型的跨区域省级党报合作会议,与各区域的省级党报传媒集团达成了多项共识,建立了多层次、宽领域的合作关系,取得了丰硕的成果。如2011年5月24日,由江西日报社、台湾旺旺中时媒体集团等单位主办的海峡媒体庐山峰会在庐山举行。来自台湾15家主流媒体的高层和记者,以及来自大陆10个省市报业集团的负责人聚首庐山,共商促进海峡两岸媒体合作交流大计。本届峰会取得多项突破,影响巨大,成为两岸媒体交流的里程碑。

泛珠峰会打造泛珠区域主流媒体全方位合作新机制

2011年9月19日至23日,由江西日报社承办的第七届泛珠三角媒体合作峰会在南昌市举行。泛珠三角区域的9家省级党报传媒集团和香港《文汇报》《澳门日报》的负责人出席峰会。峰会以"协作·创新·共赢"为主题,以"深入探讨面对媒体发展新生态,泛珠三角媒体如何融合借鉴新的传播理念、新的传播手段,强化互惠互通、协调合作,实现共促共赢"为主旨,通过专题报告、深度对话、互动沟通等形式,共同推进泛珠三角媒体的合作与交流,以提升话语权与影响力。与会各方就"9+2"主流媒体进一步扩大协作领域、深化协作内涵、建立协作机制、增强协作实效达成广泛共识并签署了合作框架协议。

华东九报总编协作会构筑主题探讨、工作交流的重要平台

改革开放以来,随着区域经济一体化趋势日益增强,华东地区经贸文化合作蓬勃开展,交流融通不断深入,为华东地区媒体合作提供了广阔的舞台和强劲的动力。早在上世纪80年代,由江西日报社发起,华东地区9家省级党报、晚报经过共同推动和努力,搭建了华东九报总编辑协作会暨组织人事工作研讨会这样一个重要的交流平台,每年举办一次,每次确定一个主题进行交流发言,迄今已举办了30次联席会议,在媒体发展、新闻业务、人事管理、交流互访等方面建立了良好的合作关系,取得了积极的、富有成效的进展。

　　江西日报传媒集团目前拥有五报三刊五网站一手机报,报刊期发总量达120多万份,2011年实现总收入6.6亿元,年末总资产14.9亿元,净资产8亿元。集团一直很重视跨媒体跨区域合作。近期刚刚和台湾中国时报报业集团签订了一个合作协议、同湖北日报传媒集团和湖南日报报业集团签订了战略协议,形成的这种紧密合作关系,必将取得丰硕成果。

(《中国记者》2013年第4期)

办报思路

拓展党报经济报道的新视野

——《江西日报》经济报道的探索与实践

国际金融危机的爆发,对全球经济带来了严重影响,也使我国经济面临严峻考验。人们对经济报道的关注度明显提高,对经济报道的理解也在发生变化,读者对经济报道的关注已经不再局限于衣食住行,而是涉及就业、投资理财、消费等许多方面。

新闻媒体特别是党报作为党的舆论阵地,经济报道既担负重大责任,又迎来了一个大显身手的机会。《江西日报》通过拓展党报经济报道的新视野,提高经济报道的整体驾驭能力,通过做好经济报道有效引导舆论,在众说纷纭的舆论环境中,积极传递出主导社会舆论的声音,发挥党报舆论的"领唱"作用。

提高经济报道的解释能力,从最带有共性的话题,最能引起共鸣的角度,最能吸引人的切入口,有针对性地为读者解疑释惑,提出独到而准确的见解

经济解释已成现代经济学的潮流,过去大多数经济学家往往根据应该是什么来分析经济现象,而现在许多经济学家开始试图解释事件为什么这样。经济报道也应与这股潮流同步,在解释上下功夫,以避免浓厚的宣传味、工作味。

受世界国际金融危机的影响,从去年9月份开始,随着中央货币政策的松动,央行连续下调利息和存款准备金率。以往作为地方党报,我们对中央经济、金融的重大政策出台,仅仅刊发新华社的电稿。这次,面对群众关注的经济新闻，《江西日报》前所未有地及时报道了这一重大经济事件对江西经济的影响，先后推出《"两率"齐降意味着什么》《降息免税预示着什么》等报道。客观地分析了降低利息和存款准备金率给江西一些关键行业、领域及百姓生活所带来的种种影响。10 月中旬，由于存款上升较快，全省资金面初现宽松态势，企业流动资金紧张局面有所改观。我们又组织记者及时报道了这一现象并进行了深入的解读。

在办报实践中我们感到，真正能影响和打动读者的经济报道，不是只报道经济现象，而往往是对经济现象的解释。解释往往比事实自身更直接、更深刻、更有力。通过我们的报道对经济现象作出精辟的解释，有针对性地为读者解疑释惑，提出独到而准确的见解，往往使经济报道更经得起细读，更使人心悦诚服，从而真正扩大党报经济报道的影响力。

比如，去年 8 月份江西经济统计数据出来后，我们发现 PPI（工业品出厂价格指数）相对于 CPI（居民消费价格指数），存在错位运行的"剪刀差"。虽然居民消费价格指数下降，但企业却面临"高购进、低出厂"困境。这意味着企业赢利能力下降，中小企业面临巨大生存压力。于是我们推出《CPI 涨幅回落并非万事大吉》，这篇报道不是简单披露一些经济数据，而是站在更高层次，理性分析数据所传递的信息，提出自己的判断与见解。后来的事实证明，我们的见解及时而又准确。

从社会角度去拓展经济报道的广度和深度，记者既是经济活动的报道者，又是经济活动的参与者，将纯经济报道感性化，使读者对经济报道有亲切之感

在当前党报经济新闻报道中，存在一种值得注意的现象：内容不新，写法老套，不是"概念＋数字＋例子"，就是"过程＋措施＋效益"，缺少生活化、人性化的内容和情节，内行不屑看，外行看不懂，报道效果不理想。究其原因，关键在于记者没有真正深入到经济生活中去。"坐着车子转一转，找个领导谈一谈，弄些材料翻一翻"，这是对当今一些记者采访作风的概括。这种跑"上"多，跑"下"少，听领导、专家"指出"的多，听人民群众反映的少的采访方式，往往难以真正从人民群众的角度来把握和报道经济现象。以至于很多经济报道专业术语多，宏观数据多，缺乏应有的生活气息，枯燥无味，最终削弱了经济报道的可读性。

从今年开始,为了加强党报的舆论引导能力,增强舆论引导有效性,《江西日报》改扩版,做好党报经济报道是其中的重要内容。由于受世界金融危机影响,作为劳务输出大省,春节过后许多返乡农民工一时外出找不到工作岗位,江西省委、省政府对此高度重视,我们在主要版面开辟专栏进行动态报道和政策解读,营造了关注返乡农民工就业的舆论环境。同时又联合相关单位开展"党报搭起就业桥,岗位送给农民工——2009 江西日报新闻行动"大型就业招聘公益活动,记者既是报道者,又是活动组织者,调动报纸与读者互动、参与。从 2 月 4 日起,《江西日报》在版面显著位置以大量篇幅连续刊登"就业直通车"开进南昌市、上饶市、丰城农村,将岗位送到农民工家门口,让农民工们在家门口实现就业的新闻报道,并公布联系电话,欢迎有招聘农民工意向的企业参加。来自省内外近 300 家企业携 2.8 万余个岗位来到江西农村,5000 多名农民工现场签订劳动合同或达成用工意向。这次活动和报道极大提升了党报经济报道影响力,受到社会各界交口称赞。中宣部《新闻阅评》认为,这是《江西日报》近来切实加强舆论引导能力,增强报道贴近性取得的显著成效。

随着国际金融危机的蔓延并逐步影响到普通百姓生活,读者对经济报道的需求也与日俱增,再加上党报本身所具有的公信力、权威性,这为做好经济报道提供了良好社会基础。对普通老百姓而言,他们所关注的往往是亲身感受到的经济现象,他们对物价高低、楼市涨跌、就业机会的关注,要远远高于对当地经济增长率、国企改革成功、节能减排成效等经济数据的关注。因此,可以从关系人们切身利益的角度去写经济报道,从读者身边事入手,小中见大。这就要求我们的经济报道对经济现象,既能从宏观上把握,又能在微观中阐释,使读者便于感性接受,拉近经济报道与读者的距离,使之对党报的经济报道有亲切感。

在国际金融危机影响下,经济发展和财政收入增长放缓,政府民生工程会不会受影响,这是广大群众十分关注的问题。《春风化雨润心田》《保民生,不因金融危机而退缩》等报道,从群众最关心、最直接、最现实的利益入手,将党和政府越是经济困难越要关注民生的理念,以及所采取的政策措施及时告诉读者,起到鼓舞人心、坚定信心的作用。

既关注经济生活中的亮点,也不回避热点、难点和疑点问题,主动设置议题,增强经济报道的说服力和舆论引导力

受国际金融危机的影响,经济发展过程中的新情况、新矛盾、新问题大量出现,这里面既有逆势而上令人振奋的亮点,也有经济生活中人们所关注的热点、难点、疑点问题。而这些热点、难点、疑点问题最需要舆论来引导,作为党报不仅不能回避这些问题,而且应该主动介入,否则就起不到舆论引导的作用,舆论引导能力就无从谈起。

从去年下半年开始,江西一些大型企业和支柱产业受国际金融危机影响已开始显现,金融危机对江西实体经济会带来什么影响,会不会像沿海地区那样造成大量企业倒闭,如何应对危机保持经济平稳较快发展,成为人们非常关注的问题。针对这些问题,我们选取受影响较大的产业和行业专门策划了一组"我省应对全球金融危机"主题报道,连续推出《工业生产篇:机遇,只属于有准备的地区和企业》《光伏产业篇:挺过寒夜　迎接朝阳》《外资外贸篇:迎接挑战　逆势而上》等三篇报道,客观分析形势,探讨应对办法,同时也不回避问题。如作为有望成为江西首个销售收入超过1万亿的产业——光伏产业,报道中指出:"这个有望在我省崛起新跨越进程中发挥重大支撑作用的新兴产业,尽管很'朝阳',但仍需经受严峻考验。""明年光伏产品市场竞争将会出现'刺刀见红'的惨烈状况。"同时连续刊发《有信心就有力量》等6篇署名评论员文章,引导人们正确看待经济发展中所出现的问题。

对于经济生活中的亮点,我们按照江西省委、省政府应对国际金融危机影响提出的"变压力为动力,化危机为生机,变经济波动期为发展机遇期"的总体要求,从多视角、多层面浓墨重彩进行报道。先后推出《不平凡的2008·江西经济奋力前行》等6篇系列报道,从宏观层面全面回顾2008年江西经济所取得的来之不易的成就,使人们对全省经济发展态势有一个总体把握。对微观经济现象,我们注意选取具有典型意义的进行报道。素有钢城之称的新余市,由于转变发展方式,较早进行产业结构调整,由过去"一钢独大"转型为新能源、新材料多元发展的经济格局。面对国际金融危机的影响,该市工业经济不仅没有下滑,反而快速增长,全市返乡农民工有就业愿望的100%安排就业。对此我们在头版以《新余工业经济增长拉动就业》为题进行了报道。在微观层面的报道中,我们还通过正反两方面的事例进行报道,给人以启示。

面对国际金融危机引发的铜价大幅下跌,贵溪市工业园内一家企业因在"风暴"来临前就加大技改力度,转变发展方式,产品依然俏销;而另一家以粗加工为主的企业则难以为继。为此,我们刊发报道《两家铜企不同境遇》,深入分析这一现象,并引申出政府和企业该如何应对金融危机影响的两点启示。这篇报道发表后,引起社会关注,读者反映这样的报道令人信服,给人启迪。中宣部《新闻阅评》以《江西日报抓住经济发展热点问题引导舆论》为题,对《江西日报》的经济报道给予肯定,认为:"8月份以来,《江西日报》围绕本省经济发展中的难点、热点问题,冷静分析省内外经济形势,认真阐释宏观经济政策,积极做好解疑释惑工作,有效引导了社会舆论。"

　　国际金融危机爆发和所带来的影响,既为党报加强和改进经济报道提供了难得机会,也对党报经济报道提出更高要求。从增强党报经济报道思想性、贴近性、说服力和影响力入手,不断拓展党报经济报道新视野,为推动科学发展营造良好舆论氛围,还有待于我们不断探索和实践。

(《中国记者》2009 年第 4 期)

为弘扬社会主义核心价值观鼓劲加力

社会主义核心价值观的提出,在全社会引起广泛的关注、强烈的共鸣。关注,是因为价值观是判断事物有无价值和价值大小的准则,是人们作出取舍、决定行动的前提;共鸣,是因为浓缩为 24 字的社会主义核心价值观,体现了群众的愿望,表达了人民的心声。

社会主义核心价值观是坚定理想信念的导航灯,是引领社会风尚的正能量,是全面深化改革的推进器,是实现发展升级的力量源。新闻媒体作为我们党治国理政的重要资源和重要手段,是培育和践行社会主义核心价值观的重要平台和有效载体。学习好、宣传好、贯彻好、落实好社会主义核心价值观,是新闻媒体应尽的责任、应有的使命。江西日报社将充分发挥自身优势,创新方式方法,提升舆论引导能力,为弘扬社会主义核心价值观鼓劲加力。

一、把社会主义核心价值观的精神实质学习好、领会好

正人先正己,打铁还需自身硬。要把社会主义核心价值观阐释好、解读好、传播好,首先要求新闻工作者先学一步、多学一些、学深一层,把社会主义核心价值观的基本原则、本质内涵、精神实质、实践要求,吃准吃透、弄清弄明。

一方面,要内化于心,把社会主义核心价值观变成新闻工作者的坚定信仰。有了信仰驱动,有了价值导航,新闻工作者才能"铁肩担道义,妙手著文章"。

另一方面,要外化于行,把社会主义核心价值观变成新闻工作者的自觉行动。新闻工作者要自觉地把社会主义核心价值观贯穿到新闻工作的各个方面,努力成为社会主义核心价值观的积极传播者和模范践行者。

二、把宣传社会主义核心价值观的舆论声势营造好、引导好

培育和践行社会主义核心价值观,是对每个公民进行精神洗礼、灵魂塑造和价值重铸的道德实践过程。培育每深入一步,都要受到人性、思想和环境等因素的影响,都要经历复杂的"破"和"立"的斗争。这就要求新闻媒体占领舆论制高点,提升舆论引导力,为宣传社会主义核心价值观营造浓厚的舆论氛围。

1.舆论引导要有高度。江西日报社所属各媒体将发挥理论评论的旗帜作用,用好用活"江仲平""泰豪论坛""江报直播室""评与论""学与思"等品牌栏目和版面,做深做实各子报刊、网站的评论言论专栏,为宣传社会主义核心价值观提供思想引导和理论支撑,旗帜鲜明地告诉人们什么是真善美,什么是假恶丑,什么是值得肯定和赞扬的,什么是必须反对和否定的。

2.舆论引导要有力度。江西日报社所属各媒体将发挥各自特色,把社会主义核心价值观融入形势宣传、成就宣传、主题宣传、热点引导和舆论监督等日常新闻宣传工作中,弘扬主旋律,传播正能量,发出好声音,不断巩固壮大积极健康向上的主流思想舆论。目前,江西日报社所属各媒体都已开辟"践行社会主义核心价值观"专栏。

3.舆论引导要有"温度"。宣传社会主义核心价值观,要有"温度",有情感,坚持以人为本,体现人文关怀。江西日报社所属各媒体将从问题入手,从实际出发,从民生切入,坚持寓教于乐、寓教于情,增进互动参与、交流共鸣,做到喜闻乐见、鲜活生动,努力在春风化雨、润物无声中,让社会主义核心价值观家喻户晓、深入人心。

三、把社会主义核心价值观的生动实践宣传好、报道好

美丽富饶的赣鄱大地历来是崇德向善、英模辈出的"沃土"。新闻媒体的一个重要使命,就是把践行社会主义核心价值观的生动实践、先进事迹、模范典型挖掘好、报道好。

1.深入挖掘崇德向善的先进典型。先进典型具有强烈的感染力和吸引力。近年来,江西日报社所属各媒体先后推出一系列"平民英雄""身边好

人"等群体。特别是去年以来,江西日报社在宣传龚全珍先进典型上创造了新鲜经验,产生了广泛影响。我们的做法是:深入采访,走进龚全珍的内心世界;整理日记,还原龚全珍的本真情怀;评论开路,提炼龚全珍的精神内核;报网互动,展示龚全珍的人格魅力。下一步,我们将在深入挖掘龚全珍的价值观上下功夫,进一步把龚全珍的精神发扬光大。此外,我们还将进一步挖掘、培育和宣传好更多践行社会主义核心价值观的先进典型,充分展示当代社会的进步主流。

2.大力宣传持之以恒的学雷锋活动。雷锋精神体现了社会主义核心价值体系中的民族精神与时代精神,体现了爱国、敬业、诚信、友善、和谐等社会主义核心价值观的内容。比如,雷锋的"钉子"精神,就是"敬业"这一核心价值观所要求的一种精神。大力弘扬雷锋精神,推动学雷锋活动常态化,是培育和践行社会主义核心价值观的重要形式和载体。江西日报社所属各媒体将用雷锋精神、身边雷锋和身边好人的感人事迹,宣传引导人们爱党、爱国、爱家、爱社会,让雷锋精神在人们心目中散发出更加夺目的光彩。

3.不断壮大昂扬向上的舆论场。江西日报社拥有五报、三刊、五网和手机报、微博、微信等新媒体,我们将整合资源、集团联动,发挥全媒体优势,巩固主流舆论场、覆盖新兴舆论场,在多元中立主导、在多样中谋共识,让社会主义核心价值观的主旋律更雄浑、更响亮。

(《江西日报》2014 年 3 月 4 日)

探索重大主题报道的叫好与叫座

在迎接十七的报道中,重大主题报道再次成为营造良好舆论氛围的"重头戏"。江西日报社所属的两张都市类报纸——《江南都市报》和《信息日报》,在这方面做了许多有益的探索。

一、让重大主题报道出新出彩,成为有"看点"的报道

许多都市类报纸的实践告诉我们,重大主题报道不仅可以出新出彩,同样也是有"看点"的新闻,而且能增强都市类报纸的权威性和影响力。这里的关键在于要讲究重大主题报道的艺术,在新闻策划中导入市场观念,最大限度开掘重大主题报道中的"亮点",调动读者的阅读愿望和参与意识。

去年底,为迎接中共江西省第十二次代表大会的召开,《江南都市报》推出"喜迎党代会——发现赣鄱新亮点"的报道,请广大读者推荐江西5年来发展变化的新亮点并征集相关照片,然后编辑部分别派出采访组赴各地采访这些亮点。为了使这次报道能达到一种立体效果,还租了一架飞机派记者从空中拍摄报道,又租了一艘轮船派记者沿赣江拍摄采访。报纸每天1至2个版,以图文并重的形式对这些亮点进行报道,让读者共同见证、分享、感受这些身边变化。这组报道深深地吸引了广大读者,将"亮点"变成了"看点"。

二、办报与办活动结合,广泛调动读者的参与,使重大主题报道产生轰动效应

让读者参与到重大主题报道中来,形成互动,能提升重大主题报道的影响力并形成轰动效应。在南昌街头曾有一道亮丽的风景:不时驶过的公交车

上喷涂着一首首优美的诗篇和相配的图画,这是《江南都市报》与多家单位联手,为南昌市创建全国文明城市和举办全国公民道德论坛,策划的"诗画南昌"大型主题报道活动结出的硕果。这一与读者互动的报道开展后,报纸开设的诗歌比赛热线响个不停,报纸不断跟踪报道。从开赛到截稿的一个多月时间内,先后收到全国十多个省市和国外作者的5000余首诗歌,经专家初步筛选后,将参赛诗歌和选票刊登在报纸上让读者评选。最后选出200首优秀诗作配上相应的画面,喷涂在公交车内外,供人们欣赏、品味。这一重大主题报道活动,既吸引了读者的热情参与,又受到社会各界的关注和赞誉,形成了轰动效应。《人民日报》以《南昌流淌着诗意》为题,载文予以高度评价,称之为"流动诗会"。不仅为南昌这座英雄城增添了一道亮丽的文化风景,而且营造了一种文明进步的人文环境。

三、将重大主题报道与群众的切身利益结合起来,着力解决群众关心的实际问题

都市类报纸之所以受到读者喜爱,一是好看,二是实用。因此,其对重大主题报道应更多地从人文关怀和具体之处着眼,将重大主题报道与群众密切关注的实际问题结合起来,深入阐释、报道与重大主题有关的政策和举措,使人民群众充分了解、理解、支持、拥护党和政府的工作。实践证明,与群众利益关联度越高的报道,就越能牵动群众的心,辐射面就越广,影响力就越大。近两年,江西省委、省政府根据江西发展的实际情况,在全省提出了全民创业的号召。为做好这一重大主题的宣传报道,《江南都市报》将有关内容分成专题,分别派出记者采访省有关部门,请他们作出相关法规政策上的解释,并以"创业宝典"的形式刊出。比如鼓励人们创业有哪些新出台的优惠措施,简化了哪些办事和审批程序,创业者可从中得到哪些直接和间接的好处等等,非常具体实用。刊出后报纸大受欢迎,由于读者抢购,零售市场报纸一度脱销。

四、报道方式从以媒体为中心向以受众为中心转变

以读者为中心,让老百姓自己出来现身说法,从他们身边形象可感和正在发生的事情说起,这种以受众为中心的重大主题报道方式,往往更能引起读者的共鸣。《信息日报》在中共江西省第十二次代表大会召开之际,推出

"百姓眼中的江西5年"的报道,从老百姓的视角,以老百姓的感受来细数江西5年的发展变迁,选择有典型性、代表性和说服力的事项,从宏观着眼、微观着手,以小见大、以点带面进行报道。

这次报道采取"讲述"加"背景材料"的模式,即以当事人的具体讲述和切身感受为主,一事一议,言之有物。然后配上从权威部门获得的最能说明5年来发展变化的相关数据。受访的人群有相当的广泛性和代表性,从住上廉租房的低保户到买了私家车的白领族等,涉及社会的各个层面,年龄最大的76岁,最小的只有10岁。讲述的内容大到经济发展、城市建设,小到市民的吃穿用行、健身娱乐。用老百姓朴实的语言讲述,以权威部门的数据作注脚,使这次重大主题报道既有贴近性,又有说服力。

(《中国记者》2007年第7期)

一条热线帮助拓宽办报思路

——从江南都市报"市民热线"
看都市类报纸的品位提升

今年 5 月中旬以来,江南都市报的行风评议"市民热线"引起了全省群众的广泛关注,江西省建设厅、国税局、地税局、教育厅、交通厅、环保局、民政厅、国土资源厅等 8 个厅局的厅局长和所有班子成员,先后光临江南都市报"市民热线",直接倾听基层群众的呼声。随同厅局长们前来的,还有各职能处室的处长及省会南昌市的相关局领导。江南都市报"市民热线"室的两部电话铃声不断,许多群众由于电话太忙打不进来,便赶到江南都市报直接向有关厅局领导反映问题和情况,出现了室内热线火爆、室外接待来访群众不断的景象。对读者反映的问题,能够当场解决的,厅局长在接听热线现场就拍板解决;要研究后答复的,各厅局就在现场召开办公会,拟出限期解决方案。

江南都市报的"市民热线",何以能吸引这么多职能部门主动前来倾听群众呼声,并为他们办实事?热线何以有这么深厚的读者基础?这一现象引起了江西全省上上下下的关注。

早在去年,为切实端正政府机关作风,江西省在各职能厅局开始推行民主评议行风活动。该活动除了自查自纠外,就是要发动群众"挑刺找错",献计献策。哪种形式可以最广泛地收集民意?首批试点的省公安厅、电力局、卫生厅、电信公司等四个单位不约而同地选中了江南都市报的"市民热线"。结果,火爆的热线令厅局长们感慨万分:有江南都市报培育的这么广泛的读者群做依托,本厅局的行风评议决不会走过场。由此,每年推行民主评议行风活动的厅局来江南都市报接听"市民热线",几乎成为一条不成文的规定。

在沟通职能部门与普通群众的关系方面,该报"市民热线"蹚出了一条新路,取得政府、媒体、群众"三赢"的满意效果。

我倾听、我传递、我沟通

《江南都市报》是江西日报社主办的子报,这一性质决定了其同样是党的重要舆论阵地,而且它可以依托省委机关报的优势,采写党和政府部门的权威信息。另一方面,作为都市类报纸,它又贴近生活,贴近读者,为广大读者所喜闻乐见,并探寻出一种"关注都市冷暖,关心百姓疾苦"的与读者真情互动的沟通方式。这种角色,使它能够成为沟通政府与群众之间的桥梁。

江南都市报自从开通了"市民热线"之后,两部普通的电话,把读者与媒体紧密联系在一起,热线的主要职能被概括为9个字:我倾听、我传递、我沟通。为便于新闻报道的表达,热线还设置了一位虚拟主持人"郑义"(取"正义"的谐音),并在全国同类报纸中率先推出每天一个《市民热线》版。

读者的反应非常强烈,投诉、咨询、倾吐潮水般涌向热线。该版的常设栏目包括"昨日读者来电""郑义调查""社情民意""郑义帮你问""街谈巷议""读者新闻""有照为证""咄咄怪事""掌声响起"等。

曾经有人认为《市民热线》反映的是鸡毛蒜皮的小事,上不了大台面,撑不住一个版。但事实证明,获得最大读者群最广泛的支持,正是一种媒体行为存在下去的最大理由。当读者需要一条这样的热线,新闻媒体又提供了这条热线的时候,读者和媒体的互动关系就形成了。

"市民热线"有专职的主持人和记录员,有专用的"市民热线"登记表。2000年9月5日,"市民热线"记录下了第10万个电话,打入这个电话的读者获得报社奖励的"海南五日游"。至今年6月中旬,该热线的来电话量已突破15万个,每天来电话均在100个以上。特别是通过政府的厅局领导到江南都市报接听"市民热线",更加重了这条热线在群众心目中的分量。接听热线的第二天,报纸就用一个整版的篇幅刊登接听实录,被群众反映问题的部门从上到下再也坐不住了,马上按照厅局领导的要求限期对热线接听中涉及的问题做到事事有回音、件件有着落,解决和落实情况随之再见诸报端。由于能够打进热线的读者毕竟人数有限,为了让更多的群众能够充分反映问题,该报又与接听热线的厅局配合,将"市民热线"引向社会,在接听热线的随后两三天内,报纸又刊发消息,预告接听热线的厅局领导率有关人员在南昌市中心的八一广场设点,接受群众咨询投诉,群众带着需要反映的问题涌向广场,人群排成长龙。一时间,江南都市报的"市民热线"成为群众街谈巷议的话题。

现在,在江西,江南都市报的"市民热线"作为一个"能解决问题"的电话在人群中传递着,"打热线,找郑义"几乎成为南昌市民的口头禅。

一端连着政府　一端系着群众

媒体为什么会出现"热线现象"?江西社科院的学者陈钢认为,从社会心理学方面来说,人与人之间的交流不仅需要先进的工具,更重要的是坦诚地倾诉与沟通,借以缓解社会心理压力。"市民热线"为平民百姓倾诉心声提供了好机会。

都市类报纸服务大众,其市场拓展相对容易。但是,一味地迁就迎合读者,追求轰动和卖点,也会使报纸的形象无法提高,始终处在于小报小刊的地位。在"政治家办报"的这个大前提下,如何让报纸既使党和政府满意,又使读者满意,是都市报老总们必须思考的问题。都市类报纸在成长的过程中,曾由于负面报道过多及其他原因,使部分政府职能机关与之产生对立情绪。而有时由于政府职能部门的不配合,报纸往往漏报政府出台的与群众密切相关的重要信息,也使媒体的权威性大打折扣,影响了报纸的公信力。

江南都市报开办"市民热线"后,这种矛盾大大得到缓解。报社定期邀请政府部门和与群众生活密切相关行业的领导客串主持"市民热线",使群众与政府官员有了直接对话的机会。对话的详细内容第二天即整版见诸报端,热线"我倾听、我传递、我沟通"的职能发挥得淋漓尽致:各部门不会因敏感问题曝光而"猝不及防",群众也有了解决问题的机会。在媒体多、"热线"竞争激烈的情况下,这些与百姓关系非常密切的政府职能部门如此看好江南都市报的"市民热线",从一个侧面凸显出这条热线所具有的优势。

"接听'市民热线'是走群众路线的重要渠道。"江西省交通厅厅长宋军在接听"市民热线"特别开通的"交通厅行风评议专线"后感慨地说,"这种方式很生动也很活泼,使职能部门直接面对群众监督。我们是带着压力来倾听百姓呼声的，而压力正是我们切实改进作风的动力。"所有的厅局在接听江南都市报"市民热线"后，均无一例外地做出了"三天内答复热线所涉投诉、问题"的承诺，并在报纸上公布。

"市民热线"的成功提升了报纸品位

时代在进步，读者的要求也在提高。2000 年 7 月 1 日，江南都市报编委会为应对报业竞争形势，打破传统媒体部门设置的旧框框，增设了市民热线部。

该部采用部版合一的采编体制，除辖有《市民热线》版外，另外还创办了《百姓周刊》，开辟有"一周热线焦点""一周民情分析""每周民评""本周来电排行榜""民情周记""百姓调查""平民故事"等栏目，成为"市民热线"的进一步延伸。

此时的"市民热线"已不只是一条电话线那么简单，与读者的沟通形式发展为中文传呼留言、语言信箱、电子信箱，还在报社网站上开通了即时投诉。另外，党报一般设有群众来信来访接待室。随着读者信任度的加深，都市报一样要接待大量的来信来访，市民热线部正好可以承担这方面的职责。耐心细致的解释及必要的新闻援助，作为"党报办的子报"在缓解社会矛盾方面一样大有可为。

江南都市报"市民热线"的成功，也为如何提升都市类报纸的品位提供了启迪。那就是：要做大都市新闻，跳出过去都市新闻以社会新闻唱主角的模式，大力拓展都市生活的报道领域。时政报道过去一直是该报的一个弱项，通过政府部门领导接听热线和广大读者的热烈反应，该报感到：党和政府的有关新闻及重大决策，老百姓照样是很关心的、很爱看的。通过行风评议的热线接听，该报密切了与政府部门的联系，加大了时政报道的分量，通过这座新闻富矿的挖掘，既提高了报纸的权威性，又扩大了报道面，报纸的发行量也持续上升。

（《新闻战线》2001 年第 8 期　　与吴志刚合撰）

怎样向老百姓讲述经济思想

——《江南都市报·江铃都市新观察》操作分析

从 2001 年 9 月底开始,《江南都市报》每周推出了一个内容以讨论江西社会经济发展为主的话题新闻版——《江铃都市新观察》。在以社会新闻为主打的都市报,推出这种话题新闻,是大胆的尝试,它不仅对配合江西省开展的"解放思想学习教育"活动,搅动全省人民的思想起了非常积极的作用,在全省上下所产生的强烈反响,更是使人始料不及。

经济发展永远是江西老百姓议论和关注的焦点

从 2001 年 5 月份开始,江西省新一届省委、省政府围绕加快江西发展,实现江西在我国中部地区崛起,开展了一场轰轰烈烈的"解放思想学习教育活动",它的冲击力使每一个生活在这一片土地上的人都感受到一种震撼和希望,尤其是省会城市南昌,以建设"花园城市"为契机,转变经营城市的理念,拆除违章建筑,建设公园绿地,城市美化亮化……短短的时间内,老百姓明显地感受到自己生活的城市同以前完全不一样了。《江南都市报》及时跟踪报道,并刊发了新任市委书记的专访,还请南昌市市长到报纸编辑部接听市民热线,与老百姓直接沟通。

尽管这些报道也产生了很大影响,但读者反映总有一种不满足的感觉,认为报道缺乏理性分析与思想引导。为此,我们与有关单位联手,推出了《江铃都市新观察》话题新闻版,采用对话和访谈的形式,反映知识阶层、政府官员、企业家及老百姓对江西过去经济、历史、文化的一种反思,同时包含江西要在中部地区的崛起应在经济、文化等领域有哪些应对的措施,透过新闻现象看本质,讲些人所未言、人言但所未及的东西。为此,《江铃都市新观察》的开场白就说得明明白白:"关于这份观察,少不了百姓们心声夏草似的喧响,但更须流播第一流智者眼光的熠熠星空,以跳开南昌说南昌,脱出江西看江西,努力让广大读者好读、好看,并引起一阵或浅或深的思索——这会是对过往流年岁月的咀嚼与积淀,并站在理性的脚手架上,对未来日子的精心雕刻……"

《江铃都市新观察》每期两个版以上,每期一个主要话题,开始是省内的专家学者、企业家、政府官员和老百姓的对话与访谈,随后,主持人又到上海、北京、深圳,请当年上海下放知青、江西籍专家学者和近年从江西到深圳工作的一些人士,发表他们的观点和看法。随着刊登期数的增加,话题所涉及的问题越来越深入,并越来越引起社会各界的关注。工作室电话不断,读者纷纷参与推荐话题或倾诉读后的感想。南昌市做水产生意的邓幸福夫妇看了几期《江铃都市新观察》后,给南昌市委、市政府主要领导写信,并要求捐款用于南昌花园城市的建设。市委主要领导马上给其回信,对他们的这种精神给予了高度赞扬。

百姓需要经济报道,都市类报纸需要有思想的经济报道

《江南都市报·江铃都市新观察》的成功说明:都市类报纸通过传递新的经济思想和观点,对促进经济建设同样可以大有作为。

贴近读者、贴近群众,使得一个时期都市类报纸在与其他报纸的竞争中后来居上,独领风骚。但从另一个方面来说,"活、广、快、趣"既是都市类报纸的优势,从某种意义上这也成了劣势,即思想性不够,深度不够。对可读性、服务性的狭隘理解和追求,使这类报纸往往局限于社会新闻、影视娱乐、体育、生活服务等方面,而对关注社会发展的主流问题,并能及时反映当地政治、经济、文化动向,满足读者思想需求的报道往往显得不够。对于在市场竞争条件下运作的办报人而言,认清和把握住自己的读者才是最重要的。一张报纸只有满足了读者的本质需求才是报纸生命力的源泉。那么都市类报纸受众的本质需求是什么? 仅仅是社会新闻、柴米油盐和歌星影星吗? 答案是

否定的。

　　目前,我国读者阅读报纸的目的和兴趣指向发生了结构性转移。人们对报纸在信息获得方面的对象性功能期待可分为三个档次:其第一级的功能性期待是了解国内外时事,了解新闻背景,获得分析解释、了解社会观点和社会思潮,了解实用生活知识和消费信息。而娱乐消遣则居最后一级。因此,都市类报纸要成为主流媒体,就应根据时代的变化,研究读者的口味,注重发挥报纸"精、专、深、厚"的表达优势,传递出主导社会舆论的声音。只有这样,都市类报纸才能与时俱进,在激烈的报业竞争中永葆活力。

传播方法:与百姓聊天

　　《江铃都市新观察》的力量在于观点,在于思想。观点、思想往往是严肃的,要谈得普通百姓爱听,并产生共鸣不易。而可读性、贴近性是都市类报纸的最大特点。《江铃都市新观察》因而十分注意把可读性、贴近性与思想性融为一体,少些训导味,多些谈心味,让专家学者、政府官员和企业家走到老百姓中间,用聊天的口吻同他们谈思想、谈观点。同时让老百姓走进《江铃都市新观察》,让他们用自己的语言,讲述朴实的道理。

　　观点和思想要在读者中产生影响,还要借助生动的形象。寓理于形是《江南都市报》话题新闻为读者所接受的重要原因。《江铃都市新观察》的话题都是从形象可感的东西说起,从老百姓身边正在发生的事情说起,这样才能言之有物,而不是空洞的说教,才能在潜移默化中引导读者,影响读者,使其有所感、有所悟、有所得。

(《中国记者》2002年第3期)

既汇集资讯　　又提供观点

——从《江南都市报》话题新闻看都市类报纸办报思路的拓展

提要： 随着阅读水平的提高，读者已越来越不满足于报纸一般性的传播，而要求报纸加强对各种信息的分析和说明，即不仅要让读者知道发生了什么，还要让读者知道意味着什么。因此，作为都市类报纸，不仅要汇集资讯，而且要提供观点。

都市类报纸要成为主流媒体，应在充分发挥其"活、广、快、趣"报道优势的同时，注重发挥报纸"精、专、深、厚"的表达优势，传递出主导社会舆论的声音。实践证明，都市类报纸在思想性和观点性话题报道上同样大有可为。

办话题新闻版，要十分注意把可读性、贴近性与思想性融为一体，提倡用谈天说地的方式讲述道理，传播观点。要善于借助形象，寓理于形，采用具有亲和力的沟通方式。

都市类报纸在迈向主流媒体的过程中，在报道内容上必然要由以单一的社会新闻为主转而介入时政报道和政论，而这种转轨如何才能为广大读者所接受，《江南都市报》政论性的话题新闻《都市新观察》，在拓展都市类报纸办报思路上做了一些尝试。由江西省委宣传部牵头评选的年度全省最有影响的十项重大宣传活动，《都市新观察》名列其中。该版文章先后结集出版了《见证江西》《爱并恨着的土地》两本书，均成为当地的畅销书。第三本书《第三只眼看江西》也已于最近出版。

话题新闻成为老百姓议论和关注的焦点

　　从2001年5月份开始,江西省新一届省委、省政府围绕加快江西发展,实现江西在我国中部地区崛起,开展了一场轰轰烈烈的"解放思想学习教育活动",它的冲击力使每一个生活在这片土地上的人都感受到一种震撼和希望,尤其是省会城市南昌,以建设"花园城市"为契机,转变经营城市的理念,拆除违章建筑,建设公园绿地,城市美化亮化……短短的时间内,老百姓明显地感受到自己生活的这个城市同以前相比已完全不一样了。《江南都市报》及时跟踪报道了这些变化,并刊发了对市委书记的专访,还请南昌市市长到报纸编辑部接听市民热线电话,与老百姓直接沟通。尽管这些报道也产生了很大影响,但读者反映对这些报道总有一种不满足的感觉,因为这些报道大多都是事实报道,缺少理性分析与深度解读。这表明,随着受众水平的提高,读者的阅读口味已有明显的变化,他们已越来越不满足于报纸一般性的传播,而要求报纸加强对各种信息的分析和说明,即不仅要让读者知道发生了什么,还要让读者知道这意味着什么。随着网络对社会影响的加剧,对办报者来说,提供资讯已成为相对容易的事情,以前靠资讯取胜的媒体,或多或少会减弱其在业界的竞争力。如何将受众在海量信息中引导到一定的方向,提供"观点"便成为其着力点之一。

　　因此,作为都市类报纸,不仅要汇集资讯,而且要陈述观点。

　　为此,我们适时推出了提供观点的《都市新观察》话题新闻版,并专门成立了《都市新观察》工作室,聘请以反映社会问题深刻见长的一位江西著名作家作为话题新闻的主持人,采用对话和访谈的形式,反映知识阶层、政府官员、企业家及老百姓对江西过去经济、历史、文化的一种反思,同时包含江西要在中部地区崛起应在经济、文化等领域有哪些应对的措施,透过新闻现象看本质,讲些人所未言、人言但所未及的东西。起首第一篇《我们正在见证一幕大戏》,五位专家学者畅言在新的历史时期江西的经济变革、解放思想、干部作风等问题,《江南都市报》拿出了5个版的篇幅刊发。文章不打官腔,不说套话,观点鲜明,文风犀利,一经推出便令人耳目一新。《都市新观察》每周一期,每期两个版以上,每期都有一个主要话题,开始几期是省内的专家学者、企业家、政府官员和老百姓的对话与访谈,随后,主持人又到全国其他省市,对当地的专家学者进行访谈。刚开始老百姓还只是看个新鲜,过去没人在报纸上这样讲话,渐渐地,文章中的一些观点开始对他们产生了影响,尤其是基层的一些领导干部,《都市新观察》成了他们每周必看的。随着刊登期数的增加,《都市新观察》的话题越来越广泛,所涉及的问题也越来越深入,并越来越引起社会各界的关注。几乎每期刊出后,《都市新观察》工作室电话不断,读者纷纷参与推荐话题或倾诉读后的感想。南昌市做水产生意的邓幸福夫妇看了几期《都市新观察》后,给南昌市委、市政府主要领导写信,并要求捐款 2000 元用于南昌花园城市的建设。南昌市委、市政府主要领导马上回信,虽然谢绝了他们的捐款,但对他们的这种精神给予高度赞扬。此事经多家媒体报道,一时传为佳话。《都市新观察》中所谈论的话题,更是成了人们关注和议论的焦点。

都市类报纸需要开发观点思想类的话题新闻

《都市新观察》话题新闻的成功使我们感到:都市类报纸在思想性和观点性话题报道上同样可以大有作为。贴近读者使得一个时期都市类报纸在与其他报纸的竞争中后来居上。但从另一个方面来说,由于报纸间的竞争,都市类报纸"活、广、快、趣"的特色既是都市类报纸的优势,在某种意义上这也成了都市类报纸的劣势。对可读性、服务性的狭隘理解和追求,使都市类报纸的内容往往局限于社会新闻、影视娱乐、体育、生活服务等方面,而对关注社会发展的主流问题,并能及时反映当地政治、经济、文化动向,从而满足读者思想需求的报道往往显得不够。以至于在"厚报时代",报纸出现了资讯过剩、观点缺乏的现象。如果一张报纸给人们的只是内容的消遣、时间的打发,就不能给人留下深刻的印象。对于市场竞争条件下的办报人而言,认清和把握住自己的读者才是最重要的。一张报纸只有满足了读者的本质需求,才是报纸生命力的源泉。那么都市类报纸受众的本质需求是什么? 仅仅是社会新闻、柴米油盐和歌星影星吗? 答案是否定的。

据中国人民大学舆论研究所的调查分析表明,我国读者阅读报纸的目的和兴趣指向发生了结构性转移。人们对报纸在信息获得方面的对象性功能期待,第一级是了解国内外时事,了解新闻背景,获得分析解释、了解社会观点和社会思潮,了解实用生活知识和消费信息。娱乐消遣则居最后一级。因此,都市类报纸要成为主流媒体,就应根据时代的变化,研究读者的口味,在充分发挥其"活、广、快、趣"优势的同时,要注重发挥报纸"精、专、深、厚"的表达优势,传递出主导社会舆论的声音。只有这样,都市类报纸才能与时俱进,在激烈的报业竞争中永葆活力。《都市新观察》采访的对象大多是省内外优秀的政府官员、学者和企业家。他们不仅有着良好的学养,还对各地的本土文化有着深厚的了解,谈问题可以直指问题实质。最重要的是,他们讲话深入浅出,通俗易懂。读者可以通过《都市新观察》,感受到多元文化的特色。

用聊天的口吻与读者谈观点和思想

《都市新观察》话题新闻的力量在于观点,在于思想。但都市类报纸在这方面又应当与其他报纸有所区别。以前不少办报人往往有这样的认识:观点、思想是严肃的,谈论它们一定要不苟言笑。因此,一些报纸在谈论观点、思想方面的一个最大弊端就是面孔过于严肃,态度过于死板,因此造成那种居高临下说教的模式,很少考虑读者的要求和口味,不贴近读者,结果失去读者。而都市类报纸的最大特点就是可读性、贴近性。可读性是指有可读的内容和形式,要为读者所喜闻乐见。贴近性是指文章要贴近实际、贴近生活、贴近群众。《都市新观察》是向老百姓讲大道理,因而这一话题新闻版十分注意把可读性、贴近性与思想性融为一体,少些训导味道,多些谈心味道。以前请专家来谈观点性的问题,不是理论性太强,老百姓听不懂,就是通篇官话套话,老百姓不愿听。《都市新观察》则让专家学者们从高高的讲坛上走下来,走到老百姓中间,用谈天说地的方式向他们讲述大道理,传播新观念。一位读者在来信中说,《都市新观察》,"老百姓喜欢看,就是因为它有真知灼见。而且这个栏目不只是谈政治、谈经济,它还讲江西的文化历史、风土人情,不仅请江西本土的专家学者、政府官员谈,还跳出江西看江西,请外省市专家谈,把江西放在中部或与整个中国的框架上,分析它的发展进程"。

观点和思想要在读者中产生影响,还要找到一种具有亲和力的沟通方式,那就是借助生动的形象。寓理于形是《都市新观察》为读者所接受的重要原因。《都市新观察》的话题都是从形象可感的东西说起,从老百姓身边正在发生的事情说起,这样才言之有物,而不是空洞的说教,才能在潜移默化中引导读者、影响读者,使其有所感、有所悟、有所得。

(《新闻战线》2004 年第 6 期)

京九腾巨龙　挥笔著华章

——江西日报以京九铁路系列报道推动报社建设

　　江西日报围绕着京九铁路江西段的建设和沿线展开的生产布局,先后组织了两次具有震撼力的大型系列报道。它不仅使江西日报的宣传报道迈上了一个新台阶,而且在办报观念、记者队伍的锻炼、采访作风和文风的改进等方面都有新的突破。

以京九系列报道为契机,转变办报观念,推动报纸宣传上新台阶

　　京九铁路是我国铁路史上规模最大、投资最多、一次性建成最长的铁路大干线,也是目前仅次于三峡工程的国家第二大重点工程。京九铁路对于江西来说,又具有特别重要的意义。它纵贯全省5个地市、26个县(市区),将占全线总长三分之一的轨道留在这块红色的土地上,而且京九全线的急、难、险、重工程大部分集中在江西境内。京九铁路也凝聚着江西人民多年的富强之梦。它将为江西的发展带来千载难逢的机遇,改变江西经济发展的整个格局,成为支撑下世纪江西经济发展的新"脊梁"。因此,搞好京九铁路的报道,对作为省委机关报的江西日报来说,无疑是个重大而又神圣的使命。

　　对于京九铁路这个重大题材的报道,江西日报社委会从京九铁路建设伊始,就以高度的历史责任感;将其作为近年宣传报道的"重点工程",并决定以此为契机,推动整个报纸宣传报道上新台阶。为此,编辑部对京九铁路的报道进行了精心策划、精心组织,力争与以往重点工程的报道相比,在内容和形式上都有较大突破。

　　按照以往的重点工程报道方式,往往是随着工程的进度作一些动态报

道,等完工之时,再来一篇回顾总结式的长篇通讯。而这次,编辑部决定打破旧的框框,在工程建设当中,动态报道与系列报道"双管齐下",并将重点放在系列报道上,使人们对江西境内京九铁路的建设和沿线展开的生产力布局有一个全面、立体、深刻的了解。

第一次大型系列报道正值京九铁路进入攻坚阶段,报社成立了京九线江西段采访小分队,从 1994 年 4 月 25 日至 5 月 21 日,沿着京九线江西段建设工地从南到北一路进行采访报道。为了及时反映小分队的行踪和观感,开辟了"京九线走笔"栏目,以日记体的形式,报道小分队一路的所见、所闻、所感,然后将"大戏"放在后面推出。编辑部要求小分队要在素材的积累、题材的开掘和文体的表现形式上多下功夫。小分队经过近一个月的采访,每人都积累了数万字的采访笔记,他们按照编辑部的要求,形成了《让大山告诉未来——京九线江西段隧道攻坚纪实》《赣水上的诗行——京九线江西段桥梁建设纪实》《他们是最可爱的人——京九线江西段建设者素描》《兴赣富民之路——京九线江西沿线经济发展写意》《老表,京九铁路会带给你什么?》等五篇系列报道。这些系列报道,不仅全景式地报道了京九铁路江西段恢宏的建设场面、建设者们可歌可泣的精神风貌以及沿线人民对铁路建设的支援,而且还从读者的角度,报道了京九铁路对当地经济发展的促进和京九铁路给老百姓所带来的好处。这样,既高扬主旋律,又贴近读者,因而受到广泛好评。宜春地区一位读者在来信中说:"读了你们的报道,不仅使人感到真实亲切,而且受到一次爱国主义和艰苦奋斗、无私奉献精神的熏陶。"

京九系列报道首战告捷,更坚定了江西日报编辑部要将这一报道做深、做透、做好的决心。随着京九铁路的铺通,一个重大而严肃的课题摆到了江西人民的面前,即如何抓住京九线贯通的机遇,在沿线展开生产力布局。江西省委、省政府决定沿京九铁路重绘建设江西的新蓝图,沿线各地市也在纷纷行动。江西日报编辑部认为,这篇江西经济建设的大文章,是前期京九线建设系列报道的延续和深化,因此,围绕京九铁路又开展第二次大型系列报道,使京九线系列报道成为江西日报经济报道中规模空前、气势空前的战役性报道。因此,从 1995 年 6 月份起就进行了报道的总体策划,并采取与前一次系列报道不同的组织形式,调集编辑部主要力量与沿线记者站联手开展这一大型系列报道。从 9 月 8 日起,《江西日报》在一版头条或显著位置,以"抓住京九贯通机遇,推进沿线生产力布局"为栏题,连续推出了12篇系列报道,每篇均配有大幅压题照片。首篇《沿京九重绘江西建设新蓝图》,从总体上报道了江西抓紧展开京九沿线生产力布局的情况,紧接着以《大发展呼唤大交通》《京九串明珠》《沿线千里看市场》等7篇文章,分别报道了以京九线为主干,江西加快建设公路、铁路、航空、水运立体交通网络和京九沿线的重点发展工业群;以沿线城市和交通枢纽为依托,建设一批区域性大市场;京九沿线大力调整农业产业结构、齐筑"三高"农业带和"借路兴林"等措施和动作;开发建设京九沿线六大旅游区,形成"京九风景线"的举动。此外,对京九线经过的九江、南昌、吉安、赣州四个地市的推进生产力布局的情况也分别进行了专题报道。这组大型系列报道点面结合,多层次、全方位地展示了江西沿京九线开展生产力布局的新面貌、新动作,受到省领导和沿线地市领导的称赞。

特别值得一提的是,江西日报在组织这两次大型系列报道时,坚持图文并重的原则,注意发挥摄影作为独立报道手段的作用,在推出文字报道的同时,还推出了《浩气贯南北　铁骨铸坦途》《京九豪情动山月》《京九沿线俱欢颜》三个图片专版,并将它们作为两次系列报道的一个有机组成部分,使人们在读到文字报道的同时,又能直观、形象地从图片专版中了解京九铁路江西段建设和沿线生产力布局生动、宏伟的场景。这样大大增强了这两次大型系列报道的宣传效果。

这两次大型系列报道有效地改变了江西日报以往报道中存在的平淡、零碎等不足。以前,像这类重大题材也多次报道过、触及过,但却未能"聚焦",因而形不成声势,产生不了多大影响。而京九铁路的这两次大型系列报道,像排浪一般,一波连着一波,给读者以强烈的冲击,从而留下深刻的印象,使报纸能够充分聚集舆论强势,增强报道力度,提高引导舆论的水平。

京九铁路系列报道的采访过程,也是记者受教育得到锻炼的过程

京九铁路建设场面壮阔,感人事迹很多。特别是吉—赣—定段,里程虽然只有346公里,但却河川密布、山峦起伏。其桥隧工程占了67.7公里,建设的难度和艰辛是常人难以想象的。京九铁路建设中许多动人的事迹也发生在这里。采访小分队采访的过程,也就是亲身接受艰苦奋斗教育的过程,至今,参与采访的记者谈起来仍感叹不已,他们对自己有这段人生经历,感到十分自豪。

在有"天下第一难工点"之称的岐岭隧道采访时,采访小分队队员们看到因塌方而急退出来的建设者们不是在庆幸自己脱险,而是站在那里默默地流泪,心疼自己日日夜夜流着汗水抢出来的成果毁于一旦。他们随即又冒着生命危险,在极为恶劣的地质条件下投入了抢塌方、战泥流的战斗。目睹着这人与大自然搏斗的惊心动魄场面和那些置生死于度外的建设者们,采访小分队的记者禁不住热泪盈眶、唏嘘不已。

像这些令人动容的场面,在京九铁路江西段建设采访中,经常可以看到。吉安赣江特大桥是全线重点控制工程之一,因受恶劣地质条件的影响,其江心桥墩在基础钻孔中遇到了溶洞群,经常出现卡钻、漏浆、塌陷等意想不到的情况。当小分队乘船来到江心围岛,目睹了施工最艰难的 24 号水中墩正在进行一场极其艰辛的战斗,在地表温度高达 40 摄氏度的情况下,汗水与泥浆在建桥工人身上凝结成了一层"铠甲"。建设者们在克服施工困难的同时,还要忍受生活设施简陋、水土不服、蚊叮虫咬、与亲人长年分离等生活中的困难。这些亲眼所见、亲耳所闻、亲身感受到的事实,在小分队每个成员的心灵上产生了强烈的震撼。他们在采访报道这些人物和事迹的同时,自己也受到了一次活生生的艰苦奋斗的教育,也使他们觉得有责任和义务将这些可歌可泣的事迹报道出去。小分队在他们的总结中写道:"一踏入京九建设工地,就踏入了那么一种氛围——整个人的身心像被一股巨大的吸引力紧紧包围,令你在不知不觉中激动、振奋、感染。"

京九大型系列报道,既是对报道方式的改进,也是对记者作风、文风的改进

江西日报这两次大型系列报道,是在记者深入实际,掌握第一手材料基础上写成的,因而读起来真切感人。特别是京九江西段建设采访小分队,为了掌握翔实的第一手材料,他们大部分时间是与建设者住在工区、吃在工地,与他们共同生活,亲身体验京九建设者的甘苦。小分队一位成员,由于一路颠簸、生活没规律,本来就比较严重的痔疮发作,鲜血常常浸透了裤子,行走坐车都钻心地疼。在赣州,医生要他住院治疗,但他被铁路建设者的事迹感动着,硬是咬紧牙关挺了下来,坚持完成了全程采访,回到南昌才住进医院。小分队行程1000多公里,走遍了京九线江西段每一个隧道、每一座特大型桥梁工地。一位搞摄影报道的记者,为了拍摄到更多京九铁路江西段建设的动人场面,沿着京九线江西段走了两遍。采访小分队为了了解岐岭隧道建设者战塌方、抢工期的事迹,他们头戴安全帽、脚穿水靴,不顾仍在往下掉的泥土,冒着呛人的烟雾来到掌子面上,亲身体验建设者的拼搏精神。他们采访到的活生生的素材,化作了笔下一篇篇力作。这些系列报道没有任何矫揉造作,浸透了作者的真情实感,因而感人至深。京九线建设者许多脍炙人口的事迹,如岐岭隧道建设者刘清水,为战胜隧道水流,将自己的名字改为刘治水,不顾伤病,连续八天不下火线的故事;为保住吉安赣江特大桥水中24号围岛,建设者与洪水搏斗三天三夜,水涨一寸、岛筑一尺的事迹……这些都是由他们率先报道,然后广为流传的。小分队一位成员在日记中写道:“在为时近一个月的采访里,我们不知接触过多少可歌可泣的人物,听到过多少令人流泪的故事。我觉得有义务把他们写下来,至少得让读者们知道,当明天火车呼啸通过家门口时,或者你坐在舒适的车厢出差旅行时,可千万别忘记,在飞驰的列车下,枕着的是建设者的钢筋铁骨,是他们用油黑的肩膀,扛起共和国通往明天的钢轨!”正是这种深入采访所引发的激情,使这组系列报道的影响力、感染力大大增强。报社领导对这次采访报道给予了高度评价。社长周金广在小分队采访总结上批示:此次采访报道,可用“深”“新”二字概括,即真正深入到了第一线,写出了一批有新意的报道,可说方向正、路子对、作品新。总编辑段夫瑞批示:这是一次成功的采访报道,既发了许多好的报道,又受到了很好的教育,取得了报道、思想双丰收。

参加京九沿线生产力布局系列报道的记者,也同样是冒着酷暑高温,深入到京九铁路所经过地市县的农村和企业。按常规,这类报道大都是写思路、写规划,很容易流于空泛。由于记者采访深入,没有仅仅停留在听汇报、看材料的阶段,而是多到实地去挖掘活的素材,采访那些看得见、摸得着的东西,了解沿线干部群众的精神状态,掏出他们的心里话,因而这次系列报道既有鸟瞰式全息型报道的磅礴气势,又见人见物见情见景,因而非常成功。

江西日报围绕京九线的两次大型系列报道,是搞好重大经济题材报道的成功实践,也是锻炼记者队伍、提高记者素质一次有益尝试。它为一张省报如何发挥自己的优势,组织有较大影响力的报道,提供了有益的启示。

(《中国记者》1996 年第 1 期)

从策划看调研

在各新闻媒体越来越注重一些重大主题报道策划的今天,调查研究的位置如何摆放,它们之间的关系又是怎样的呢? 应该说,新闻策划的出现,不仅是新闻媒体提高宣传质量和总体水平的需要,也是提高竞争力的一个重要方面。但是随着这类报道的大量出现,有人产生了一些模糊认识,认为报道的策划,无非就是围绕一个时期的报道重点,预先设计好框架,甚至想象出结论,然后再去收集材料形成报道。这种认识对新闻报道来说,无疑是十分有害的。实际上,报道策划不是一时灵感闪现而产生的所谓"点子",而是在调查研究基础上的一种报道创意,可以说,调查研究是报道策划的基础,是策划能否成功的关键所在。

选题来源于调查研究

一般来说,需要精心策划的报道都是希望其能够在社会上产生震动、在读者中产生反响的报道,而且是社会上的热点、难点和疑点问题,其主题都比较重大,所反映的问题与一般的报道相比要深刻。因此,在策划时就必须考虑报道要能抓准问题、切中时弊,能引起社会关注。而这一切就需要对实际情况进行深入的调查研究,只有在掌握大量情况的基础上,才能选准报道题目。如果仅凭主观想象和感觉来确定报道选题,很有可能使报道"脱靶":或是花了很大的工夫和力量,但报道却没有达到其应有的效果,读者感到平淡或根本不感兴趣,产生不了影响;或是以偏概全与客观事实相距很远,甚至完全背道而驰。

去年下半年我从编辑部下到赣南分社主持工作。当时适逢赣南改革试验区设立十周年,赣南是当年中央革命根据地的所在地,是全国有名的老区,但改革试验区设立十年来,这块"边、远、穷"的地方,近年已成为全省经济发展最快、最具活力的地区。为了反映这一巨大的变化,我向编辑部提出策划一组"试验区十年改革看赣南"的系列报道,报社领导决定由我牵头组织报道。

在我的印象中,大凡设立这样或那样的"区",无非就是上面给予其他地方所不能得到的一些特殊政策,让其加快发展。因此我准备将报道的主题定在赣南如何用好用活用足政策上。但经过一系列的调查研究之后,我逐渐感到我的主观想法与赣南的实际大相径庭。当初省里确实相应给了赣南一些特殊政策,但由于种种原因,很多政策并没有真正到位,而且一些给赣南的政策在其他地方也先后开始实施。而赣南经济的发展,是赣南人民转变观念、自加压力,结合赣南实际苦干、巧干干出来的。

于是我及时修正了以前的主观想法,对报道进行了认真、精心的策划。采访小组也在自上而下、自下而上进一步深入采访的基础上,写出了《青山遮不住(观念篇)》《好风凭借力(思路篇)》《高歌向天涯(成就篇)》等三篇"试验区改革十年看赣南"系列报道。这些报道着重写赣南人观念的转变、发展思路和苦干实干的精神,同时也不回避他们所走过的一些弯路和所面临的问题。

这组系列报道在《江西日报》一版头条和显著位置发表后,在全省和当地引起较大反响,当地领导多次提及这组报道。也曾有一家报纸地方版的记者,对赣南经济的发展写过一组系列报道,但由于其未作深入的调查研究,甚至连当地综合经济部门也没去采访,仅凭一些道听途说的材料来确定报道的思路,结果不仅造成报道的主题与赣南的实际情况出现偏差,而且报道中许多事实出现失实,引起当地干部和群众的不满。该报只好随后再发表一篇报道,对前面报道的观点和事实予以纠正。可见,报道策划选题的确定,只能建立在调查研究基础上,以事实为准绳,不受主观愿望和感情色彩的影响,并注意透过表象看到本质,这样才能不使报道策划出现偏颇。

策划的过程是调查研究不断深化和完善的过程

　　为策划而开展的调查研究,既可以与采访结合起来,也可以在采访之前专门抽出一段时间,为策划而进行一些调查研究,通过调查研究使报道的策划更趋完善。为什么要对一些重大报道进行策划? 无非就是要使报道更加富有创意,从而产生更大的影响,但这种创意不会从天而降,而是在对所要策划报道的背景材料、现实情况和发展趋势有透彻了解的基础上的一种创造性思维。有时,为了精心策划好一个报道,往往要经过反复多次的调查研究,才能最终确定。

　　我在江西日报从事工业报道期间,根据当时的国有企业改革的情况,与其他同志一起策划过一组关于国有企业改革话题的报道。在策划这组报道之前,我们先后走访了省里一些综合经济部门和体改部门,了解了全省国有企业改革的一些基本情况,获得了一些很有价值的材料,在此基础上,我们觉得有必要对全省国有企业的改革作一些前瞻性的报道,因此,进行了第一次初步策划。但这样的策划毕竟是比较简单而粗浅的,特别是感性认识不足。随后,我们又分别到一些不同类型和有代表性的企业进行调查研究,回到报社后,大家汇总情况,进行了第二次策划,对第一次策划作了较大的调整和修正,形成了一个基本框架。随后我们分头采访,但在采访中,我们觉得光有事实还不够,还必须有一定的理论深度。于是,我们又走访了有关的专家和学者,了解他们的看法和观点,并在策划中采纳了他们许多中肯的意见。因此,这次报道策划,经历了"调研—策划—再调研—再策划"的过程,而每经过一次调研,报道的策划也就更加深化一次。最后经过群策群力,集思广益,才敲定了报道的主题、思想、报道基调、报道规模、报道布局等等。

　　经报社领导同意,最后写出了三篇关于全省国有企业改革话题的报道。报道见报后,省里主管工业的副省长特地召见我们,进一步听取我们的意见。解放日报同行看到这组报道,还派了一位记者与我们联系,要对江西国有企业改革情况作进一步报道。

高质量的调查研究是高水平策划的前提

凡需要精心策划的报道，一般来说都是属于战役性的深度报道，因而这类报道不像动态新闻，以微观现象作为采访对象的报道那样一目了然，而是充满着凝重和纵深感。它不仅要告诉人们"是什么"、"发生了什么"，而且要告诉人们"为什么"、"将怎样"，充满着思辨和理论色彩。因此，要策划好这类报道，对调查研究也就提出了更高的要求。它不仅要求深入到第一线，充分发掘和掌握第一手材料，但是又不能完全拘泥于事实，而必须注入自己的理性思考，从人们司空见惯、习以为常或视而不见的事物中，发掘出其不寻常的新闻价值。这样才能使所策划的报道富有深度、力度和高度。

有一段时期我在采访中了解到，近年来江西各地纷纷上马小水泥厂，造成平均每个县就有两家以上的小水泥厂。各地的酒厂也在蜂拥而上，全省仅白酒生产企业就有 200 家左右，但其产量全部加起来也只有外省一家大酒厂的一半左右。这众多的小水泥和白酒生产企业，其产品却难成气候，许多企业已面临困境。如果就这些事实做些调查，在报纸披露一下，呼吁一番，也可能有些反响，但这仅仅是反映了问题而已，我决定抓住这一现象扩大调研范围，广泛听取有关人士对此问题的看法，同时自己对这一低水平重复建设的现象从调整经济结构的角度进行分析和思索，通过进一步调查研究，探寻造成这种不合理经济结构的原因是什么，怎样才能解决这些问题。同时，我还认真研读了一些有关的文章和书籍以开拓思路，对这个问题有了自己的看法。当《结构调整势在必行》这一报道在《江西日报》一版发表后，引起了广泛关注，省内一些经济界人士认为报道言之有理，很有深度。

我觉得围绕报道策划进行的调查研究，不仅要深入，而且要深思，要让"身子"和"脑子"一起深入下去，在掌握大量材料的基础上，进行整理加工，从中发现规律性的东西，这样才能从一般事实中提出理性分析，并能创造性地提出问题，报道策划也才有比较高的起点和坚实的基础。

（《中国记者》1998 年第 7 期）

一条热线提升了报纸品位

——江南都市报开办"市民热线"的启示

　　今年 5 月中旬以来,江南都市报的行风评议"市民热线"引起了全省群众的广泛关注,江西省建设厅、国税局、地税局、教育厅、交通厅、环保局、民政厅、国土资源厅等 8 个厅局的厅局长和所有班子成员,先后光临江南都市报市民热线,直接倾听基层群众的呼声。随同厅局长们前来的,还有各职能处室的处长及省会南昌市的相关局领导。江南都市报市民热线室的两部电话铃声不断,火爆异常,几乎每个厅局都要一再延长接听时间。许多群众由于电话太忙打不进来,他们便赶到江南都市报,出现了室内热线火爆、室外接待来访群众不断的景象。对于读者反映的问题,能够当场解决的,厅局长们现场就拍板;要研究后答复的,各厅局就在现场召开办公会,拟出限期解决方案。

　　江南都市报的市民热线,何以能吸引这么多职能部门主动前来倾听群众呼声,并为他们办实事?热线何以有这么深厚的读者基础?这一特殊现象引起了全省上上下下的关注。

　　早在去年,为切实端正政府机关行风,江西省在各职能厅局开始推行民主评议行风活动。该活动除了自查自纠外,就是要发动群众"找碴挑错",献计献策。哪种形式可以最广泛地收集民意?首批试点的省公安厅、电力局、卫生厅、电信公司等四个单位不约而同地选中了江南都市报的"市民热线"。结果,火爆的热线令厅局长们感慨万分:有江南都市报培育的这么广泛的读者群做依托,行风评议决不会走过场。

　　由此,每年推行民主评议行风活动的厅局来江南都市报接听市民热线,几乎成为一条不成文的规定。在沟通职能部门与普通群众的关系方面,该报市民热线蹚出了一条新路,取得政府、媒体、群众"三赢"的满意效果。

我倾听　我传递　我沟通

江南都市报一方面是江西日报社主办的子报,党报子报的性质决定其同样是党的重要舆论阵地,而且它可以依托党报的优势,采写党和政府部门的权威信息。另一方面,作为都市类报纸,它又贴近生活,贴近读者,为广大读者所喜闻乐见,并探寻出一种"关注都市冷暖,关心百姓甘苦"的与读者真情互动的沟通方式。这种双重角色,使它能够成为沟通政府与群众之间的桥梁。

江南都市报自从开通了"市民热线"之后,把读者与媒体紧密联系在一起,热线的主要职能被概括为9个字:我倾听、我传递、我沟通。为便于新闻报道的表达,热线还设置了一位虚拟主持人"郑义"(取"正义"的谐音),并在全国同类报纸中率先推出每天一个《市民热线》版。

读者的反应非常强烈,投诉、咨询、倾吐潮水般涌向热线。该版的常设栏目包括"昨日读者来电""郑义调查""社情民意""郑义帮你问""街谈巷议""读者新闻""有照为证""咄咄怪事""掌声响起"等。

曾经有人认为《市民热线》反映的全是鸡毛蒜皮的小事,上不了大台面,撑不住一个版。但事实证明,获得最广大读者群最广泛的支持,正是一种媒体行为存在下去的最大理由。当读者需要一条这样的热线,新闻媒体又提供了这条热线的时候,读者和媒体的互动关系就形成了。从某个角度来说,平民百姓似乎人微言轻,能够在影响极大的报纸上找到自己的代言人,老百姓的信任自然毫无保留。

"市民热线"有专职的主持人和记录员,有专用的"市民热线"登记表。2000年9月5日,"市民热线"记录下了第10万个电话,打入这个电话的读者获得报社奖励的"海南五日游"。至今年6月中旬,热线的来电量已突破15万个,每天来电量均在100个以上。

特别是通过政府相关厅局领导到江南都市报接听"市民热线",更加重了这条热线在群众心目中的分量。接听热线的第二天,该报就用一个整版的篇幅刊登接听实录,被群众反映问题的部门从上到下再也坐不住了,都按照厅局领导的要求限期对热线接听中所涉及的问题做到事事有回音、件件有着落,并将解决和落实情况再见诸报端。由于能够打进热线的读者毕竟人数有限,为了让更多的群众能够充分反映问题,该报又与接听热线的厅局配合,将市民热线引向社会,在接听热线的随后两三天内,该报又在报纸上刊发消息,预告接听热线的厅局领导率有关人员在南昌市中心的八一广场设点,接受群众咨询投诉,群众带着需反映的问题涌向广场,排成长龙。一时间,江南都市报的市民热线成为群众街谈巷议的热门话题。

现在在江西,江南都市报的"市民热线"作为一个"能解决问题"的电话在人群中传递着,"打热线,找郑义"甚至成为南昌市民的口头禅。

一端连着政府   一端系着群众

媒体为什么会出现"热线现象"?江西社科院的学者陈钢认为,从社会心理学方面来说,人与人之间的交流,更重要的是坦诚地倾诉与沟通,借以缓解社会心理压力。"市民热线"为平民百姓倾诉不平提供了好机会,从一定程度上缓和了社会矛盾。

一直以来,都市类报纸读者至上的原则使其市场拓展相对容易。但是,一味地迁就迎合读者,追求轰动和卖点,也使报纸的形象无法提高。加之负面报道过多,及"捅娄子",曾使部分政府职能机关与之产生对立情绪。这种现象有时由于政府职能部门的不配合,报纸往往漏报政府出台的与群众密切相关的重要信息,亦使媒体的权威性大打折扣,影响了报纸的公信力。

江南都市报开办"市民热线"后,这种矛盾得到大大缓解。报社定期邀请政府部门和与群众生活密切相关行业的领导客串主持市民热线,使群众与政府官员有了直接对话的机会。对话的详细内容第二天即整版见诸报端,热线"我倾听、我传递、我沟通"的职能发挥得淋漓尽致:各部门不会因敏感问题曝光而"猝不及防",群众也有了解决问题的机会。在媒体众多"热线"竞争激烈的情况下,政府职能部门如此看好江南都市报的"市民热线"不能不从一个侧面凸显出这条热线所具有的优势。

"接听市民热线是走群众路线的重要渠道"。江西省交通厅厅长宋军在接听"市民热线"特别开通的"交通厅行风评议专线"后感慨地说:"这种方式很生动也很活泼,使职能部门直接面对群众监督。我们是带着压力来倾听百姓呼声的。而压力正是我们切实改进作风的动力。"所有的厅局在接听江南都市报"市民热线"后,均无一例外地做出了"三天内答复热线所涉投诉、问题"的承诺,并在报纸上公布。

在众说纷纭的舆论环境中,传递出主导社会舆论的声音,而且政府满意,百姓欢迎,媒体形象上升,江南都市报"市民热线"功不可没。

市民热线的成功提升了报纸品位

时代在进步,读者的要求也在提高。2000 年 7 月 1 日,江南都市报编委会为应对报业竞争形势,打破传统平面媒体部门设置的旧框框,增设了市民热线部。

为一条热线专设一个部,这在国内同行中也是绝无仅有的。该部采用部版合一的采编体制,除辖有《市民热线》版外,另外还创办了《百姓周刊》,开辟有"一周热线焦点""一周民情分析""每周民评""本周来电排行榜""民情周记""百姓调查""平民故事"等栏目,成为"市民热线"的进一步延伸。

此时的"市民热线"已不只是一二条电话线那么简单,与读者的沟通形式发展为中文传呼留言、语音信箱、电子信箱,还在报社网站上开通了即时投诉。另外,党报一般设有群众来信来访接待室。随着读者信任度的加深,都市报要接待大量的来信来访,市民热线部正好可以承担这方面的职责。耐心细致地解释及必要的新闻援助,作为"党报办的子报"在缓解社会矛盾方面大有可为。

江南都市报"市民热线"的成功,也为如何提升都市类报纸的品位提供了启迪。那就是:要做大都市新闻,改变过去都市新闻以政法新闻,甚至以"杀抢盗淫火"等新闻唱主角的状况,大力拓展都市生活的报道领域。时政报道过去一直是该报的一个弱项,通过政府部门领导接听热线和广大读者反应的热烈程度,该报感到:党和政府的有关新闻,他们的重大决策,老百姓照样是很关心的、很爱看的。通过行风评议的热线接听,该报密切了与政府部门的联系,加大了时政报道的分量,通过对这座新闻富矿的挖掘,既提高了报纸的权威性,又扩大了报道面,报纸的发行量也持续上升。

(《中国新闻出版报》2001 年 8 月 6 日　与吴志刚、张秀平合撰)

新闻当家

——江南都市报办报设计与实践

《江南都市报》系江西日报社主办的一份综合性城市日报。目前发行量近20万份,其中省会南昌的发行量约为14万份,遥遥领先于省内各报。根据央视调查咨询中心全国读者调查数据,江南都市报阅读率高达46.2%。

在几年的办报实践中,《江南都市报》形成了以"新闻当家"的办报特色,在省内独树一帜。目前,4开24版的《江南都市报》(周二、周五为32版)每日新闻版面有15个版左右,能够大容量、快节奏地追踪省内外新闻事件,形成了一批颇具特色的栏目和品牌。

"市民热线"的品牌优势

"市民热线"创办于1998年7月23日,这是全国报纸中率先以每日一个整版的篇幅反映民情民意的热线专版。截至2000年9月,接到的市民热线电话已超过10万个,平均每天为100多个,被读者誉为"正义热线""民心热线"。由于江南都市报市民热线具有明显的品牌优势,受到省有关部门高度重视。去年7月份,公安、卫生、电力、电信四个部门被列为江西省首批行风评议单位。江西省行风评议领导小组为此要求上述四部门负责人通过江南都市报市民热线接听和受理市民投诉,以推动自身的行风建设。2000年7月20日,省公安厅4位领导率全厅20余名正副处长来江南都市报客串主持市民热线,几部电话铃声不断,出现火爆场面。第二天,江南都市报以两个整版的篇幅报道了公安系统接听市民热线的"盛况"。报道出来后,市民热线又趁热打铁,对所有投诉处理进行逐一追踪,对所涉及的事,事事要回音,件件抓落实。省公安厅的这一做法引起省领导的关注,省委主要领导对此给予了高度评价。随即省电力局、省卫生厅的主要领导也率各处处长来该报接听热线。一时间,行风评议成为街谈巷议的话题。热线开设以来,先后已有公安、城管、交警、自来水、公交、市容、工商、卫生、邮电、电力等部门领导客串主持,几乎涉及与老百姓生活有关的所有行业。

为延伸"市民热线"的品牌优势,今年以来,江南都市报又借鉴网络手段在该报网站上开通了网上投诉。同时借鉴互联网BBS的形式在报纸上为读者提供了一个对新闻事件进行评议和交友聊天的栏目——"都市留言板",使传统媒体与网络媒体更好地结合起来,起到一个优势互补的作用,目前已吸引了大量读者。

"新闻110"闻警而动

除市民热线以外,江南都市报还全力打造"新闻110"这一全新的新闻品牌。它以第一时间目击新闻现场、第一时间报道新闻事件为宗旨,于去年6月起开设,江南都市报准备了4辆"新闻110"采访车,调派了精干的采访人员,闻警而动,快速反应。该栏目放在一版,图文并茂,突出处理,着重反映当天的突发事、紧要事、感人事。这一栏目一经开设,就在读者中引起强烈反响。为调动市民的积极性,吸引读者参与办报,江南都市报还为"新闻110"设立了重奖。每天评出一个新闻线索奖,奖金50元,每月在新闻线索奖中产生一名大奖,奖金4000至7000元。这一举措使江南都市报"新闻110"的报料电话6849110广为流传,十分火爆,进而形成了一批相对固定的"报料者"群体,使江南都市报新闻线索源源不断,保证了"新闻110"的时效性、可读性。2000年11月11日,南昌市发生"11·11"抢劫银行大案,案件一发生,就有读者拨通"新闻110",该报记者快速反应,迅速赶往现场,抵达时比公安人员还早2分钟,抢得了宝贵的时间。

亮出"第二落点"

由于新闻竞争激烈,再加上江南都市报的成功,当地一些报纸全面模仿江南都市报的办报方式,甚至连版面设置都模仿。在这种情况下,江南都市报加强了报道策划的力度,挖掘新闻背后的内容,在重大新闻报道中亮出"第二落点"的服务,使报道比别人高出一筹。

比如中宣部新世纪向全国推出的第一个先进典型——南昌市东湖区公安分局刑警大队长潘堃,就是由江南都市报率先大张旗鼓地宣传出来的。2000年12月31日潘堃在解救人质,围捕4名绑匪过程中,头部中弹牺牲,消息几分钟后便传到报社,报社当即就将其当作"20世纪最后一位英雄"浓墨重彩推出。新世纪第一天的《江南都市报》以《无畏英雄倒在新世纪门槛前》为题,报道了英雄壮烈牺牲的经过,用了9张新闻照片和文字报道组成新闻专版《英雄喋血在新世纪门槛前》,在省内各媒体中先声夺人。当第二天其他新闻媒体开始跟进时,江南都市报又抢抓新闻的"第二落点",以宣传英雄精神为策划主旨,接连推出11个新闻专版,从参战民警的回忆,到省领导号召向潘堃学习,从市民自发吊唁活动到潘堃的先进事迹,展开多角度、全方位、全景式的报道,把报道推向高潮。同时又开展新闻互动,开通潘堃报道热线,为读者及时提供表达对英雄感情的机会,并在报纸上刊出大量读者来电,又邀请潘堃战友接听热线,使报道出现火爆局面。在报道中,他们还了解到江西公安"英烈抚恤基金"一直囊中羞涩,于是作出新闻专题《不让英雄带着遗憾离去,江西"英烈抚恤基金"盼望支持》。报道刊出后,"英烈基金"迅速得到大量社会捐款,为此有关方面特别致谢该报。

"百姓调查"引出精确新闻

联合社会力量办报是该报的又一尝试。从今年开始,他们与两家市场调查研究中心合作,借助力量,开设了精确新闻版面——《百姓调查》,对老百姓关注的热点问题进行问卷、拦访、入户、电话等多种形式的调查,每星期一个整版并配图表,选题由报社确定,稿件终审权在报社,具体调查过程则由两家市场调查研究中心完成。该版开设后,已成为该报报道的重头戏,也成为有关部门了解民意,作出决策的参考和依据。

(《中国新闻出版报》2001年7月26日)

中外报纸版面的比较

版面是报纸内容编排布局的整体表现形式。版面由两方面构成:一是编排手段,包括字、线条、色彩;二是版面空间,包括栏、区、空白等。

现代报纸的版面,是报纸帮助和吸引读者阅读的手段,版式风格也是形成报纸个性的重要组成部分,不同种类、不同国家的报纸,都有自己独特的版式艺术特色。中国与外国的报纸,特别是与欧美等国家的报纸,因其在文字、文化背景、生活环境、欣赏习惯等诸多方面的差异,因而表现在报纸版面上,也呈现出各自鲜明的特色。

中外报纸版式美学追求的异同

一般地说,版面设计之美是统一了众多的对立因素之后所表现出的和谐。为了达到这种和谐,中外报纸在其审美价值取向上具有较大的差异。中国报纸版面所要达到的是灵活多变的效果,避免呆板单一,通过不同的变化,来达到统一和谐。而外国报纸版面所要达到的是简洁明了的效果,避免花哨复杂,通过不显雕饰来达到统一和谐。

中国报纸版式比较讲究美化,追求清新匀称,图文并茂。版式要大方协调,文图轻重得体,大小恰当,分布匀称。照片、图画、书法、刊头、花边、栏线,讲究品种多样,合理搭配,边、线兼用,字体、字号搭配得当。一般来说,中国报纸版式讲究三种美:一是自然美。大小长方形,横竖长方形互相咬合、互相搭配,从整体布局的比例上,显示版式自然美。二是版式色彩的对比美。目前中国报纸的色调,文字为灰,空白之处为白,图片以及各种题图、插图、尾花为黑,使版式黑、白相对,虚、实相依,富有立体感。三是巧用边、线的装饰美。花边和水线为稿件起到分界作用,圈用于各种专栏,装饰稿件美化版式,为版式增添活泼和生气。

外国报纸版式比较讲究导读,因而其美学追求的最高原则是:简洁即美。

国外尤其是欧美国家的一些报纸版面,排版的首要原则是易读性,惟易读才能使生活节奏那么紧张的读者把你精心采写的文章读下去。除了方便读者的考虑,还有排印方便的考虑,国外报界竞争激烈,报纸为确保新闻时效性必须争分夺秒。每天的报纸在开印后三个时序版,各版的间歇中经常要根据新闻事件的发展改动要闻版内容,遇有特别重大的新闻还常停机换稿。为此,报纸的版面,特别是一版的安排只能相对简单,以便可以随时迅速撤换稿件,他们报纸的形式只能无条件地服从内容了,所以,西方报人觉得报纸版面要美,更要简单。

中外报纸版面编排的不同

由于中国和外国报纸在版式美学价值取向上存在较大差异,因此,具体反映到版面编排上也就显得大不相同。

编排精美的中国报纸,版上横竖相间的各种形块,或板块结构,按黄金分割律决定长宽比例,利用激光照排,饰以各种栏线花边,或取交叉结构,行文于大小方块间。整版讲究上下呼应,左右匀称,标题错落有致,图片位置醒目,大小合理,表现协调庄重之美。

中国报纸版面在走文上,尽量追求横竖相间,活泼多变。利用汉字可以横竖排列的特点,中国报纸传统编排题、文以横为主,横竖相间,排文以单栏为主,灵活破栏,长短结合,或横题横文、横题竖文,或竖题横文、竖题竖文,互相间隔、交错,多姿多态;新闻多以单栏走文穿插咬合,评论、文章、通讯、专栏、花边新闻,尽可能破之而基本成方,也是横竖交替,活泼多样。

中国报纸在版面编排上,还有一些规范化的技术规格,如不要碰题:版面上各个标题,尽量通过文字、图片和其他装饰隔开,不要相碰,横标题不要横在一行,竖标题不要竖在一列;轻重要均匀:版面上照片、图画、标题、题花、脚花、牌子、装饰等“黑”“重”类的东西与文字、空白、栏距和行距等“轻”“白”类的东西,在编排时,要注意黑白均匀,轻重平衡,适当岔开,不要偏在一处、一边、一角,使版面失去平衡感;要避免"断栏"、"通线":即不能把版面从横里或直里切断,出现横向、纵向通版"胡同"等等。

汉字作为方块字的特点,决定了中国报纸在编排上比外国报纸有更大的灵活性,这是中国报纸版面的优势。因此,结构合理、灵活组合是中国报纸版面上形块切割组合活泼多变的一大特点,也是外文横排报纸一律单栏文、横题、垂直或水平式组合无法达到的。

外国报纸的版面编排都有一种相似,就是一个个块的组合:几乎每篇文章都是整整齐齐的长方块,块上顶着等宽的标题,块的右下角即是文章的结尾。偶尔所见到的只有些题下文图平行,文章排成 L 形的排法。这种版面编排,清晰简明,端庄朴素。

现代外国报纸版面编排主要有三种结构:垂直式、水平式和混合式。

垂直式是外国一些报纸的传统版面编排结构,例如在美国被称为三大报纸的《纽约时报》、《华盛顿邮报》和《洛杉矶时报》都采用垂直式版式。基本栏比中国报纸的基本栏宽,一般为每版六栏。栏与栏之间、文题之间都有较多空白。报纸在头版至少要各用一张三栏宽和两栏宽的大照片。这种版面多用一栏或两栏宽的题目,题下还有若干行副题,遇有重大新闻则加宽标题。报纸头版第六栏的第一条消息被视为报纸头条。此外,报道的重要程度还可以用标题的层数来表示。与垂直式版面相反的是二次大战以后开始兴起的水平式版面,以多栏标题和版面安排的横向运动为特征,文章除了较宽的标准栏,也会有一两篇采用更宽的变栏,版面上常采用大字标题和大幅照片,有一种现代气息。如美国《基督教科学箴言报》即是此种版式。

此外,一些外国报纸采用垂直式和水平式相结合的版式,成为混合式版面。

无论外国报纸采用什么版式,组成版面的基本元素仍是一个个完整的长方块,标题的位置则全部是盖文题,像中国报纸版面上比比皆是的横排眉心题、文包题、串文题、上左题等等,在国外报纸上根本见不到。

外国报纸吸引读者还有各种版面附加手段,线条、图片和空白的使用都属此例。

此外,中国报纸版面编排所忌讳的整版横断、竖劈、不均衡等,在外国一些报纸版面上却经常出现,因为其版面编排的最高原则是突出内容,而不过分讲究形式。

中国报纸版面革新对外国报纸版面的借鉴

随着改革开放的深入,中国报纸的版面革新,在许多方面借鉴和吸收了外国报纸的一些版式风格。给人们带来的最外在的感受是:照片大了,标题醒目了,甚至形成了版面新的强势和中心。以往相对稳定、均衡的版面格局被打破了,过去那种甩来甩去的拼版形式少了,代之以简洁明快的版面结构。尤其引人注目的是中国报人观念上对版面安排由以往较多地强调"美化",转而较多地认同对读者的"导读",这也从一个侧面说明改革开放对于中国报人办报观念变革的深刻影响。

我国报纸吸收借鉴外国报纸版面的一些长处所进行的版面革新,表现在以下几个方面:

更加强调版面的整体美,把隔离线、栏头等加以规范,使其依一定的规律进行组合,做到微观有变化、整体求一致,给人以严整有序之感。

更加强调简洁美,报纸版面尽量淡化装饰,简化走文形式等,代之以明快、简洁的版面构成,以突出内容。

更有力度地打破工整对称,更多地采用非工整对称的结构,进一步加大异形伪形体对比和数量对比。

更大胆地运用空白,比较大面积地、较集中地使用空白,因而给人以疏密对比鲜明、整体紧凑之感。

版面更加富有创意,敢于打破版面的一些常规,出人意料,实现大的革新,通过运用照片、插图等各种手段,将视觉中心转移到中心版区,建立起版面强势区,使其和头题一样引人注目。

(《新闻前哨》1995 年增刊号)

新闻作品

人　物

关怀与厚望

——李鹏总理、邹家华副总理考察江西纪实

"一年好景君须记，最是橙黄橘绿时。"在这美好的时节，中共中央政治局常委、国务院总理李鹏，中共中央政治局委员、国务院副总理邹家华，在九江参加完京九铁路全线铺通庆祝大会之后，由省委书记吴官正，省委副书记、代省长舒圣佑陪同，于11月17日来到瓷都景德镇，开始对我省进行考察。

一

党的十四届五中全会，提出了我国经济体制和经济增长方式要实现两大转变。景德镇的工业企业，特别是古老的陶瓷产业，如何通过技术改造，实现由粗放型经营向集约型经营的转变，去更好地适应国内外市场的需要，是李鹏总理和邹家华副总理十分关心的问题。18日，他们先后考察了为民瓷厂、景德镇瓷厂、雕塑瓷厂和古窑瓷厂。

在为民瓷厂，两位领导同志考察了该厂从德国引进的设计能力为600万件的高档釉中彩西餐具生产线，他们来到技改车间，仔细察看了生产的全过程，并不时拿着刚生产出来的瓷坯向厂领导询问有关问题和该厂技改前与技改后的生产和销售情况。

景德镇瓷厂是为民瓷厂高档引进生产线技改项目，是生产出口产品的"厂中厂"，也是全国日用陶瓷技改与生产的样板厂。李鹏总理、邹家华副总理先后考察了该厂的成型车间、烧成车间，并向在场工作的外国专家致以问

候。厂领导告诉两位领导同志,通过技术改造,全厂人均年劳动生产率达11万元,人均产值、利润、创汇和质量4项指标居全国同行业第一。两位领导同志听后满意地点了点头。

看完这两个厂后,李鹏总理感慨地说:"看来景德镇在陶瓷技术改造方面大有可为,古老的瓷都完全可以通过技术改造焕发青春。"

在景德镇瓷厂的座谈会上,景德镇市的领导向李鹏总理和邹家华副总理汇报了全市"八五"陶瓷技改的情况和"九五"陶瓷技改规划。两位领导认真记录,当市领导谈起景德镇陶瓷的几大优势时,李鹏总理特地插话说:"景德镇这块牌子的优势很重要,它在国内外很响呀!"听完市领导汇报,李鹏总理说:"从你们的情况看,'两个转变'非常重要,也说明中央的决定是正确的。我们看的两个厂,厂房是新的,设备是现代化的,而且都利用了以前的基础设施,边技改边生产,这样可以节省很多资金。陶瓷生产通过技改上了新的档次,同时产品要根据各国、各地区的不同情况,努力适应国际市场的要求。"

李鹏总理、邹家华副总理还来到雕塑瓷厂、古窑瓷厂,他们对景德镇古老的陶瓷文化,巧夺天工、形神兼备的工艺美术瓷赞叹不已,并与雕塑瓷厂的工艺美术大师和老艺人合影留念。

华意电器集团的无氟压缩机生产线,是李鹏总理1988年出访澳大利亚时谈成的项目,由澳大利亚政府提供软贷款3675万美元。李鹏总理来到这里,看到优美的厂区环境和现代化的生产车间分外高兴,当他了解到该厂今年的无氟压缩机的产量可达50万台时,高兴地说:"现在'开花结果'了。"

在昌河飞机制造公司,李鹏总理、邹家华副总理来到工人们中间,他们观看了总装车间正在组装的三种型号的直升机。李鹏总理登上飞机与工人们亲切交谈。邹家华副总理十分关心该厂的民品开发,看了该厂生产的微型面包车,并就新产品的开发与厂领导交换意见。

二

李鹏总理和邹家华副总理在我省考察期间,十分关心企业职工的生活,在景德镇瓷厂考察时,他们就关切地询问全厂职工的平均工资有多少。在景德镇板鸡实业公司考察时,他们充分肯定了其"公司+农户"的组织形式,认为这是一种富企富民的好办法,大有发展前途,并临时提出要到职工家里去看看。

当他们随意敲开公司宿舍一户人家的门时,58岁的农业工人曾清法又惊又喜,李鹏总理、邹家华副总理询问了曾清法一家人的生活情况并看了他家的住房和摆设。

曾清法告诉两位中央领导,自己与老伴一年的收入有一万二三千元,三个女儿都参加了工作,有的成了家,每月收入有六七百元,今天正逢星期六,所以都回到父母家来团聚。李鹏总理风趣地问曾清法的三个女儿:“你们回家吃饭交不交钱?”顿时引来一阵会意的笑声。李鹏总理还抱起曾清法的外孙,分别询问了曾清法三个女儿的工作生活情况,当听说其大女儿在工作单位集资三四千元,就有一套一室一厅的住房时,李鹏总理惊讶地说:“与北京相比太便宜了,看来你们的日子过得还不错。”临走时,两位领导同志对曾清法一家说:“你们的日子过得越好,我们心里就越高兴。”

三

李鹏总理、邹家华副总理在我省考察的时间虽然不长,但江西人民的朴实、热情,江西大地日新月异的变化,给他们留下了深刻而难忘的印象。19日上午,他们在听完省委书记吴官正代表省委、省政府所作的汇报后,李鹏总理高度评价了我省这些年来的变化。他说:“八五”期间,江西工作做得不错,各方面都有很大进步。特别是今年虽然遭受了百年未遇的特大洪涝灾害,但全省经济继续保持较好的发展势头,粮食产量不仅没有减少,而且还有所增加,农民人均收入预计可达到1500元,财政收入增加幅度较大,群众生活有显著改善,基础设施有较大发展,社会稳定,这些都很不容易。江西给我总的印象是:按中央的政策办事,发展很快,进步不小。李鹏总理说,江西物华天宝、人杰地灵,发展潜力很大。他希望江西不要妄自菲薄,要抓住京九铁路贯通的有利时机,继续解放思想,扩大开放,争取在“九五”期间有更大的发展。

邹家华副总理是第一次到我省考察工作,他说江西在“八五”期间成就巨大,工作做得扎扎实实,尤其是在经济工作中对政策把握得好。他期望京九铁路通车后,江西能抓住机遇,搞好沿线的生产力布局,争取经济发展迈上新的台阶。

　　李鹏总理、邹家华副总理 19 日下午离开我省之前,还特地来到江铃汽车集团公司新建成的汽车发动机分厂。李鹏总理 1990 年在我省考察时到过江铃集团,当时规划建设的发动机分厂还是一片荒山,如今一座现代化的发动机分厂已矗立在眼前。李鹏总理、邹家华副总理到车间观看了正在试生产的发动机生产线。公司总经理孙敏告诉李鹏总理,1990 年江铃集团固定资产只有 1.8 亿,现在达到 25 亿,产量由 5000 台提高到 2.2 万台,生产能力由 1 万台提高到 6 万台。所见所闻,李鹏总理感叹地说:"变化很大!"的确,江西这块红色的热土正在发生着巨变,正如李鹏总理所说:"革命老区并不代表着贫穷,贫穷正在被江西人民所改变!"

(《江西日报》1995 年 11 月 20 日　与吴华国合撰)

情系红土地

——李瑞环同志考察江西纪实

金秋时节,赣鄱大地一派丰收景象。

9月13日至19日,中共中央政治局常委、全国政协主席李瑞环在我省考察工作。他上井冈、赴灾区、下车间、访农家,深入基层调查研究,与当地干部群众亲切交谈。江西秀丽多姿的山山水水、勤劳朴实的人民和辉煌的建设成就,给他留下了深刻的印象。

一

井冈山以其秀丽的风光和众多的人文景观、革命胜迹闻名于世。

秋天的井冈,层林尽染,千峰竞秀,明净而辽远。当年星火燎原地,如今旧貌换新颜。面对着满目的青山,崭新的城市,李瑞环感慨万千:"真没想到井冈山这么美,建设得这么好。井冈山是革命圣地,也完全可以成为旅游胜地,应该加强对井冈山风光的宣传。"

李瑞环在参观黄洋界时,显得格外地兴奋。讲解员对他念起了红军反"围剿"时写下的诗词《空城记》,当念到"蒋贼兵你来,来,来,我准备南瓜红米'犒赏'你。你来,来,来,请你到井冈山上谈革命"时,李瑞环听了开怀大笑,说:"好一个《空城记》。"他深有感触地说,中国革命的成功道路从根本上说是从井冈山才开始的,这条道路的产生是毛泽东同志深入研究中国的特殊情况,把马克思主义普遍真理与中国革命实践相结合的产物,今天我们建立社会主义市场经济,也应像当年井冈山斗争一样,研究我们自身的特点,发挥我们特有的优势,把普遍原理与当地实际结合好,创造性地开展工作。随即他又登上当年红军构筑的掩体,向山下眺望。临走时,他走到卖工艺品的小摊前,特意买上一些井冈竹做成的印有"黄洋界纪念"字样的工艺品带回北京。

在井冈山,李瑞环无论走到哪里,看到的都是翠绿的林海,对此他深有感触。在与井冈山干部群众座谈时,他动情地说道:"井冈山人民为了保护好这块圣地,尽了很大的力量,不仅对得起革命先烈为我们打下江山时所付出的代价,而且也没有辜负大家对井冈山的强烈向往。"他殷切期望井冈山人民:"井冈山地缘、气候条件好,它在全国有巨大的影响,这本身也是一种资源,完全可以开动脑筋,大胆创造,开创出一条适合自己发展的路子。"

二

李瑞环十分关心我省在改革开放中的建设情况。

15日上午,李瑞环驱车来到九江长江大桥,仔细询问了大桥的建设过程。大桥局的同志告诉他,这座大桥采用了许多新的技术,许多方面已大大超过武汉、南京两座长江大桥。面对着气势如虹的大桥,李瑞环发出了由衷的赞叹:"这桥建得气派、壮观!"

当车行驶在昌九汽车专用公路上时,李瑞环一边听取省领导对这条路的介绍,一边以行家的眼光评价道:"这条路质量不错,而且两边环境也很好。"

在共青城,李瑞环参观了将于下月投产的中外合资东诚木业有限公司的厂房和设备。在高大的厂房里,他对共青人在一年多一点的时间内,建成这样一个规模的企业表示赞赏。随后,他登上共青羽绒厂的楼顶平台,听取共青垦殖场负责人介绍共青城的发展规划,鸟瞰共青城的全景。面对着一座座风格各异、色彩明快的建筑,一条条伸向远方的宽阔大道,李瑞环赞叹道:"好地方!"

9月18日上午,李瑞环来到江铃汽车集团公司考察。他详细询问了江铃汽车的发展情况,然后对公司总经理孙敏说,你们开发的江铃系列客货两用车,单位和家庭都可以兼顾,市场前景广阔,现在关键是要上规模。他还高兴地坐进新开发的江铃长头轿卡车的驾驶室仔细察看。李瑞环走进每个车间,一边走一边关切地询问企业目前有什么困难。孙敏总经理告诉他,前段时间资金比较紧张,人民币与外汇汇率太高对企业有些影响,现在情况已经开始好转。李瑞环听后高兴地说:"愿你们再上一个新台阶。"

三

李瑞环在我省考察期间,多次深入到工厂、农村了解情况,组织基层的干部群众座谈,听取他们的呼声和建议,并到遭受水灾的灾区了解灾情,看望群众。

9月16日上午,李瑞环来到井冈山大井村农民邹云龙家,和他一家人拉起了家常。他询问邹云龙家里的生活和生产情况,现在农村摊派重不重?邹云龙一一作了回答。李瑞环风趣地对邹云龙说:"你有什么意见和要求尽管说,不要怕省、地、市领导都在这里,他们都是开明人,不会搞打击报复。"一句话,说得满屋的人都笑了。邹云龙向李瑞环反映:现在农村特产税多了一些,像他们这样以林业为主的村,农民收入要受些影响。李瑞环听后认真地点了点头。然后,他又到邹云龙家每个房间看里面的摆设,并到厨房看了中午他们一家人吃的菜,又打开饭甑舀了一点饭放在口里尝尝。

今年上半年我省发生了罕见的洪涝灾害,鄱阳湖周围30多万人两季颗粒无收,一些农田至今仍淹在水中。灾情牵动着李瑞环的心。

18日下午,他不顾连日来的奔波劳累,又驱车来到永修县马口乡桐溪村察看灾情,慰问受灾群众。李瑞环望着那仍是水茫茫一片的农田,听取了县、村领导的灾情汇报,关切地询问受灾群众目前的生活如何、心情怎样。当他得知一些群众生活仍有些困难时,随即走访了3户农民家庭。在农民余忠英家里,李瑞环问她家现在生活怎么解决。余忠英回答说:"主要靠家人外出打工和利用退了水的地种些杂粮、蔬菜,现在主要的困难是缺钱买粮。"李瑞环听后对她说,有什么困难可提出来,党和政府会帮助解决。这时,许多群众闻讯聚集在村前,李瑞环高声地对大家说:"你们受了灾,我向大家表示慰问,请你们相信党和政府,同时主要靠大家自力更生,克服困难。"随后,他又与大家研究如何搞好水利建设,减轻水患。

李瑞环在我省考察期间,一路所见所闻使他感到欣慰。33年前,他曾踏

上过这块红土地,如今这里的变化使他振奋。他说,往前看,江西的发展前景
会更好!

(《江西日报》1993 年 9 月 20 日　与杨健合撰)

他,亲吻着中华大地

——访路易·艾黎先生

多少年了,有一位外国人的名字始终与中国联系在一起。他,就是被斯诺称为"建设中华的闪电式大将"的新西兰人——路易·艾黎。为了纪念史沫特莱,艾黎先生不顾八十七岁高龄,与他的好友马海德、爱泼斯坦一起来到了江城武汉。记者在艾黎先生的秘书李建平同志的安排下,采访了这位我国人民熟悉和尊敬的朋友。

在一间雅致的小客厅里,艾黎先生背靠沙发回答着记者的提问,他说:"我从 1927 年来到中国,到现在已经五十七年了。"五十七年!这里面该包含多少内容呵,这位当年才二十岁的小伙子,如今已是白发苍苍的老人了。在中国这块土地上,艾黎贡献了自己的青春和事业,难怪斯诺当年曾称赞道:"他在一个很少有外国人能够产生巨大影响的国度里,创造了巨大的业绩。"

当记者问起艾黎先生目前的工作情况,艾黎说:"我目前在对外友协世界和平理事会工作,经常写点东西,另外每年都要到全国一些地方走一走,了解林业、农业和工业等方面的情况,然后向有关部门反映,或者向国外报道,有时还翻译一些中国古典诗歌。"说到这里,他的秘书李建平插话说:"以前人们只知道艾老是一位杰出的社会活动家,其实他还是一位作家、诗人哩。他这一辈子写过和出版过不少诗歌作品。"

记者问艾黎先生现在是否有兴趣写诗?艾黎兴致勃勃地说:"我正有一本诗集要出版呢。"他告诉记者,这本诗集名字是用新西兰毛利族一位叫路易·德蔓尼波托的首领在抗击英国殖民军时所说的一句话"战斗,战斗,永远战斗"。艾黎先生的父亲,当年也就是用这位英雄的名字来为自己的儿子取名的。

　　艾黎先生终身不婚，但却抚养了六个中国孤儿。记者请他谈谈家庭的情况，老人说："我现在已是四代同堂了，儿子有的在北京，有的在外地，他们都工作得很好，都会来看我。"

　　记者拿出创刊号的《信息汇报》，请艾黎先生过目，并告诉他，这是江西办的全国第一家全信息日报。艾黎先生仔细阅读了报纸，连声说："好，好。"一提起江西，艾黎先生显得分外亲切。他回忆说："江西瑞金、宁都、兴国等苏区我都去过，抗日战争时期，我在赣州的新四军东南处工作了几年。记得有一次因患伤寒，一个多月卧床不起，敌机天天来空袭，只好让人抬着从设在煤油店里的临时医院，转移到防空壕。"艾黎先生沉浸在对往事的回忆中，他笑着对记者说："那时江西人都叫我大鼻子先生呢！"

　　这时，又有人来找艾黎先生。告辞时，记者请他题词。艾黎先生欣然命笔。他用英文写道："江西使我们想起井冈山的斗争，井冈山精神已经传下来，这对明天乃至将来都具有重大意义。"写完，艾黎用他那带外国口音的中国话风趣地对记者说："你这个江西老表！"顿时，引得大家都笑了起来。

　　　　　　　　　　　　　　　　　　（《信息汇报》1984年10月27日）

难得是纯真

——访作家丁玲

你看！丁玲笑了。她，笑得是那么爽朗、那么开怀。是啊，当这位饱经风霜的女作家在受尽磨难之后，开始踏入人生第八十个年头时，她怎能不笑呢？记者在华中工学院访问丁玲同志的这一天，正是她八十高寿的生日。丁玲对记者说："我今天真正算是 80 岁的人了，但我又觉得自己倒像是个 8 岁的人，就像 8 岁的小孩那样单纯。"她说："我的经历是不幸福的，我受过很多罪，但是丰富、复杂的经历反而陶冶了我，又使我变得单纯起来。我的单纯是在革命中磨炼出来的，它像一架车床，磨掉了我个人不好的东西，磨得我成了一颗螺丝钉，使我与党和人民永远不可分。而且复杂、丰富的经历，又使我可以写出更多的作品，这，不又是我们作家的幸福吗？"作为一个作家的丁玲，确实是幸福的。她对记者说的这一段富有哲理的开场白，正是她自己对 80 年来生活道路的最好总结。

丁玲告诉记者，她目前正在写她自己的生活，有一本书叫《魑魅地狱》，是写她解放前被国民党关押在南京的 3 年生活，全书共 10 多万字，不久就可以与读者见面。在这之后，她还准备写一本《风雪人间》，是写她 1957 年以后在北大荒的 12 年接受"改造"的生活。另外，她还准备主编一个大型刊物《中国文学》。80 岁的丁玲谈起创作来眉飞色舞，就像一下子年轻了许多，仿佛真的变成 8 岁的人了！

丁玲说："现在人家都讲我精神很好，其实都是在北大荒那十几年熬出来的。"作家的思维是广泛的，记者眼前的丁玲，一下子又回到当年的北大荒生活中去了。随着她那缓缓的叙述，在记者的眼前又出现了一个当年丁玲的形象——

　　打成"右派"后的丁玲,被下放到北大荒—个农场的养鸡队去养鸡,这位只能专养病鸡的"右派",鸡的成活率竟然在全队最高,人们不得不叹服。

　　王震同志知道丁玲的情况后,要她去教书,不但可以教职工,而且可以教干部,既可以教文化,还可以教政治!这对当时还是个"右派"的丁玲来说,该是多大的鼓舞啊!

　　"文革"开始后,丁玲遇到无休止的挨打、挨斗、抄家,但总是有人暗中保护她,而且很多是素不相识的人,甚至有的与她成了患难之交。

　　丁玲对记者说:"在我的心中,不朽的人物很多,有的是知名的大人物,还有的是默默无闻的老百姓。在我最困难的时候,这些默默无闻的人,他们用人类感情中最高级的东西养育了我,增强了我生活的信心。"丁玲感叹地说:"这些好人哪,我这支笔就是怎么写,也写不完他们啊。"丁玲尽情地向记者倾吐着那些艰难的岁月,那些难忘的人物,她那炽热的感情,一下升华到了最高点。

　　可惜的是,时间流逝得太快了。丁玲同志的老伴、江西老表陈明,提醒作家要去作报告了,望着丁玲渐去的身影,记者怎么都不能把眼前的丁玲同一个80岁的老人联系到一块,不像,太不像了!现在的丁玲当然既不是写《莎菲女士的日记》时的丁玲,也不是写《太阳照在桑干河上》时的丁玲,用她自己的话说,是一个又返回到童真时代的丁玲!

　　　　　　　　　　　　　　　（《信息汇报》1984 年 11 月 27 日）

他的笔仍在不停地写

——访廖沫沙

　　他一直在默默地笔耕着。在这个天地里,廖沫沙找到了自己的追求和欢乐,也给他带来了磨难和痛苦。"下笔无神韵,诗文何足陈",在廖老的书房里,挂着他手书的《自嘲》诗,表明了他对此永不满足的探索。

　　"文革"中著名"三家村"的唯一幸存者,廖老今年已八十岁了。从中学时代起,他就开始给报刊写文章,到现在一共写了多少,他说,很难算清了。他从书橱里拿出出版社刚送来的《廖沫沙文集》样书告诉我们,这套文集共四卷,收集了他从 1929 年至 1984 年的部分作品,计五百多篇,一百多万字。

　　廖老是个不辍笔的人。在他的文笔生涯中,无论是解放前险恶的环境,或是在"文革"遭受磨难的时候,他一直未停止过创作。谈起那史无前例的"十年浩劫",我们原以为老人会陷入痛苦的回忆,哪知廖老对那个人妖颠倒的时代却充满幽默的嘲讽,不时引得我们哈哈大笑。

　　"文革"刚开始时,廖老便遭到无休止的批斗。谈起这些,廖老风趣地对我们说:"解放前,我已被国民党关押过三次,国民党已把我给锻炼好了,'文革'中挨批挨斗也就不在乎了。"

　　廖老挨斗时,开始他默念"阿弥陀佛",后来觉得太单调了,于是背起古诗来。有一次,他背《千家诗》中的第一首,"云淡风静近午天,傍花随柳过前川。时人不识余心乐,将谓偷闲学少年。"忽然他灵机一动,结合自己挨斗的情况,将此诗改动两句为:"云淡风静近午天,弯腰曲背舞台前。时人不识余心乐,将谓偷闲学拜年。"感到其乐无穷。廖老本来不作旧诗,改了这首诗后,引起了他的兴趣,在心中开始了旧体诗的创作。1975 年,被关押多年的廖老,被流放到江西分宜县芳山林场劳动。谈到这里,廖老感叹地说:"林场从领导到工人对我都很好,总把轻活分给我干,深情难忘呀。"在芳山林场,廖老作了许多旧体诗,后来他老伴和女儿怕再惹是非,烧掉了不少,保留下来的,编成了一本集子——《余烬集》。

"十年思往事,十载尝酸辛,昔负千钧重,如今身上轻。朝朝有冤狱,代代出奸臣,历史辩证法,何须论古今……"这是廖老今年在"文革"结束十周年时写的一首诗。深受"文革"之苦的廖老,仍在握紧手中的笔,写下了许多杂文、诗歌和序言,人们在报刊上常可看到他对社会问题发表的精辟见解。廖老手中的笔仍在写,仍在不停地写……

（《信息日报》1986 年 11 月 8 日　与熊焰合撰）

要善于捕捉美

——访美学家王朝闻

　　美学家的神经似乎有一种特殊的敏感,一些在人们看来习以为常的东西,他却能把其中美的奥妙分析得头头是道,令人惊叹不已。听,中华全国美学会会长王朝闻坐在武汉晴川饭店十一楼,面对着滔滔的长江和遥遥相望的黄鹤楼侃侃而谈:"长江、黄鹤楼本身是美的,但当你感受它美的时候,还有你自己愉快、优雅的心情在里面。反之,如果你的心情很悲伤,你会感受到它的美吗? 所以各人的审美感受是不同的,有一百个不同经历的读者,就有一百个王熙凤……"

　　王朝闻,这位当年因买不起油彩而由绘画改学雕塑,又由雕塑创作转向艺术理论的著名美学家,在长期的艺术探索中,形成了自己一套独特的美学理论。还是接着听他说的吧:"审美的本身就是创造。有没有创造,在于你有没有敏感。一个高明的艺术家就是高明的欣赏家,在这个意义上来说,艺术家也是普通的人。所以作为艺术家的一个重要任务,就是与读者和观众通心,了解他们的需要,要把自己当成一个观众和读者,你们新闻记者也应如此。"

　　这位美学家一接上话题,便滔滔不绝地谈起美来,那神情仿佛进入了忘我的境界,使你也不知不觉地被他带入到美学的王国之中。他说到动情之处摇头晃脑,说到形象之处比手画脚,再加上那抑扬顿挫的声调,使人觉得同他谈话的本身,就是一种美的享受。

　　这位年已七十五岁的美学家,长期以来在美学的这块园地里孜孜不倦地探索,写下了两百多万字美学方面的著作,为我国美学理论的创立作出了巨大的贡献。前不久,江西人民出版社出版了他的一部谈审美主体与客体关系的著作《适应与征服》。王朝闻的追求是无止境的,哪里有美,他就要到那里去体验一番。他经常到全国各地去,考察当地的文化艺术,饱览祖国的大好河山,从中捕捉美的信息,然后作出评价,并以此来不断丰富自己的美学理论。1982年秋的江西之行,给他留下了美好的回忆,至今谈起来还兴致勃勃,脸上不时漾起笑容。

那年,王朝闻同志在庐山给美术界讲学期间,去攀登五老峰时,一位素不相识的青年,将自己的拐杖递给了这位老人。这一小小的举动,却在他的记忆中留下深刻的印象。他说:"这一举动也许是微不足道的,但它包含了许多美的因素,改变了我对当代青年人的一些片面看法。"王朝闻幽默地说:"这也算是我美学观点的一个重大转变吧。"江西秀丽的山川,多姿的艺术,丰富了这位美学家又一部美的记录——即将出版的《审美谈》。

夜幕降临,武汉三镇的灯火在窗外闪烁,我们的谈兴未了。王老引用苏东坡咏庐山的一句诗欣然命笔题词:"横看成岭侧成峰,这话也可作为审美主体在不同条件之下形成不同感受的特定根据。"落款是"回忆江西愉快的旅游"。望着眼前这位发白如雪的老人,我想,他这一生对美学执著探索的本身,不也构成了一种美吗?

(《江西日报》1985 年 1 月 13 日)

俯仰不亏天与地

——记江西省政协前副主席胡德兰

人生的路,她已走了 84 个春秋。

她的青春,她的风发年华,在这漫长的时空里,伴随着血与火、悲与欢不断地绽放,继而无声地飘落……

她,就是江西省前省长邵式平同志的夫人、省政协前副主席胡德兰大姐。

如今,她已不能像当年那样在第一线挥洒汗水,就是在第二线当顾问也力所难及。但她那苍老而又刚毅的声音,仍常常吐露出一位老共产党员的心声——

"我参加革命 60 多年了,革命就是贡献自己的一切,我这辈子既然认定了它,就应该不断为它贡献自己的能量,尽管现在这种能量比起当年来,显得更小更少了。"

当已是耄耋之年的胡德兰大姐,将自己毕生储蓄的 2 万元,先后捐献给邵式平同志的家乡弋阳县和自己的家乡星子县用于改造中小学危房时,人们才明白了这话的真正含义。

胡德兰大姐是 1925 年入党的老干部,又是前省长夫人,离休前身居省政协副主席的高位,在常人的眼里,定然入则华堂、出则美服,饮食讲究,摆设典雅。她能有 2 万元积蓄,一定广有财路,收入颇丰。

而只有那些与大姐亲近的人才知道,她除了每月领取原行政 10 级的离休金外,无任何其他收入,这 2 万元是她长年累月从自己平时生活中一点一滴抠下来的。

她的家是如此的简朴:没有地毯,没有几件像样的家具,也没有现时一般城市居民家不鲜见的彩电、收录机。一台老式的单门冰箱,木制的外壳已裂了缝,上面贴着胶布,这台不久前购进的旧货,总算给这个家增添了一点现代气息。

她的饮食是这样的节俭:一日三餐,粗茶淡饭。就连饮茶她也有规定:细茶待客,粗茶自奉。

她的穿着是那样的朴素:一件涤卡衣服已穿了10多年。她最好的一件料子衣服,还是邵式平同志在世时,为参加外事活动而做的,平时只有接待客人或外出参加活动时,才舍得穿出来。她说:"我已这把年纪了,还能穿破几件衣服? 不破不烂穿在身上就行了。"

有的亲朋故友看到大姐生活如此简朴,提醒她说:"大姐呀,你的生活水平现在连中等人家都赶不上了。"

胡大姐听后总是笑一笑:"人家生活超过了我,说明这几年人民生活水平提高得快,我这个老太婆有吃有穿也就行了。"

大姐一家有两条与众不同的规矩:一是家里不论大人小孩,一律不做寿过生日;二是逢年过节不给小孩压岁钱。

胡大姐八十大寿时,后辈们想到老人这辈子一生坎坷,活到如今不容易,提出破例为她做一次寿,但是被大姐坚决地拒绝了。她对孙辈们说:"这个家规是从我和你们公公手上开始的,我带头破坏了,以后你们就会有第二次、第三次。"

这些年,许多中央领导同志来到江西后,总要来看望大姐,有的领导同志看到大姐后,关切地询问她有什么困难,她每次都是笑着摇摇头。

省政协老干部处的同志,一谈起胡大姐总是赞叹不已。他们说,大姐离休后,我们负责她一些生活上的事,但是她很少向我们提出生活上这样那样的要求,就是她应有的车子、医疗保健等待遇,她也再三叮嘱不能让其亲属图这个方便。

每逢"八一"、"十一"庆典,胡大姐常常陷入对过去艰难岁月的回忆,特别是对当年赣东北根据地在反"围剿"中牺牲人数最多的一件往事,至今她仍时时记在心上,经常向人提及——

1930年,蒋介石调集了3万军队与仅4000人的红十军作战,红军采用避实击虚的策略与敌人周旋,常要行军转移。有一次,敌人一个团扑向弋阳五区张家村,当地群众在党组织率领下,转移到一个大山洞里。敌人发现后,向里面喊话诱降,但群众拒不理睬,他们便在洞口撒上毒药烧起浓烟灌进洞里,300多名不屈不挠的群众被活活毒死在洞中,当邵式平的胞弟邵伯平率部队赶来时,只见洞中300多具尸首,个个全身浮肿,皮肤乌黑,一嘴白沫,这位年轻的县委书记当即昏倒在地。此后邵伯平对敌斗争更加坚决,后来由于叛徒出卖也英勇牺牲,年仅27岁。当年邵式平兄弟姐妹十几人,幸存至解放后的仅剩下邵式平一人,其余均被敌人杀害。

春风来无迹,潮生岸有痕。正是历历往事的刀笔,把浓缩了共产党人坚贞禀性的两个字,深深地镌刻在大姐的心碑上——奉献。

有人对胡大姐这种简朴的生活觉得不可理解时,她总是说:"我们这些人从那个年代就苦惯了,所以不觉得什么,想想那些先我们而去的烈士,这个阔,怎么摆得起来呀!"

胡大姐这辈子共生育过两男三女,但长期的戎马生涯,只好把孩子全都托给群众抚养,然而两个女儿夭折,一个男孩被转卖不知下落,一个男孩仅4岁,就被反动地主武装杀害,尸体在水碓中舂成肉泥,惨不忍睹。解放后,仅找回大女儿。

大姐说:"我是爱孩子的,但残酷的现实,粉碎了我做母亲的美梦。如果5个儿女都在的话,我的这个'全家福'该有多么热闹啊!"

正因为如此,解放后大姐这长期被压抑的母爱,便强烈地倾注到大女儿所生5个孩子的身上。而大姐的这种爱,又是寓于对孙辈的严格管教之中。

如今这些孙辈们还清楚地记得,那时吃饭谁要把饭粒掉在桌子上,外公外婆总是用筷子敲谁的脑袋,要他把饭粒捡起来吃掉。

后来孙辈们都长大了,大姐同他们分开生活,但大姐仍时常对他们进行教诲。

有一段时期,有的干部子弟利用先辈的余荫,自组"皮包公司"大牟其利。但大姐却毫无所动,她曾任过省计委副主任兼省物资局局长,要点东西并不困难,但这种不义之财,她分文不取,也不允许孩子们去取。当有人想邀她的一个外孙一起去做生意时,她坚决地加以制止。她常告诫孙辈们:"你们自己都有各自的工作,那些轻飘飘来的钱,你们不要想到去赚!"

大姐说:"有句话说得好,'家财不为子孙谋',我百年之后,留给后辈们的只有两样东西,一是邵式平生前读过的一些书,二是屋子里这些旧家具。此外再没有其他的了。"

在大姐的教诲下,邵家第三代虽然没有谁当上"高官",也没有谁有"厚禄",但都凭自己的实际工作能力和业务水平立足于社会。

"感君配奕度病宵,素识老伴品质高。

俯仰不亏天与地,出了阳关任贬褒。"

这是邵式平同志在他生命的最后岁月里,写给胡大姐的一首《七绝》诗,表达了两位革命者之间几十年的深厚感情和博大的革命情怀。

用之于己,锱铢必较;用之于国,慷慨解囊。这是胡德兰大姐整个生活态度的写照。她以自己的清正和廉洁,在人们的心目中,树起了一位共产党人的巍巍雕像。

她,无愧于天地!

(《江西日报》1989 年 11 月 7 日)

信　念

——原红军西路军妇女先锋团团长、离休老干部王泉媛的追求

　　多少年了,红军西路军妇女先锋团在祁连山下所经历的悲壮而惨烈的一幕,早已被岁月的尘沙悄悄地埋没。那些女战士,有的硬是凭着自己坚定的信念,忍辱含冤顽强地活到今天。当有的人的信念正在经受着震荡和嬗变之时,也许她们的终生追求却正好能告诉我们一些什么。

——题记

　　王泉媛,当年我军第一支由妇女组成的正规部队——红军西路军妇女先锋团的团长,她在人生的道路上,已跋涉了整整 77 年。这位曾是英姿勃发,在敌人面前横刀立马年仅 23 岁的红军女团长,如今已是被岁月的风霜磨炼成银丝缕缕、皱纹道道的老人。她的经历是一个催人泪下的故事。她的追求是一曲感天动地的浩歌。

“生要做共产党的人,死也要做共产党的鬼”

　　这是感人而庄严的一幕:1985 年,已是 72 岁高龄的王泉媛,在鲜红的党旗下,又一次举手向党宣誓。

　　51 年前,她也经历了这一同样庄严的时刻。

　　人的一生,能两次在党旗下宣誓,这本身就包含了极不寻常的意义。而为了这一天,王泉媛不知盼了多少年、多少月,经受了多少艰辛与磨难……

　　当王泉媛还是一个 17 岁姑娘的时候,在家乡敖城暴动的那一天,她从一

位革命者的演讲中,第一次听到了"共产党"这三个字。从此,共产党像磁铁一样,深深吸引着这位农家姑娘的心,并把她引进了革命队伍。1934年,她终于成为中国共产党的一员。从此,共产主义的信念在她心中牢牢地扎下了根。

信念的力量是无穷的。王泉媛开始把自己命运同党紧紧地联系在一起。长征路上,由于张国焘进行分裂党的活动,王泉媛被裹胁着跟随红四方面军重新南下。她先后三次翻越雪山,三次过草地。难以想象的困难,难不倒这位女共产党人,而张国焘叫人编的污蔑毛主席党中央的歌,她却坚决不唱。

红军三大主力长征会师后,王泉媛已成长为一名红军女团长,她率领妇女先锋团1300多名姐妹与西路军的战友们一起,同敌人浴血奋战。在祁连山下,她们经历了那悲壮而又惨烈的一幕。部队被打散了,她带着几位姐妹和五个少年先锋团的战友,在冰封雪盖的祁连山下打了一个多月的游击。但她们最终没能逃脱敌人的搜捕,落入了魔掌。

为了软化她们的革命斗志,敌人采用卑劣手段,强迫被俘的先锋团女战士,嫁给敌官兵为妻妾。王泉媛坚决不从,她怒斥敌人:"你们死了那条心,我生要做共产党的人,死也要做共产党的鬼!"恼羞成怒的敌人,先后五次严刑拷打,把她折磨得死去活来。敌人的淫威吓不倒这位坚强的女共产党人,王泉媛一直盘算着怎样逃出去找党。过了一年多的监禁生活,她趁敌人移防之机,逃出了虎口。

在当地找党组织的希望破灭后,她又凭着非凡的毅力,踏上了回乡找党的征途。近3年的时间,途经五省,一路流浪讨饭,她终于回到了自己的家乡。

为了找党,在哥嫂的帮助下,她特地在通往永新的路边开了一片小店,每逢有来往的客人在此歇脚,她都要找机会侧面打听原湘赣省留下红军游击队没有,但一直没有消息。

家乡的地主恶霸,以她参加过红军为由,要将她强行赶出村庄。她没办法,经人说合,嫁给了泰和县禾市乡刘瓦村一位红军烈士的后代。

泰和解放时,王泉媛主动找到当时南下的区委书记,提出重新回到党的怀抱的要求。此后许多年,她不下20次向组织上提出过要求,但限于当时的条件,她的要求一直未能实现。

随着年岁的增长,王泉媛的这个愿望变得愈加迫切,几乎乡里每换一任领导,或者上面来了干部,她都要提出来。她对一些干部说:"当年党把我从一个贫苦的乡村妹子,培养成一名红军团长,现在我老了,我有生之年最大的愿望,就是重新成为党的人,否则,我就是死也不会瞑目呀!"

老人发自内心的话语,深深打动着每个正义者的良知。党组织经过考察,终于满足了她的这一终生夙愿。

"党是不会抛弃我的!"

是什么力量在支撑着王泉媛度过曲折而又历尽磨难的一生?是信念。

她说:"我认准一条:共产党是为穷人的,我这个穷苦妹子跟着共产党走没有错,党是不会抛弃我的。无论是在敌人魔掌遭受折磨,还是受到自己同志误解的时候,也从来没有动摇过。"

而命运对她来说,又确实显得太不公平了。

王泉媛从敌人虎口中逃出来以后,好不容易找到了兰州八路军办事处,面对接待她的同志,她激动地叙述了自己两年多的不幸遭遇。她只有一个要求,就是尽快回到革命队伍,投入党的怀抱。但她的一腔热情,却没有得到自己同志的理解。给了5元钱,就要打发她走。这对王泉媛来说,真是晴天一声霹雳。这位在枪林弹雨中出生入死、在敌人的淫威折磨下从没有流过泪的红军女团长,此时,却为得不到组织信任而失声痛哭。她对接待的同志说:"我改变不了你们的决定,但请求向组织上转告一句话,就说我从没做过对不起党的事,我永远是共产党的人!"

刚解放,王泉媛就积极参加革命工作,担任了区妇女主任,她的丈夫也担任了一个乡的乡长。

正当她积极为党工作的时候,她的丈夫受人诬告被判刑5年,王泉媛也因此而受到牵连,并以"政治历史不清"为由,开除工作,回乡种田。沉重的打击又一次落到了她的身上。她想,党是不会冤枉一个好人的,只要一心为党工作,事情总会水落石出,我要用行动来证明,我是对得起党的。

她学会了犁、耙等整套农活,在刘瓦村的田野上,人们经常看到王泉媛承担着和男人一般繁重的农活。

为了及时完成国家征购粮任务,她曾挑着每担 50 多公斤的谷子到禾市镇去交,来回一趟 16 华里,每天她要跑 4 趟。

当丈夫冤案平反的时候,她已成了年近半百的人了。

十年动乱,厄运再次降临。王泉媛被当成叛徒揪出来批斗。有人要她承认自己是叛徒。她坚强地说:"我一没有反水投降,二没有暴露组织,三没有出卖同志。我不是叛徒。"那些人理屈词穷,便对她拳脚相加。

就在这样困难的条件下,王泉媛开始收养弃婴和孤儿,先后收养了 6 名。她自己一辈子没有生育,但她要让这些无依无靠的孤儿,从她的身上体验到党和社会主义的温暖。

党没有忘记她

党组织没有忘记王泉媛这位党的女儿。1962 年,朱德委员长和康克清大姐重上井冈山来到吉安,他们特地打听王泉媛的下落,并把她接到吉安。康大姐对她问寒问暖,王泉媛丈夫的冤案,也在朱老总过问下得到了平反。

党的十一届三中全会拨乱反正后,全国妇联曾邀请当年的红军女战士进京座谈。王泉媛相隔几十年之后,见到了曾与自己同生死、共患难的老首长、老战友王首道、刘英、王定国、邓六金、钟月林、钱希均等。他(她)们看到王泉媛这位当年的战友,如今还活在人间,一时百感交集、老泪纵横,千言万语不知从何说起。

为了及早给王泉媛落实红军老干部待遇,省地县乡四级党的组织部门,组成了联合调查组,先后奔赴北京、甘肃、辽宁等地,对王泉媛的经历作全面调查。徐向前、康克清等中央领导同志,对王泉媛的问题非常关心,并在她的申诉信上签署了意见。许多老红军、老同志都为她的革命经历写来了证明。

调查组经过一个多月的内查外调,终于得出了正确的结论。去年 8 月 23 日,省地县三级组织部门的同志,来到王泉媛居住的刘瓦村,向她宣布党组织为她落实政策:参加革命时间从 1930 年 4 月算起,党龄从 1949 年算起,享受副地级离休干部待遇。

在王泉媛落实政策之后,徐向前元帅办公室还特地来信,向她表示问候,希望她能安度晚年。不久,王泉媛又作为全国烈军属代表会的代表,到北京参加了首都庆祝建国 40 周年活动,受到了党和国家领导人的亲切接见。

王泉媛现在虽然已离休安度晚年,但她仍在不断地奔忙着,她要用亲身经历向人们讲述当年的斗争历史,讲述自己的信念、自己的追求……

(《江西日报》1990 年 4 月 13 日)

桑榆晚霞正满天

——记上山开发荒山的李义安老人

莲花县闪石乡渭下村,周围都是一片低矮的荒山。但离村五华里的鱼背上水岭,却是另外一番景象:杉松满山,青竹吐翠,流水潺潺;一大片棕树、桐树和果树中间,套种了花生、烟叶、黄花……树丛中间还嬉戏着肥壮的鸡群。这是一片充满着生机的世界。但谁也想不到,这奇境的创造者竟是一位早已年过花甲的老人——李义安。

1983 年元月,莲花县闪石乡渭下村出了一件稀罕事:六十六岁的老汉李义安要到几里之外的山上安营扎寨,开荒种树。这消息刚出张家,又进王家。李义安这个平时并不起眼的老头,一下子成了全村的"新闻人物"。一时人们议论纷纷,有人支持,也有人怀疑。

"这老头,快要黄土埋到颈的人了,还想把老骨头抛到荒山野岭上去呀!"

"义安,你真的想到山上去发财?"

发财,发财有什么不好! 李义安很不服气地寻思:现在的政策就是要种田人都发财,要大家富得"出油"才好呢!

老人生性倔犟,谁也拗不过。他干脆在山上垒起一间小石房后,就卷着铺盖上山了。

离村五华里的鱼背上水岭,真像鱼背一样,山虽不高,但坡很陡,满山都是石头和低矮的灌木。老人从早到晚地在山上忙着。春去冬来,往日的荒山,已有十五亩种上了二千多棵杉树、四百多棵桐树,三百五十多棵棕树,还有各种果树;荒山坡上已开出了四亩旱地,旁边的山沟都种上了毛竹。老人还从几里外的地方,引来了两股水源,在周围垒起了一道高一米、长百余丈的石坎。

这年春节,义安老人在自己的两间石屋门前,分别写了两副对联。一副是"石房比洋房更坚固,山上比平地好发展";另一副是"此山与庐山同是一样,新年比旧年更好三分"。虽然词意浅显,字迹歪扭,但表达了老人的真情实感。

义安是个有心计的人,自从上山开荒后,他就盘算着:山上天地这么大,不但要种些不会动的,还要养些会动的。义安的弟弟会养鱼,他劝义安说,你引来的泉水都白白流走了,就先挖口塘养鱼吧。老人就在山上挖了四口塘,放养鱼苗。他又买来了十只羊在山上放养,而且还养了鸡。

村里人对他说:"老义安,你经营的山都变成了'花果山',你也可以像孙猴子那样做'山寨王'啦!"老人听后笑笑:"我这个山野之人算啥哟,不是党的政策好,我李义安巴掌再大,也撑不起这片荒山啰。"

7月初,当记者来到鱼背上水岭时,义安正在忙碌着。这位身材瘦小,满身黝黑的老人对记者说:"我做的这些事,都是些鸡毛蒜皮。现在年纪大了,但身体结实得很,满身都是劲。"记者问他今后还有什么打算。"今后只要阎王不招我去,这满山遍岭上我都要种树。还要在山上养猪、养牛、盖房子,种经济林,过两年你再来时,我就要请你端着'金碗'喝参汤哟。"

老人的话引得我们笑了起来。

（《江西日报》1984 年 7 月 13 日）

开拓者的风貌

　　李信生在抚州市可算有点名气的,听着人们的啧啧称道,使我觉得不结识一下他,会成为一大憾事。

　　然睹其尊容,第一感觉是其貌不扬,既缺乏"乡镇企业家"的风度,也没有"江西省蓄电池联合公司副董事长"的派头。他年过五十,已呈富态,浑身圆乎乎地找不出一个棱角,唯有不时叉开五指打起的果断手势,才多少显出一厂之长的神态。

　　然而,就是这个貌不惊人的李信生,拼着老命,把个奄奄一息的乡办企业——抚州市蓄电池厂整治得红红火火,成为江西省先进企业、省乡(镇)一级企业,年人均创产值3万元,名列全省乡镇企业之首。嘿,这个李信生,真还有点道道呢!

　　说李信生治厂,不能不说他求贤若渴、靠人兴厂的招数。李信生来厂之时,正是蓄电池厂江河日下、濒临关门之日。当时人心涣散,车间破败,蒿草丛生,众人莫不吁嗟慨叹。为挽狂澜于既倒,乡里请李信生出山。

　　有道是:新官上任三把火,可李信生上任伊始,竟丝毫不见"烧火"的架势。众人纳闷:他肚里卖的是什么药?其实,来厂之前担任村支书的李信生,遇事有个细琢磨的习惯。这不,经多方探究,他终弄清了个中原委:工厂衰败,乃在于产品质量,而提高质量关键在于解决技术难题。但他手下的工人,大多文化水平不高,连他自己也只是个初中毕业。在他的面前,只有华山路一条:招贤纳才。

　　经四方打探,八方查访,终于物色到一合适人选——此公乃安徽某市蓄电池厂质检科长刘同祥工程师,他对蓄电池制造技术造诣颇深,正想另谋更能施展自己才能的用武之地。李信生,千里迢迢赶至刘家。怎奈刘同祥已年过半百,无离家之心,老伴更是反对他远走他乡。费尽口舌,回报的却是一次次冷遇,李信生毫不气馁,此人他是志在必得。他对刘工倾尽肺腑之言,将自己要为全厂百十号人找碗饭吃的心愿,及不懂技术的难处,一五一十,和盘托出,直说得那刘工不时颔首称是。精诚所至,金石为开,李信生八顾刘家"茅庐"后,刘工不禁怦然心动,答应到抚州一试。

李信生得刘同祥后,如获至宝。工作上支持,生活上关心自不必说,后来又委任他担任副厂长。刘工在这里是如鱼得水,大展拳脚,使该厂产品质量很快就达到国家标准。李信生不仅留住了刘同祥的人,而且留住了他的心,刘工将全家连人带户口,一起迁到抚州,在这里落地生根。

按理说,厂有起色,工人有饭吃,李信生该松口气了。不,他得陇而望蜀,胃口大着呢! 他琢磨:企业也像人,有两腿方可站得稳,一条腿乃产品质量,另一条腿则为产品推销。李信生又在多方物色推销人选。功夫不负有心人,他如愿以偿:推销高手万海辉又归于他麾下。这个年逾五十的万海辉,谙熟市场行情,在市场开拓中纵横捭阖,一时间,蓄电池厂订单纷至,万海辉为此立下了汗马功劳,被评为全国优秀乡镇企业推销员,并担任了副厂长,不过这是后话。

李信生得刘、万二人后,一里一外,如虎添翼。此时,蓄电池厂正是众志成城、横刀跃马之时。李信生在求能人的同时不曾忘记,企业的兴衰最终要靠工人的积极性。他也真如魔术师一般,不长时间,就把这支稀松队伍整治得士气高昂。当然,其间少不得奖勤罚懒,承包到人,碰硬栽刺,少不得几员虎将,一队勇兵,披星戴月,连轴苦干。更少不得与工人推心置腹、排忧解难。他亲自掌管后勤,办食堂、澡堂、托儿所,为工人解决后顾之忧。在工人培训上,他更是不惜"血本"派出去,请进来,脱产轮训,使往日的"土包子",变成了技术能手。有道是"云从龙,风从虎,圣人作而万物睹",如今李信生在厂里是"喝山山转,喝水水停",往日的"哀兵",现在要跟着厂长去冲锋陷阵!

企业巨变,李信生春风得意。当世人另眼相看,荣誉、称号纷至沓来时,他深知:骄兵必败。在分配上,他更是严于律己,他听到有的乡镇企业"富了和尚倒了庙"感到痛心,决意不搞个人承包,而搞集体承包,每月的报酬不比工人高几多,年终奖,他请乡政府颁发,从不自作主张。尤为人称道的是,厂里给9位符合条件的职工,每人花9000元办养老保险,他也在列其中,却执意不肯为自己办。对他的举动,有人不解,问其何故? 他正色道:纵有广厦千间,自己也只能住一间,岂能多沾光?

几度春秋,几番风雨。李信生额上的每条皱纹,记录着他的艰辛;头上的每根白发,蕴含着奋斗的业绩。全国优秀农民企业家500名候选人,他名列其中。以上描述,既难描绘他的神态,也难显示出他的神韵,但求通过粗拙的几笔,使人感受到一个普通农民企业家的气息与活力!

(《江西日报》1991年9月14日　与郭放合撰)

牛羊成群开富路

金秋十月,登上海拔 1312 米的我国南方第二大牧场——于都县屏山牧场,使人感受到的是一种如诗如画的意境:山下是莽莽苍苍的原始森林,山上是一望无垠绿绒般的高山草甸。蓝天,白云,草甸上成群的牛羊,分明是一派醉人的塞外草原风光。

从沉睡千年的 5 万亩高山草场到"风吹草低见牛羊"的我国南方第二大牧场,屏山牧场改变了过去一直由国家投入开发南方草山草坡的做法,开创了我国由个人集资开发南方草山草坡的先河,此举受到国家农业部的高度评价,并列入了国家南方草山草坡改造开发利用示范项目。

屏山牧场地处于都县南部原始森林区,草场面积达 5 万亩,而且四周是悬崖峭壁,因而它也是我国唯一的天然围栏式牧场,这里土地肥沃,牧草丰厚,气候湿润,是我国南方少见的适宜牛、羊等牲畜生长的天然高山草场。

1996 年 5 月,于都县物资局副局长、县物资公司总经理叶彩义向县委、县政府郑重递交了辞职报告,要求到屏山创办股份制牧场。一个主持物资局全面工作的副局长、公司总经理要辞职养牛,这事当时在于都引起强烈反响。其实,叶彩义作出辞官当"牛倌"的抉择有自己的道理,因为他对屏山印象太深了。他的家就在屏山脚下,他从小喝着这里的水长大。还是 15 岁那年,他同伙伴们翻山越岭,攀藤附葛爬上了屏山,当时他被山顶那一望无垠的草场惊呆了,从此,他萌发了在山上养牛的梦想。这个梦想,伴着他成长,随着他走出深山,进入军营和繁华的都市,伴随着他回到魂牵梦绕的家乡。随着岁月的流逝,年龄的增长,他觉得对自己来说,当官固然可作出成绩,但投身经济大潮搏浪更有意义,人生更有价值。这时的他,心在躁动,15 岁时那个梦越来越清晰了:随着人们的生活水平的提高,南方人也逐渐不满足单一猪肉而爱吃鲜嫩的牛、羊肉和鲜奶。加上高山牧业食品属于高蛋白、低脂肪、无污染食品,符合当今世界消费潮流,对人们的生活消费有极大的诱惑力,市场潜力极大。终于,他邀集三个伙伴,通过股份制的形式筹资41万元,义无反顾地上山开始创办牧场。

　　1996年7月,他们赶着72头西门塔尔杂交牛上山,开始了辛勤的创业。他们请来144名民工,每头牛由两人,前拉后推,用6个多小时登上海拔1000多米的草场。在这荒无人烟、人迹罕至的山上,他们建起1000平方米的牛棚、150平方米的宿舍,还建了1个水池,3个青贮窖,从此安下了家。没有电,他请来电力部门投资修建了小型电站,折成股份参与牧场分红;没有路,他与所在乡政府商议,用以工代赈款修了10公里上山公路,也折成股份分红。

　　牧场建设得到国家及省、地、县各级领导的关怀和支持。叶彩义加快了改良牛羊品质和扩大规模的步伐,引进了92头四川南江麻羊、100头新疆细毛羊、13头黑白花奶牛等优良牛羊品种,还引进2头重达1吨的西门塔尔、安格斯纯种公牛,建立自己的种牛基地进行肉牛改良,并在草地上试种黑麦草,逐步改良草地。现在,全部母牛和母羊已产下了崽,存栏肉牛、奶牛446头,羊370头,头头膘肥体壮。去年,他们仅出售肉牛,就获利7万多元,今年可获利10万元。艰苦创业终于有了收获。

　　牧场的创建,使他们对草地畜牧业的认识进一步提高。于都县有可利用草地8万亩,其中2000亩以上连片草场5块,为耕地的1.7倍,可产天然鲜草3.5亿公斤,载畜量6万头。长期以来,农民固守"养牛为耕田,养猪为过年"的观念,草地利用率不高,牛的饲养量提高缓慢。为此,叶彩义确定了"龙头示范、带动周边"的推进养牛产业化思路:即以牧场为龙头,以改良当地牛种为己任,由千家万户饲养母牛和牛崽,牛崽经过七八个月饲养,由牧场负责收购放在山上饲养育肥,农民每头牛可赚800元,从而加快全县养牛业发展,以达到牧场发展、农民致富的目的。于都县委、县政府选择这一模式,不失时机把养牛业作为富县富民的大产业,投入资金重点扶持3000户养牛重点户。在屏山牧场的带动下,周边10个肉牛生产基地,乡乡建起了养牛专业村,户均养牛5头以上的达548户,户均10头以上的达126户,而且农户、兽医站、牧场形成了"配种—收购—销售"一条龙服务,今年全县可新增出栏肉牛8000

头。屏山牧场还投资 50 多万元,建起了一个奶制品加工厂,生产瓶装液态奶和袋装奶,11 月中旬将开始试产。国家南方草山草坡改造开发利用示范项目第一期投资 200 万元也将在近期到位。

目前,广东一位客商也多次来此考察,准备投入 400 万元资金合作开发。牧场还准备利用这里独特的气候、地理条件和奇特的风光,在草地上设置一些蒙古包,开辟观赏景点,发展旅游事业。

屏山牧场正朝着建设一个集养殖、加工、旅游为一体的大型牧业集团方向迈进。

(《江西日报》1998 年 11 月 6 日　与刘文斌合撰)

三放喜炮迎支书

5月5日,正值立夏。

修水山区有着立夏吃粉蒸肉辟邪的习俗。

记者与黄溪村党支部书记徐万年在风景如画、面貌一新的村落里走走,闻声的村民纷纷探出头来,热情地与老徐打着招呼,挽留一起吃粉蒸肉,有些性急的村民,竟拉着徐支书的手,直往家里拖。

看得出,大家对徐支书的感情是真挚的。

今年55岁的徐万年是本村人,18岁就入了党,随后又当了村支书,后因办事公道、能力出众被选拔为副乡长。上世纪90年代初,响应当地政府的号召,徐万年下海办起了企业。由于经营得当,企业办得风生水起,至2008年,他已是3家大型养殖企业、总资产达千万元的集团公司董事长。徐万年是富了,可黄溪村仍穷得叮当响。

黄溪村地处幕阜山腹地。这里不仅偏僻、贫穷,而且民风剽悍。仅有2700多人的村,10年来,就有67人因打架、斗殴、偷盗而被劳教与判刑。由于山高路远,加之没有好的领头人,村级企业为零。村民大都靠外出打工为生。2008年初,村里的老党员、老干部联名向镇党委上书,要求动员徐万年回村担任党支书。镇领导抱着试试看的态度找到老徐。没想到得到的是一句干脆的回答:"我是一名党员,一切听从党的安排。"

于是2008年初,徐万年放弃了自己办得正红火的3家企业,返回黄溪当村支书。他上任的那天,家家户户都燃放起欢迎的喜炮。老徐感动得热泪盈眶。他说,这声声喜炮是村民的期望,更是对一名村支书要担当责任的嘱咐。

上任伊始,徐万年进组入户,了解村民的困苦,听取大家的意见,因地制宜地确定了黄溪村3年发展规划,在他主持的第一次村民大会上,庄重地作出承诺:3年内要让黄溪村彻底改变面貌,实现水泥路入户,自来水进缸,高规格地建一个至少容纳100户的全新村庄,村级积累达10万元。

3年过去了,徐万年的承诺兑现了。记者在采访时看到,昔日的乱坟岗上,已建起一个占地60亩的农民新村,规划整齐、漂亮时尚的栋栋新房中间,是一个颇具现代气息的文化休闲广场,村里办起了水电站、自来水厂、矿泉水公司、蔬菜基地等10个企业,安排了200多村民在家门口就业,全村604户,其中563户已做了新屋,宽阔平展的水泥路通到了家家户户。

可又有谁知,为了这个承诺,徐万年付出的有多少?他不仅放弃了年收入达百万元的3个企业,而且还垫资10余万元用于填补村里修水圳、水泥路的缺口。每天起早摸黑地为村里的发展操劳着。去年春天,积劳成疾的老徐病倒了,经检查发现脑子里长了肿瘤。妻子心痛得直抹泪,"你这么一把年纪了,还这么舍命,图的是什么啊!"

"图的是让身边的老百姓都说共产党好!"老徐铿锵作答。

徐支书的病,牵动着全村人的心。有些老人按当地习俗跑上几十公里去为他祈福。在上海治病的徐万年也念着村民,病情稍有好转,便火急火燎地赶了回来。他还惦记着村里蚕桑产业"小蚕共育"的事呢!回村的那天,村民又燃放起喜炮,这是对他们敬重的好支书最好的祝福啊!

得知记者采访的消息,村民们自动围了过来,七嘴八舌地诉说着徐支书的好。这其中有被无偿提供种猪饲料扶植起来的特困户,有曾经沉湎于赌博后经过帮助成为致富能手的小青年,有受到过救助在村办企业自食其力的残疾人。年过80的老党员方珊璜紧握着记者的手说:"感谢党和政府为我们选来了这样的好支书,徐万年当了3年村支书,没在村里领一分钱工资,没报销过一分钱差旅费,却尽职尽责地给村民办了这么多好事、实事,我们都不知该怎么报答呢!"

其实村民们已报答了。不是用物,而是用心。去年秋天,徐万年当选为省第十三次党代会代表,喜讯传来,全村欢呼雀跃。第二天,一身风尘的徐支书尚未进村,欢庆的喜炮已在全村每个角落响起。这就是民心!

(《江西日报》2012年5月8日　与匡建二合撰)

经　济

卖粮乐

　　6月下旬,早稻尚未收割,我们在玉山县城镇粮站第二粮库附近,却看到了一场奇特的景象:在通往粮库的路上,附近几个公社的农民挑着一担担稻谷,有的还用板车和独轮车推着粮食,走进粮库的大院。嗬! 真不得了。卖粮的队伍足足排得有二三十米长,空地上晒满了稻谷。过磅的地方,收购员和检验员有条不紊地在验收过磅。怎么,今年季节提前得这么早? 我们正有点奇怪。统计员老张走过来,笑着对我们说:"实行生产责任制后。农民手中的粮多了,现在新谷就要登场,他们要把仓空出来,就把多余的粮食拿来卖掉。"

　　来到征购粮结账的地方。只见这里围满了人,林冈公社周溪大队社员陈先达刚从人堆里挤出来,就忙不迭地数着手中的钞票。数着数着眼睛笑得眯成了一条缝。我们上前同他攀谈:"你这次卖了多少?"他伸出一个大拇指。我们试探着问他:"是一千斤吗?"他点点头"嗯"了一声。"你现在卖这么多粮家里够吃吗?""管够了,再过个把礼拜,只要天老爷不下雨,早稻就差不多到手啦!"这老头开始听我们问话还有些紧张,说着不知不觉地就来了劲,他告诉我们:去年他家包了十亩田,除完成征购粮外,还卖了一千多斤议价粮。他高兴地说:"这全靠党的政策好,种田的这几年票子数得'刮刮'响,跟往年比起来,是在过天上的日子哟! 就说这青黄不接的时候卖粮,以前从来都没听过。""确实是这样。"他话音刚落,站在一旁的横街公社黄村坂大队第四生产队何全方接着说:"往年这个时候,我们都要到这买返销粮回去。现在颠倒了乾坤,家里的粮吃不了,反而挑到这来卖。"他说完禁不住笑了起来。

　　我们来到卖粮的队伍中,农民逐渐围了过来,像是老熟人,越谈越起劲,越拉越高兴。卖粮的农民说,过去他们是"三靠":吃粮靠返销,用钱靠外包(外包工),生产靠贷款。现在是"靠三":靠党的十一届三中全会。如今再也用不着为钱粮而发愁了。正说着,三湖公社文成大队社员郑元彪兄弟俩又推着两大板车粮来卖了。我们问他们怎么卖这么多,他俩不好意思地笑了笑,郑元彪说:"我们怕政策会变,去年不敢多卖余粮,光为贮存这些稻谷都花了不少力气,现在再不卖掉,新谷一来放都没地方放了。"他一边说着一边摇头:"今后再也不做这样的大傻瓜了!"他的话,引得大家哄笑起来。

　　在回来的路上,我们又碰到了县粮食局的负责同志,他告诉我们,从4月1日到6月25日,全县粮食入库686万斤,他们正为仓容紧张而发愁呢!

　　　　　　(《江西日报》1983年7月8日　与汪少林、许雄辉合撰)

土地的呼唤

人杰地灵——王勃《滕王阁序》中的这句名言,几乎成了人们赞美江西的特定词语。

大地有灵气,方能生人杰。江西这块中华大地上的宝土,曾繁育了一代又一代勤劳朴实的人民,诞生过灿若星河的英才人杰。

更使人难以忘怀的是,这块土地上的红米饭、南瓜汤,曾养育过震惊世界的中国革命。

这大地的深情,多少年来使江西人民感到自豪。

然而一个严峻的现实,又使人为这块土地担忧:从 1957 年至 1986 年 29 年间,全省净减少耕地 673.2 万亩,平均每年净减少 23.21 万亩,如不计算新开垦的约 500 万亩耕地,则每年减少耕地 40 万亩左右,相当于一个中等县的耕地面积!而在这些减少的耕地面积中,属于乱占滥用的,就有 30% 左右。

如果照此速度发展下去,不要很久的时间,我省的耕地,将会出现不可逆转的严重危机。

令人焦急的是,目前滥用、浪费、破坏土地的现象,在各地仍发生着,有限的耕地在缩小……

地之不存　人将焉附

世界著名的思想库——罗马俱乐部,早在 1972 年其第一个报告《增长的极限》中,提出的土地、人口和生态三大问题,已成为当今世界公认的三大全球性严重问题。

在这三者中,我们对土地问题的极端重要性,似乎认识更迟、工作更薄弱。

中国地大物博,多少年来人们陶醉于此。但要将我国的耕地均摊在每人头上时,只有区区1.5亩,仅为世界人均占有耕地的三分之一,可说是地少人多。而我省人均耕地只有0.996亩,远不及全国的人均水平。

然而,这少得可怜的耕地,每年还因各种情况的占用在大量减少。

南昌市土地管理局局长黄亦石给记者算了一笔账——

南昌市刚解放时城市面积仅8.28平方公里,30多年来已发展成65平方公里的大城市,面积扩大了近8倍。

据统计,1951年至1986年间,城区建设占地近10万亩,其中耕地为53000多亩(不含水面),平均每年占用耕地1500—2000亩。近几年,城市和郊区非农业建设用地猛增,平均每年要占3000亩左右的耕地。像南昌市郊区的顺外、热心、进顺等村,已成了名副其实的"都市里的村庄"。

照此下去,到2000年,还将占用4万余亩耕地,到时,市郊除城市规划控制区和蔬菜等保护区外,大部分耕地都要用光。

不仅城市建设要合理占用耕地,而且其他不合理的非农业建设占用耕地也在增加。清江县有砖瓦窑727座,其中建在耕地上的就有500多座,只有一座是依法办了审批手续的,每年烧砖瓦要"吃掉"耕地1000多亩。此外,农村私人建房要地,还有人为地抛荒土地,有的地方甚至坟墓也要建在耕地上。

据统计,现在全省完全没有土地的农民有5万多人,人均3分耕地以下的有20多万,而且这个数字还在扩大。一方面是耕地不断减少,另一方面是我省每年自然增长人口41万多。土地与人口的反向发展,使有限的耕地,还要不断增加对生命的负担。据推算,每减少一亩耕地,等于减少了3个人一年的口粮。而减少耕地面积,只能靠大幅度提高粮食单产来弥补,这除非出现农业科技上的重大突破,但这种突破在目前来讲,还是遥遥无期的。

目前我省土地的产出能力与全国比较,1987年全国水稻亩产是361公斤,我省是308公斤,同全国平均水平尚有一段差距,然而江西的"土地爷"目前只能向我们作出如此的奉献。

地之不存,人将焉附?面对着土地不断被缩小的"包围圈",一些有识之士在呼吁:加强对我省土地使用的管理,已迫在眉睫!

土地"包围圈"紧缩的背后

在 1986 年 6 月全国人大通过《中华人民共和国土地管理法》的前后,我省土地管理部门和各级政府进行了全省性的土地清查,对违法占地的案件进行查处。从 1986 年至 1987 年,我省共查处违法占地案件 17 万起,至现在已处理 15 万起,查出违法占用土地 187378.9 亩,收回土地 6535.62 亩,罚款 1165.11 万元,给予党纪政纪处分和刑事处罚共 16266 人。

土地开始从厄运中挣脱出来,我省耕地急剧减少的局面开始得到控制,乱占滥用土地的歪风也开始收敛。但对土地的侵占,并没有因土地管理法的实施而停止。土地问题在一些地方并未得到真正的重视。时下在我省农村流传着一句话:农村工作"两台戏",计划生育宅基地。但从实际看,计划生育工作已引起了各级政府的重视,而土地问题上的"近视"现象许多地方依然存在:

——一些县乡干部带头违法占地建房情况严重,已成了群众议论纷纷的话题。据对湖口、余干、德安、崇仁等县的调查,违法占地案件中,干部占五分之一至二分之一,而且往往由于干部带头,查处起来难度较大。

——有的县擅自下放用地审批权限,用地失控,致使大量良田被侵占。这个问题在一些地方至今仍未引起重视,在全省查出的违反《土地管理法》案件中,越权审批的就有 2572 起。

——征地不报批,领导说了算。往往某个领导说了话,就可征大片土地,这种现象在不少地方都有反映。

特别值得注意的是,这些侵占土地的行为,因种种原因而未得到及时查处,或查处不下去。作为我省的土地管理部门由于机构不健全,力量单薄,已显得有些力不从心。现在全省土管人员共 3000 人左右,但大多是兼职的,专业人员只有 1000 多人。

作为当务之急的一支土地监察队伍,在我省也尚未建立起来,许多违法占地现象不能及时发现,等一旦发现,已成了既成事实,处理起来难度更大。

到目前为止,全省土地统一管理问题也还未完全解决,个别地方还有非土地管理部门在管理土地,造成了多头管理,为乱占滥用土地开了方便之门。

在土地的使用制度上,我省实行的仍是与传统产品经济体制相适应的土地体制,使城镇国有土地无偿无限期使用合法化,形成土地部门所有、单位垄断,造成土地利用率低,用地配置恶化,助长了浪费土地、滥用耕地、违法占地的行为。有的单位占用大量土地,任其抛荒闲置,而一些急需用地的单位,又苦于找不到土地。这种长期依靠行政手段管理土地所产生的弊病,已到了非改不可的时候了。

依法治土　势在改革

我们脚下的这片土地负载太沉重了!

人们常把大地比作人类的母亲,在江西大地母亲的怀抱里,养育着3500多万人,但是她的肌体却还要不断遭受人们的破坏和宰割。

切实保护好土地,给我们的后代留下足够的生存空间,是我们这一代人不可推卸的责任。

冲出土地紧缩的"包围圈"路在何方?

答案是:严格依法管理土地,对土地使用制度进行改革。

我省现有的土地不能再缩小了!当务之急是转变人们的观念,严格按《土地管理法》管好现有土地,各级领导应带头依法办事,造成在土地问题上有法必依、违法必究、执法必严的强烈气氛,使土地管理像计划生育那样深入人心,得到各级政府的高度重视。

与此同时,必须强化我省的土地管理机构,建立起一支强有力的,具有权威性的土地监察队伍。

多少年来,人们对土地的理解是:作为大自然赋予的生产生活条件,是自然属性,不是劳动成果,没有价值,当然就该无偿使用。现在这种理解应该纠正了。

在土地管理中,应更多地利用经济手段来代替目前土地无偿划拨的行政手段管理,尽快实行土地所有权与使用权的分离,使土地所有权归国家,而使用权实行有偿转让和出让,允许土地进入市场,除法治管理外,利用经济机制来制约乱占滥用土地的行为。

实行土地的有偿有限期使用,甚至拍卖土地使用权,是我省改革土地使用制度的关键所在。

现在许多经济发达的国家,房地产业被列入整个国民经济发展的战略重点。我国一些开放城市也开始在有偿转让土地使用权方面进行尝试:深圳第一次公开拍卖土地,福州、上海、广州等城市也跟着而来……

我省现有耕地面积为3500多万亩,如果继续圄于这有限的耕地,做调整农业结构和进行非农业建设的文章,就难以避免耕地严重不足的矛盾。但放开眼界,就会发现耕地以外的天地宽得很,我省的非耕地资源远未充分挖掘,目前尚有1000多万亩宜垦荒地、4000多万亩宜林荒山、1000多万亩宜牧草坡草洲,400万亩可养水面可以开发利用,这些占我省总面积30%的山水资源在闲置,特别是1000多万亩宜垦荒地,如果将这部分荒地开发出来,我省现有耕地面积可望增加近三分之一。

信丰县以前乱占耕地建房现象较严重,影响了粮食生产。后来该县充实了土地管理机构,形成县乡两级管理体制,村级配备土管员,严格依法管理土地,对全县国家集体使用的土地清理登记造册、核发证书,在土地管理体制改革方面,他们将非农业建设用地计划正式纳入国民经济和社会发展计划。在"节流"的同时,积极"开源",该县今年计划开垦荒地3500亩,目前已开发出1900亩,既保证了合理的建设用地,又有效地稳定了耕地面积。

土地使用制度的改革和正在我省兴起的开发性农业的泱泱大潮,是使我省土地使用走向良性循环的希望所在。

"一要吃饭,二要建设",既稳定现有的耕地面积,又要保证国家建设的合理用地,是我省土地使用与管理所面临的一个重大课题。

运用法律、经济和综合手段管好用好我省的土地,是"上对列祖列宗、下对子孙后代"的一件大事。

诗人艾青曾深情地感叹道:"为什么我的眼里常含泪水?因为我对这土地爱得深沉……"为了我们的子孙后代,爱惜江西这块红色的土地吧!

（《江西日报》1988年9月3日　与张贞宁合撰）

巧借东风上青云

——记黎川县借外地优势发展当地经济

冲击——震荡——变更。当今社会已没有任何屏障能挡住商品经济这门重炮的轰击。黎川这个第二次国内革命战争时期闽赣苏区的省会所在地，多年来浸沉在自给自足的自然经济里，当商品经济的大潮出现在面前时，这里的人们猛然发现自己已面临着严峻的形势——

这里交通、信息闭塞，资金技术缺乏，能源不足，发展商品经济的"天时"与"地利"似乎都不具备，长期的自然经济使这里形成了"三就地"（就地取材、就地加工、就地销售）的封闭型经济格局。

面对着汹涌而来的商品经济大潮，人们经受着心灵上的震撼和传统价值观念的瓦解，更有人抓住这历史带来的机遇，借取别人的优势，到更宽广的天地里去"伸胳膊踢腿"。

借地生财

说来令人难以置信：最先和最多在外地办企业的，竟是深深眷恋着自己的土地的农民。商品经济的意识一旦在他们头脑中萌发出来，他们便毫不犹豫地在传统观念与商品生产之间作出大胆的抉择：

原先办在山沟里的中田电孵机械厂，竟然搬进了北京市海淀区，由15户满身带着泥土味的普通农民负责生产经营，他们的企业办得红红火火，产品行销北方市场，机械技术性能及质量居全国同类产品的领先地位。

这件让人振奋的喜事给这里的人们以极大的启示：把在当地条件下办不

起来的企业办到外地去,借经济发达地区的"天时"与"地利",来发展自己。

一些乡镇企业和县办集体企业,相继突破自己以前的生存空间,在外地安了家:熊村电孵机械厂办到了广东廉江,日峰镇在上海办起了家具厂,洵口和后村两个乡联合到广东办起了木珠坐垫厂,际下村的木制品厂在福建泰宁办起来了……这些企业都是利用外地的优势,生产的产品在外地销售。

把本县的企业办到别人的土地上,借他人的"宝地"来生财,这条路虽然不是一帆风顺,但在黎川毕竟走通了。

攀龙附凤

黎川人把外地企业集团和厂家比喻为"龙"和"凤",把参加外地企业集团和与外地厂家联营,借别人的技术和产品牌子来创出自己的产品,以缩短前进的路程,称之为"攀龙附凤"。

陶瓷,是黎川近年新崛起的支柱型产业,人们称这里为江西的"第二瓷都"。而该县的十大瓷厂,无一例外都是通过与外地的厂家和陶瓷科研机构建立联营关系而发展起来的。

当然要攀附上"龙凤",也并非易事,既要有眼光、魄力,还要有大度和宽容。

该县的华山活性炭厂与上海同行业一家工厂联营后,对方获利较多,因此有人觉得吃了亏,是"别人吃肉,自己喝汤"。然而该厂的领导却算了另一笔账:如果没有对方厂家的技术,本厂高档产品很难上马;没有对方优质产品的招牌,自家的产品要打入国际市场更不可能。联营之后,在上海厂家帮助下,该厂很快改变了产品品种单一的状况,原来只能生产初级糖炭,不到几个月就生产出了高档产品净水炭和汁剂炭,去年他们生产的高档炭已通过上海口岸出口。

目前,黎川县的绝大多数企业,都与外地的企业集团和厂家攀了"亲",既有技术联营,又有生产联营;有信息联营,又有销售联营。华山测绘仪器厂便是通过加入中国机电公司华东一级站的销售网络,使产品打入了欧洲共同体市场的。

有人把这种联营比着小孩学步,"先由人家扶着走,再由人家带着走,最后自己独立走"。黎川县的不少企业,就是这样由别人带着走出来的。

引水行舟

借地生财、攀龙附凤策略,不仅带来可观的经济实惠,而且使发达地区的商品意识像活水一样冲击搅动着死水一潭的山区封闭型经济,使商品经济之舟终于可以在这里启动了。

东堡乡办的塑料机械厂,是由长期与泥巴打交道的农民办起来的。这些过去只知道向土里刨食的农民,引进了先进的手推式割禾机的生产技术,并采用"南京买马,北京配鞍"的办法解决部分配件,将其放在浙江、河北、上海、南昌等地加工。产品试制出来后,这些过去连远门都不大敢出的农民,又组织起表演队到外地去进行实地操作示范,推销自己的产品,使其销量大增。

市场是无情的,同时也是公正的,正是这无情的公正,使这些山区人在与外界打交道中,造就了他们的商品意识,锻炼了他们参与市场竞争的能力,使该县的出口额由 1979 年的 16 万元跃升到今年可达 600 万元左右。在参加全国贸工农出口商品基地投标招标的全省 13 家乡镇企业中,就有 2 家是该县的乡镇企业。

(《江西日报》1988 年 11 月 12 日　与周道纯合撰)

"上帝"的选择与消费新天地

——从江西省城镇居民的消费结构看市场趋势

10 年改革,消费者作为可以左右市场的经济力量,悄然登上了历史舞台。从 1988 年下半年市场上掀起的大风大浪到眼下市场令人感到沉闷的平静,都是市场的"上帝"——消费者巨大能量的显示。因此,从 10 年来我省城镇居民消费结构来分析当前市场及其走势,可以给我们许多启示。

现象一:城市、乡镇,大降价、大拍卖的招牌琳琅满目,比比皆是;各式各样的展销会人头攒动、熙熙攘攘。然而这些热闹的景象所产生的效应,只不过是在市场这个偌大的水面中,投下一块石头,所产生的涟漪转眼即逝,它依然是那样的平静。于是有人感到困惑:市场为何总是启动不了。

现象二:"住房难"、"洗澡难"、"入托难"、"修理难"、"娱乐难"、"乘车难"……这诸多的"难",无时不在困扰着消费者,有人感到纳闷:愿意往这些方面花钱,为什么却这么难。

一方面拼命吸引消费者花钱,而他们却偏偏不肯花;另一方面消费者想花的钱,却又难以花出。如此巨大的矛盾和反差,也正是当前市场的症结所在。

居民的消费分为以购买商品形式支出的商品消费和以其他形式支出的非商品消费。纵观 10 年来,我省城镇居民的消费结构,这二者之间竟存在如此的不平衡:在所有居民支出比重中,购买商品支出的比重,各时期基本围绕 92%上下波动,而非商品支出仅围绕 8%上下波动。10 年来,我省居民人均生活费收入增长了 1.67 倍,人均生活费支出也增长了 1.56 倍,但居民消费结构中商品与非商品所占比重却几乎没多大变化,这种超稳定的结构,说明我省的居民消费领域不宽,尤其是非商品消费领域过于狭窄,这是我省城镇居民消费结构不合理最突出的表现,也是当前市场疲软的深层原因。

曾几何时,人们总是被商品消费领域一个又一个的目标激励着,从70年代的收音机、手表、自行车,到80年代的彩电、冰箱、洗衣机一个台阶接一个台阶,而下一个台阶的空调、小轿车、高档音响,由于受能源、交通、购买力的限制,短期内难以普及,因此,出现了"消费断层"。现在,消费者的普遍心态是:手头上结余了一定数量的资金,但一时又难于找到购买的用项,而要跨上下一个台阶又不太可能。去年1至11月份,我省社会商品零售总额为159.9944亿元,比前年同期下降1%,而且,今后较长一段时期,社会商品零售总额要像前几年那样增长,可能性不大。因此,光靠商品消费来启动市场,恐怕难有回天之力。

启动市场的钥匙在哪里? 一些经济界人士认为,拓宽消费领域,是调整消费结构、走出市场疲软的治本之策。非商品消费这么一大块,在我省吸收居民的支出长期只占8%左右,确实太低了。造成这种消费领域不宽的原因是多方面的,其中最主要的有两条,一是第三产业的发展滞后于居民的消费需求,造成诸多的这"难"那"难",在客观上抑制了城镇居民的消费需求;二是长期以来福利制的住房制度。我省人均房租支出占生活费支出的比重只有1%左右,在很大程度上造成了居民非商品支出比重过低。现在,人们都普遍着重于住房制度的改革,把居民的消费吸引到"住"方面,这当然是启动市场的一条有效途径。但"房改"要真正到位,还得经过较长时间,而且走出消费狭谷的通道远不止"房改"这一条。满足人们精神文化生活的消费需求,完善各种社会化服务,解决居民生活中的难题,下本钱教育子女等等,都是现阶段消费者的迫切需求。中国人民银行不久前对20个城市居民储蓄意向调查表明,城市居民在取款用途中,排在首位的是支付子女教育费。由此可见,居民在非商品消费领域的支出,其潜力是非常大的。

积极调整产业结构,开拓我省城镇居民新的消费天地,把居民的支出由商品消费向非商品消费引流,提高居民在非商品消费领域支出的比重,是当前和今后有待于我们做好的一篇大文章,也是城镇居民消费发展的必然趋势。去年1至11月,全省的社会商品零售额虽然比上年同期下降,但城镇居民人均商品支出却比上年增长14.5%。从消费构成看,非商品支出占居民消

费支出的比重已达到 10.8%。走出狭谷天地宽广,虽然这篇大文章才刚刚破
题,但最精彩也最难写的还在后面。

(《江西日报》1991 年 1 月 10 日   与陈志成合撰)

荒原上崛起的开发区

——新建县外商投资工业区见闻

灌木稀疏,茅草丛生,荒凉而又贫瘠——这是昔日的新建县北郊红土荒原。

厂房林立,车来人往,喧闹而富生机——这是今日的新建县北郊外商投资工业区。

短短数年间,这块神奇土地上发生的梦幻般的变化,使人真切地感受到共和国开放大潮的激流奔涌。5年前,记者曾对沿海开放城市作过一次采访,到过我国半数以上的沿海对外经济技术开发区,曾为那里岩浆迸裂、地火运行般的开放大潮所震撼、所激动。如今置身于这片新崛起的开发区,更是思绪满怀、情愫如织:谁能想到5年后,在我省的一个小县城附近,竟也出现了一个外商投资工业区!

从新建县城驱车向北10来分钟,便可到达这里,虽然它现在还显示不出多少繁华,但已开始展露出现代工业区的雏形。造型极富艺术性的厂门,使经过这里的人们,不由得对这片荒原上突兀而起的现代建筑投以惊奇的目光。进入厂区,看不到传统工业区那种高耸的厂房和林立的烟囱。徜徉其间,人们体味到的是现代工业区的强烈气息:厂房小巧而洁净,办公楼及配套设施格调高雅、色彩明快,给人一种清新明亮之感。在一些显眼处,"精益求精"、"拼搏奉献、求实创新"等字样尤为醒目。

新建县对外经贸领导小组办公室的负责同志向我们介绍说,目前已在这里投资开发的合资企业有4家,它们是:华建塑料有限公司、华信制革有限公司、华威罐头食品有限公司和华吉鞋业有限公司。整个工业区2.4平方公里,先期开发 1 平方公里,现已投入的开发资金折合人民币 3176 万元,已投产的企业有 3 家,还有 1 家正在加紧建设,预计到明年 3 月也可投产。投产后,仅这 4 家企业每年就可形成 1.5 亿元的产值,实现利税 1300 万元,出口创汇 1200 万美元。另外还有一些合资项目也可望进入工业区,合资的华梅鞋业有限公司已在这里选址,今年 10 月即可动工,还有 2 个项目也正在与外商洽谈中。

澎湃而激越的开放大潮,唤醒了这片沉睡的土地,使它在历史的机遇面前沸腾起来,红色的荒原开始出现希望与奇迹——

最早在这里落脚的"华建"公司,如今已投产 3 年多了,现在年出口创汇达 130 万美元,3 年时间,就先后抱回了"省出口创汇先进单位"和"省'三资'企业先进企业"2 块奖牌。

今年 8 月,"华信"公司和"华威"公司又双双投产,其中"华信"公司从基建到投产只花了半年时间,被人们誉为新建的"深圳速度"。

我们在"华信"采访时,正巧碰上刚从香港到这里的该公司外方经理吕金凤小姐。我们问她:"您对公司信心如何?"吕小姐笑了笑,答道:"我到这里来,就是有信心的表现。"接着又补充道:"现在是荒山变厂房,将来就是荒山变黄金!"

合资企业给这里带来的不仅仅是漂亮的厂房、先进的生产线和技术设备,同时也带来了按国际惯例的生产经营和现代管理方法——在这里没有温情脉脉的"大锅饭",没有高枕无忧的"铁饭碗",只有商品经济严酷的规律和工业文化铁的纪律。走进生产车间,只见人人埋头操作,一派紧张忙碌、纪律严明的景象。我们向一些工人问话时,他们也是一边工作,一边瞅空作答。

"华威"公司副总经理、中方代表李日叶,给我们讲述了不久前发生在这里的一件事——

这家公司当初招工时,许多人听说这是中外合资企业,一时趋之若鹜,有的甚至通过各种关系找上门来。可投产不到 1 个月,一下子就有二三十人走掉了。原因是:对严格的管理和紧张的工作节奏适应不了。

然而,更多的人在这些合资企业中留下来了,并在这里经受着磨炼与陶冶——身体的劳顿、心灵的震撼、传统价值观和思维定势的无情瓦解。我们在"华建"公司的生产车间,碰见一位来自农村的拉丝工胡才荣。这位小伙子告诉我们,当初到这里时感到非常不适应,在这里当工人与他想象中的工人相差太远了,工作紧张不说,而且管得严,出了问题不仅要扣工资,弄不好连饭碗都难保。然而几年下来,他不仅适应了,而且干得不错,最使他感到自豪的是:从未因故被扣过工资。

是啊,新建县北郊崛起的这片外商投资工业区,它在创造可以数计的有形财富的同时,还在不知不觉地扮演着一座培训工业化人才"商品经济学院"的角色。进入这里的人们都在经受着商品经济的熏陶和现代工业文化的洗礼。这对于工业基础十分薄弱,尤其缺少现代工业的新建县来说,其意义更为重大和深远。

外面的世界很精彩。新建县北郊的这片外商投资工业区,就像对外开放的一个"窗口",以其挡不住的诱惑,正吸引着越来越多人的瞩目。虽然它的投资环境目前还不是那么完善,它的规模也还不大,但它毕竟已在这片红土荒原上崛起。我们有理由、有信心期待着一个更为辉煌灿烂的明天!

(《江西日报》1991 年 9 月 26 日)

得奖为何不得势

——"萍羽"现象透视

萍乡羽绒厂的职工是自豪的:单是摆在厂产品陈列室里那一尊尊金光闪闪的奖杯和一叠叠大红获奖证书,就足以向人们昭示其辉煌与荣耀——从1989年以来,该厂产品省部级以上的奖,就获得21个,获奖率名列全国羽绒厂家前茅,而且去年在全省羽绒工业协会质量检测评比中又以88.5的高分雄踞榜首。

萍乡羽绒厂的职工心中又是苦涩的:透过闪耀着迷人光环的奖牌,他们所面临的是这样一个不容置疑的事实——在当今羽绒产品的市场上,"鸭鸭"、"飞达"、"伊里兰"、"南安"等品牌早已在消费者心中叫响,并随着其名声的日益显赫,产品销量和企业的规模不断扩大。相形之下,频频获奖的"萍羽"牌产品,在消费者心中却没有占据应有的位置。

经济生活中,这种评比中得奖但在市场上不得势的现象,并非鲜见。它确实是耐人寻味的。

产品的高质量不等于商品的大市场,奖牌是属于企业的,而名牌才是消费者所认可的。一个广为人知的名牌,才能为企业带来巨大的效益。萍乡羽绒厂的经营者们经历了几番曲折之后,终于认识到了这一点。该厂厂长深有感触地说:"论产品质量、款式、功能,我们都不差,而且卖价也较低,但消费者就是不认这个账。得奖时,我们心里乐滋滋,然而,跟人家一比销量和规模,却又怎么也高兴不起来。"

省政府的一位副省长在全省第6次羽绒工业工作会上善意地告诫该厂:你们要敢于宣传自己的产品,姑娘长得再漂亮,藏在深山谁知道,要赶快让她

"飞"出来呀!

对一个企业来说,产品奖牌所包含的意义绝不仅仅是某种荣誉与奖赏,更主要的是它能否成为打开市场的"敲门砖"。而从大众消费文化的角度来讲,名牌则往往是高质量与完美的象征。因此,把奖牌变成名牌,使产品在激烈的市场竞争中保持优势,这其中的确大有文章可做。萍羽人已意识到自己的不足,正在竭力奋起——

该厂准备为自己的羽绒产品重新定名,并利用各种渠道在市场上叫响自己的牌子。与此同时,萍乡市政府已拨出资金对该厂进行技术改造,扩大其规模。第一期工程已经开工。

萍羽还与厦门华纶工业公司和新加坡客商合资在石狮办厂,由萍羽出技术、劳务和管理,华纶公司出厂房、设备,新加坡客商出资金,利用特区的窗口,提高产品知名度,生产出口羽绒制品。

仅以上 2 项大动作完成之后,其规模将由目前年产值 300 万元增加到 2500 万元。

此外,经过该厂的努力争取,林业部已正式下文,指定其产品为全国林业工人劳保用品和防寒服装。这样,该厂产品的销售,出现了非常诱人的前景。

"养在深闺人未识"的"萍羽"牌羽绒制品,将大步走出"闺门",向世人展示其迷人的风姿。它的这一经历,令人思索与回味。

（《江西日报》1992 年 1 月 6 日）

为了大地的丰收

江西人民从来就没有停止过对水的渴求与眷恋,更没有间断过与水的较量与搏斗,驯服"洪兽"与"旱魔",成了人们久蕴的意念和不灭的梦想。

1991年,面对"旱魔"在这块土地上的疯狂肆虐,江西人民再一次警醒、奋起!

于是,一幅千军万马治水的恢宏画卷,从平畴万顷的赣抚平原到峰峦叠嶂的赣南山区,徐徐展开……

当一曲曲抗天歌迎来丰收的时候,人们在反思中强化对水利的认识。社会办水利的大潮,正在结束农民孤军奋战的历史

当现代科学技术还无法从根本上制止大自然的恶作剧时,水旱灾害频繁地侵扰我省,去年罕见的干旱尤其给人以切肤之痛。一场江淮大水,更使人们惊心动魄。

江淮大水和肆虐赣鄱大地的干旱,给人们留下的仅仅是灾难的印记吗?不,它敲响的是振聋发聩的警钟:对自然灾害,有御则安,不能临渴掘井,是大办水利的时候了!

在一曲曲抗天歌抹去灾害的痕迹,夺得农业全面丰收的时候,人们在反思中强化对水利的认识:作为基础产业的水利,已成为国民经济的命脉,"水利为社会,社会办水利"正在成为人们的共识和行动。

在大自然中作业的农民,是灾害中首当其冲的受害者。他们成了水利建设中当之无愧的主力军。他们从灾害的磨难中奋起。广丰县的农民说:与其旱时千里百担一亩苗,不如现时百人千方土、万方水。越来越多的农民一改消极地"等靠要",立足自力更生办水利。赣州地区的农民表示,"国家扶持,我们一定干;国家不扶持,我们也要干"。全区出现了多年少有的"水利热",农民和集体共筹集水利资金近900万元,农村劳力十中有六上了水利工地。全区开工工程达4万多个,占到全省开工工程的40%多。

社会办水利大潮的兴起,结束了农民孤军奋战的历史。长期以来,城里人视水利与己无关,城市成了不设防的城堡。灾后反思把城里人卷进了水利建设的行列。各级领导和干部走在了最前列。他们不但承担起组织领导的重担,而且在水利工地上留下了劳动的身影,洒下了辛勤的汗水,成为水利建设中一股巨大的凝聚力。随着社会办水利的深入人心,水利集资渠道迅速拓展,一个国家、集体、个人多渠道全方位投资办水利的新格局正在形成。省、地、县、乡各级为水利集资已达4亿元。

屹立在抚州市东南方新扩建的1000多米长、13.6米宽的瑶坪大堤,是社会办水利的一个缩影。为了郊区和城市人民生命财产的安全,抚州市动员全市人民扩建瑶坪堤。全市11万多人口,有5万多人为瑶坪堤出钱出力。瑶坪堤的成功扩建,显示了社会办水利的巨大威力。

壮士横戈倚天啸,今引天河洗甲兵。千军万马奋战水利工地的画面上,展现的是近十年来少见的气势、规模和速度……

反思促大干,成为历史的必然。自然灾害的危害促使农田水利基本建设在江西大地波澜壮阔,高潮迭起。许多地方打破了秋后修水利的惯例,早在去年7月,大批农民带着抗旱的征尘迅疾转战到水利工地。各地以前所未有的气魄,为全省一半以上的骨干工程做好了规划、设计等前期工作,拉开了水利建设的帷幕。进贤、高安、余干等地的一批重点项目,在前哨战中就完成了大部分土方工程量,创造了奇迹。

前哨战旗开得胜,主攻战威武雄壮。从平原到山区,从丘陵到滨湖地区,"县县有重点,乡乡有工程,村村有项目,户户有任务"。10万多个大小工程星罗棋布,一时间,到处红旗猎猎,人海如潮,为大地增添了无限风光,一展江西儿女战天斗地的壮志豪情。

多年来想干而不敢干的、想干而干不了的或不想干不愿干的工程,在协同作战、龙江风格中,争相上马。兴修涉及都昌、星子、湖口县的鄱阳湖、苏家垱、泊阳湖 3 大血防围垦改造湖滩工程,是人民多年的宿愿,终于在去年得以实现。3 个县的 23 万人马齐上阵,工地上百里搭长棚,1 万多个"蒙古包"蔚为壮观。全省各地都有一批具有相当规模的跨乡、跨县的工程,仅九江市就有 30 多个。

许多工地上,伴随着人流的,是那风驰电掣的各式机动车辆。南昌、新建县的工地上,经常驰骋着一两千台机动车、装载机、铲运机、推土机,一派金戈铁马,气吞万里的气势。这支机械化队伍,为水利建设增添了现代化的色彩。

1992 年的新年钟声尚未敲响,全省水利主攻战已捷报频传。据省水利厅去年 12 月 30 日的统计:全省完成土石方 2.04 亿方,累计投工 2.9 亿个,完工工程 94117 座。所有数字都大大高于上年,相当于 1988 年的两倍。这说明,去年水利建设的气魄、规模、速度,都是近十多年来所少见的。

以科学求实的精神,把水利建设由单一的治水,推上山水田林路综合治理的新台阶,使江西大地耸立起一座座水利建设的丰碑

到处都是治水的人群,到处都是热火朝天的治水战场。而贯穿这些浩大场面之中的,是求实与科学的精神。正是这种精神冰释了群众"不怕大干,就怕白干;不怕苦干,就怕蛮干"的疑虑。

各地在劳力的安排上,既有主战场十几万人的大兵团会战,也有小山村十几人"游击队"的各自为战,主次分明,相得益彰。在工程的布点安排上,一切从实际出发,一切以效益为重。湖滨地区重点突破圩堤和排涝设施建设;丘陵地区主攻小山塘、小水库等;山区则着力搞好小水电建设和水土保持。

这些多姿多彩、有声有色的水利工程,所体现的科学精神,也是过去所不可比拟的,我省的水利建设由此而跃上了一个新台阶。

不少地方,水利建设已由过去的单一治水,转向山水田林路综合治理,由过去低标准的防护性治理转向达标性综合治理。水利建设正与促进农业稳产高产、灭螺治病、农业开发及农村奔小康等有机地结合起来,为国民经济发展提供多方面服务。我省的水利建设开始由过去单纯的工程经济水利模式,向生态环境水利模式迈进。

号称"赣中粮仓"吉水县的水利建设已从过去的年年修水库、建电排站,岁岁堆圩堤、清淤泥的常规水利,转变为集中连片大面积综合治理,全县已建成了 2.4 万亩"田成方,树成行,路渠成网,排灌分家"的高标准园田化工程。昔日高低不平、田块零碎、易旱易涝的丘陵坡,如今展现在眼前的是一幅如诗如画的园田美景:农田平坦如砥,方整划一;田间阡陌纵横,渠道交错。人们用智慧与汗水在大地上绘出了令人赞叹的锦绣图画。

烟波浩渺的鄱阳湖,以其富饶的资源,养育着千百万鄱湖儿女。但是水患、血吸虫病和由此而造成的贫困,成为当地群众的三大灾害。去年,地处湖滨地区的一些县,把治水与治虫、治穷科学地结合起来,通过修堤围滩,既防水患又灭螺,围出的田用来发展种植业和养殖业,取得了多重效益。

治水大军用自己的钢筋铁骨和智慧,筑起了一座座"命脉"工程,至去年年底,全省新增有效灌溉面积、恢复改善灌溉面积、新增旱涝保收面积、改造中低产田以及治理水土流失面积共计 556 万亩,新增小水电装机 2.5 万千瓦。

人们完全有理由相信,百万治水大军在江西大地耸立起来的一座座丰碑,必将带来新的丰收!但是,它们还未构筑成防御自然灾害的铜墙铁壁,人与大自然的较量是无止境的。我省的水利建设,也还远没到那咏唱"阳关三叠"的时候……

（《江西日报》1992 年 1 月 18 日　与蔡友云合撰）

长江开放开发大写意

长江——中华民族的母亲河。

大江流日月,岁月贯古今。当历史跨入 20 世纪 90 年代的时候,长江,这条东方的巨龙,终于开始了它腾飞前的躁动——

90 年代第一春,"龙头"上海,向世界推开又一扇开放之窗:浦东。

今春的全国人大七届五次会议通过决议:在"龙尾"的三斗坪兴建三峡工程。

6 月 24 日至 27 日,中国最高决策层在北京召开的长江三角洲及长江沿江地区经济规划座谈会上,向世界郑重宣布:以浦东开发为龙头,进一步开放长江沿岸城市。

长江的躁动震惊了世界。它向人们表明:90 年代中国改革开放的重点,将从珠江流域逐步推进到长江流域,中国全方位对外开放的新格局将由此而逐步形成。

槛外长江空自流

登上武汉的黄鹤楼,眺望浩荡东去的长江,吟诵苏东坡的名句:"大江东去,浪淘尽,千古风流人物……"不禁使人产生出历史的厚重之感和豪迈之情。

长江是富饶的。远在春秋战国时期,长江流域的蜀、楚、吴已成为发达富裕地区,到后来更是上有"天府之国",中有"鱼米之乡",下有"人间天堂"。然而这些都毕竟是我国古代农耕文明的辉煌与荣耀。作为现代工业文明的曙光，却未能在这里闪现其应有的光彩。

综观全球的大江大河，除流经沙漠的尼罗河、横穿热带密林的亚马孙河外，几乎都已成为城市密布、经济发达的地带。美国的密西西比河、德国的莱茵河、法国的塞纳河、英国的泰晤士河都以其沿岸特别发达的经济，带动着整个国家经济的发展。当这些国外参照系展现在我们面前的时候，不能不使人感到：长江落后了！

对长江沿岸各地来说，真正深刻的刺激来自更为严峻的现实：长江流域的经济水平虽然绝对值处于全国较前位置，但用国际上衡量经济发展水平的"人均值"来计算，仅仅等同于全国的平均水平。轻轻地撩开蒙在江面上的这层薄薄的纱雾，长江流域这个在人们头脑中"比较先进的地区"的人均产出水平，竟是如此一般。而我国沿海地区，借助改革开放的伟力，以"虎跃"胜"龙腾"的气势连创经济奇迹。沿海地带的经济发展，早已将长江流域地区抛在了后面。

强烈的反差，使长江沿岸的人民发出了急切而不屈的呐喊：莫让"槛外长江空自流"！

潮似连山喷雪来

历史发展的机遇，终究不会把长江遗忘。

以浦东为龙头的开放开发长江经济带的热潮，呼啸着溯江而上，拍打着两岸的城市乡镇。今年春天，一位伟大的改革开放总设计师的南方之行，更使这股大潮波兴浪涌，动地而来。

长江，遇到了前所未有的发展良机。

几年前，记者在一次"沿海开放城市"采访时，曾为那里惊涛裂岸般的开放开发大潮所震撼。而在那之后，参加由中国记协组织的"黄金水道行"采访，却使记者慨叹：沿海的开放大潮，何时才能涌入万里长江！如今终于盼到了"潮似连山喷雪来"的开发开放壮景。

澎湃的开放开发大潮，冲开了幽闭的心灵。地处长江之滨的安徽铜陵市，首先公开自我揭短，高呼"铜陵醒来"！山鸣谷应，大江南北响起"醒来，不只是铜陵"的回音。

消除了观念的羁绊,随之而来的是大胆而果敢的举动——

江苏:重点建设南京、镇江等7城市组成的沿江经济带。

安徽:以芜湖等沿江4城市为中心,以八百里沿江地区为依托,重点突破、逐步连片,多层次、全方位推进。

江西:举全省之力,建设"昌九工业走廊"。

湖北:以武汉为中心,发展繁荣的沿江经济带,实现"中部崛起"。

湖南:依托岳阳,东进出海与南下两广并举。

四川:借重庆的辐射力,重点开发攀西和宜宾的资源宝库。

与此相呼应,长江沿岸一大批重大经济建设项目纷纷上马。这些项目涉及冶金、石化、建材、汽车、轻纺、机电等行业,其中有年产30万辆轿车、年产14万吨乙烯等特大型项目。交通、通信等基础设施建设也大规模展开。长江上除已建的6座大桥外,目前正在建设的长江大桥就有5座,已经立项的还有5座,正在进行可行性研究的还有3座。总投资102亿元的长江航道整治和港口建设规划,开始分步实施。在建成我国最大光缆通信网之后,长江沿岸城市之间900兆赫无线移动电话通信也在加紧建设。

在长江两岸的开发开放中,新兴办的众多开发区分外醒目。沿江23座城市兴办的100多个开发区,已吸引了大量内资、外资和高新技术项目,成为当地开发开放的"桥头堡"。

现在,沿江而行,可见一船船原材料顺江而下,一拨拨先进技术设备溯江而上,一批批外商络绎而至。全面开发开放的热潮,自东向西,在长江两岸涌动。

直挂云帆济沧海

我国不少经济界人士认为:长江三角洲及沿岸地区,将是我国开发条件最好、经济实力最强、潜在优势最大的经济地带。

长江的未来充满着希望。

在我国生产力布局的"T"字形框架上,沿海是弓,长江则是箭。

在我国经济由东向西逐步转移的布局中,长江又是最为重要的纽带。

80年代特区的建立和沿海地区的开放,使我国对外开放进入了一个新的历史阶段。而90年代浦东和长江三角洲及沿江地区的开放开发,则又是一个新的里程碑,但这绝非仅仅是简单的增加。

以浦东为龙头、长江三角洲及沿江地区的崛起,与发达的东部沿海地带纵横交汇于长江三角洲,将形成两大发达地带比翼双飞,"黄金海岸"和"黄金水道"同步发展,以黄金海岸之"弓",射出黄金水道之"箭",带动我国从太平洋西岸迈向更为广阔的世界经济舞台。

这一地带的崛起,还将使我国的改革开放形成向内地深化和突破的态势。

美国亚洲问题专家罗斯托说:长江好比一条巨龙,什么时候这条巨龙飞起来了,整个中国也就飞起来了。

亚洲"四小龙"的崛起,创造了当今世界的经济奇迹。那么,长江这条东方巨龙的腾飞,将意味着什么?

英国《每日电讯》一篇题为《中国:一个新的旭日东升之国》的报道,以感慨的笔触写道:"一想到有10多亿人口的中国活跃起来并实现工业化,西方产业界人士的心中就感到一阵恐惧。这个巨大而仍然相当神秘的国家不仅是一个未来的市场,而且还是一个可怕的竞争对手!"

长江要起飞。

中国要起飞。

开发的鼙鼓已经敲响,开放的世纪风已扑面吹来。长江那惊涛骇浪的气势,震荡着两岸人民奋进搏击的灵魂。乘风扬帆向大潮,长江流域经济的发展已开始鼓足风帆,汇入世界各民族竞争的大海。

啊——长江!

（《江西日报》1992年7月2日）

风景这边独好

——江西迎来招商投资热

江西——中华大地上的一块瑰宝。

茫茫江西大地,山脉巍峨连绵,平原广阔肥沃,江河湖泊密如蛛网。这里林茂粮丰,鹅鸭欢鸣,金鳞跳波。在红土地下,11种矿藏储量居全国之首……物华天宝,丰富的资源,奠定了我省得天独厚的物质条件,使其具有不可估量的经济发展潜力,吸引着外商前来投资开发。

勤劳的江西人民,英才辈出,俊彩星驰。王安石的改革壮举,文天祥的坚贞不屈,詹天佑的自强精神,邹韬奋的正义呐喊,更有我省人民在现代化建设中的奋力拼搏……人杰地灵,古往今来多少江西儿女竞领风骚。如今,热情好客的江西人民,又以宽阔的胸怀笑迎四海客商来这里共同开发,兴业发财。

今年,当红土地上刚透出春的气息的时候,南巡归途中的邓小平同志在鹰潭火车站召见了省委书记毛致用、省长吴官正。他亲切叮嘱江西的同志:抓住机遇,思想更解放一点,胆子更大一点,放得更开一点,发展经济的步子更快点……小平同志的鼓励在我省产生了巨大的震动。作为"粤户闽庭"的江西,过去只能对沿海开放大潮翘首以望,隔着大山羡慕而又急迫地倾听大潮拍岸的涛声。如今,开放的大潮涌起的连天波澜,终于漫过南岭和武夷山脉,朝着江西排空而来。特别随着对外开放由沿海向长江沿岸地区的推进,地处内陆的我省,一下子被推到了开放的前沿地带。

面对这前所未有的开放和发展良机,省委、省政府审时度势,把招商引资列为全省当前和今后经济工作的重点之一,及时作出了"北上、南下、东进"全方位开放、吸引外资的战略部署。为了配合这一战略的实施,继1987年公布

《关于鼓励外商投资优惠新办法》,1990 年发布《关于鼓励台湾同胞投资的规定》后,今年 5 月又正式制定发布了《关于鼓励开发昌九工业走廊的规定》,使鼓励外商投资的政策形成系列,一些政策甚至比沿海开放地区放得更宽。省委书记毛致用、省长吴官正多次强调:凡是沿海省市和经济特区的优惠政策,在我省都可以用,甚至更优惠;凡是外商提出的合理要求,只要不违背国家法律,我们都将予以接受。

我省人民响亮地提出:"不靠海、不靠边,地缘不足人缘补!"全省上下,一个省、地(市)、县、乡、村 5 级启动,全方位招商引资的大气候和新格局正在江西的大地上形成。各地的开发区、招商局如雨后春笋般地冒出,具有本地特色的招商引资优惠政策相继出台。一批实力雄厚的国有企业也获准对外招商,且形式不限,既可与外商合作,也可租赁、拍卖给外商经营。省会南昌市以其"以放对放,比沿海更放;以活对活,比沿海更活"的姿态,引得客商纷至沓来,南昌高新技术开发区和昌北开发区已成为外商投资的"热点"。

我省的革命老区,过去在人们心目中往往是闭塞与落后的形象。如今这种状况已得到彻底改变,老区正在向特区转变。当年中央革命根据地所在地赣州地区,利用毗邻广东福建的优势,采取各种措施吸引外商投资,使招商引资工作走在全省的前列。

"中国革命的摇篮"井冈山区,大步走向世界的气度,也令人刮目相看。日本共同社的两位记者,曾采访了井冈山,他们在一篇题为《对外开放与革命老区》的报道中写道:"中国 10 年改革开放,井冈山并不是被遗忘的角落,人民生活改善,经济逐步发展,最令人意外的是,井冈山区还办起了一批中外合资企业,我们的思想已经远远落后于井冈山区的实际状况。"全省其他市,在招商引资工作中,也是你追我赶,奋勇争先。昔日蕴藏着厚重历史与传统的红土地,正成为外商投资发财的一方热土。

"欲致鱼者先通水,欲致鸟者先树木。水积而鱼聚,木茂而鸟集。"为了创造一个良好的投资环境,吸引更多的外商前来投资,我省举全省之力,加快重点基础设施、服务设施的建设步伐,提高办事效率,使投资环境得到明显改善,大大缩小了与沿海地区的差距。

我省的通信条件已进入全国先进行列,全省所有的地、市所在地和 60 多个县已全部开通程控电话,与世界 180 多个国家和地区的联络只需举手之劳。

交通已形成了水路、铁路、航空、公路"四路并进"的立体交通运输网络。九江港已正式对外轮开放,出口商品可由长江出海通往世界各地,外轮也可直达江西。浙赣、鹰厦、皖赣、武九、南浔铁路横贯全省大部分地市,鹰厦电气化铁路已建成投入营运,运量增长30%,浙赣铁路复线工程即将全面全线竣工投运。特别是已列入国家"八五"计划的北京至香港九龙的京九铁路,将贯穿全省南北,不仅为我省增加一条"大动脉",而且直接把江西与大江南北联成一体。江西民航的18条航线,直通国内主要大中城市,直达班机使香港与南昌近在咫尺。一个大型的国际机场——南昌昌北机场正在筹建。公路运输在江西更是四通八达,直穿江西的105国道,可达深圳、珠海。此外,合龙的九江长江大桥年底将通车,昌九高等级汽车专用公路和南昌大桥明年6月建成通车。

我省电力建设近年来突飞猛进,每年都迈出较大步伐。现已基本能满足需要。电力建设还有几个"大动作":新余电厂、丰城电厂、景德镇电厂、九江电厂三期工程以及几个水电站的建设已着手进行。

以诚招商客商来。在抓好硬环境建设的同时,我省在软环境建设方面更是下了苦功。全省许多地方都提出:硬环境比不上沿海,软环境一定要超过沿海,以弥补硬环境的不足。各地除陆续出台许多优惠招商的办法外,我省在全国率先下放了引进外资项目的审批权限,同时简化了审批手续。全省各地市都成立了相应的利用外资机构,形成了系统的服务网络,为利用外资提供一揽子配套服务,大大提高了办事效率。全省各地市基本上都实行了一个"窗口"对外,一个机构办事。外资项目只需由一个部门就可办好全部手续。

在对待"三资"企业的态度上,我省人民更是显示出诚意,不少地方明确向外商表明:你赚钱,我欢迎;你得利,我高兴;共同开发,携手前进。

良好的投资环境,吸引外资纷纷涌入我省。据统计,今年1至8月,我省新批的"三资"企业已达398家,已超过前几年批准"三资"企业的总和,而且外商来赣投资的势头有增无减,现在平均每天以3家的速度增长。有关人士预计,到年底全省新批"三资"企业可望突破600家,这将是我省招商引资工作的一个空前的大跨越。同时,这也表明,江西正在成为一个吸引外资的新"磁场"。

　　对已经创办投产的"三资"企业,我省各级政府都积极为他们努力创造良好的生产条件和宽松的经营环境,省政府公布了《"三资"企业管理暂行规定》,加强了对"三资"企业的管理,完善了对"三资"企业的服务。昌成实业有限公司、新华金属制品有限公司、赣新电视有限公司等一大批"三资"明星企业,在江西的红土地上冉冉升起,放射出耀眼的光芒。这些企业都取得了良好的经济效益,有的产品大批量打入国际市场出口创汇;有的开发出高技术产品,填补国内空白,并在国内外许多重大工程中中标;有的产品畅销全国各地,成为名牌产品……他们的成功,向人们昭示:地处沿海与广袤内地连接部的我省,确实是继沿海开放地区之后,又一块不可多得的投资发财宝地。

　　8月中旬,我省在香港举办了规模空前的出口商品展销会和经济技术合作洽谈会,为我省的招商引资工作,展示了更为广阔的前景。

　　四海的风已吹入红土地的怀抱,世界向江西走来,江西向世界走去。我省人民正丢弃历史的重负,跨越封闭的羁绊,向着更为广阔、更为精彩的外部世界大步前行!

　　　　　　　　　　　　　　　　　（《江西日报》1992 年 9 月 26 日）

花样翻新说店牌

店牌,一店之名也。

随着市场经济的大步推进,第三产业的勃兴,南昌街头的店牌一天比一天多起来,洋的、土的,时髦的、守旧的……雅雅俗俗、五花八门。漫步街头,观赏品味这些千姿百态、内容各异的店牌,可以使人从一个侧面看到时代的进步、市场的繁荣和人们观念的变化。

改革开放之初,南昌街头大多还是"永红"、"东方红"、"立新"、"东风"之类店牌的天下,单调而又乏味。随着"黄庆仁栈"、"三泰"、"亨得利"等一批老字号重新亮相,店牌开始变得丰富多彩起来。

当"喜来登"、"巴瓦耶"、"亚特南达"等洋味十足的店牌出现在南昌街头时,人们开始还觉得有些新奇,但随之而来的是模仿。如今南昌街头"梦娜迷"时装店、"蒙丽莎"发屋、"蜜经"化妆品店……这些洋里洋气的店牌,不时映入你的眼帘。记者曾向一位店主问其洋店牌的含义,他支吾了半天也未说清,最后,只得如实相告:这年头,带着洋味意味着新潮,招徕顾客。

喜用洋味店牌的固然不少,偏爱古雅的也有人在。像胜利路上的艺林轩,中山路上的广雅轩,苏圃路上的一品轩、心远斋,就连半边街路口一家门面不大,甚至有些寒酸的小吃店,也名曰:聚仙阁。

社会学家认为:文化中的主要价值观,可以通过其符号体系(例如语言文字)表现在经济宣传形式中。这些店牌就是经营者价值观最直接的表白和流露。标新立异,个性鲜明,是时下一些店牌的最大特点。

广场主席台角上的一家餐馆,本也不引人注目,但经营者却别出心裁地挂出了一块"好望角大酒楼"的店牌,使人老远就能看到,情景交融,令人过目不忘。

八一公园旁边有一家"1+1超级时装店",谜一样的店牌,引得人们都想进去看个究竟,这正是经营者的匠心独运。

在诸多店牌中,还有一种有趣的现象:气壮云天的店牌越来越多。明明是普通的小饭馆,却冠以"酒家"、"酒楼"的牌号,有的还嫌不够,又在前面加上一个"大"字。明明是小店铺,却纷纷将店牌改成"商场",有的甚至还在前面加上"超级"二字。而那些真正的大商场和商店甚感委屈,于是也不得不改名换姓,以示区别。广为人知的"大众商场"改成了"南昌商场","南昌妇女儿童用品商店"改成了"南昌第一百货商场",以显示其真正代表着南昌的水平。这种店牌用字上的求大趋向,反映出经营者们自壮声势、招人注意的心理和对外交往的便利。

与此形成对照的是,"文革"中那些使用频率极高的字眼,现在是很少受人青睐了,但是就在中山路上,间或也能看到一直沿用到现在的"长征"、"燎原"、"四新"等字样的店牌,这些店铺也和其他店铺一样,依然平静地做着自己的买卖,其实,除去那个时代特有的政治色彩,这些不也是正经的好店名吗?

南昌街头五光十色的店牌,就像一幅历史的画卷,时代的色彩在这里刻画得如此清晰。它向人们昭示:大一统的时代已经过去,一个多姿多彩、开放的市场经济时代,已经到来!

(《江西日报》1992年11月29日)

走过去,前面是个天

——江西大步奔向社会主义市场经济

20世纪的夕阳就要落下,新世纪的曙光即将来临。

共和国的巨手,毅然推开了市场经济的大门,打开了迈向新世纪的经济发展通道。市场经济大海波澜壮阔,江西人民在这大海中搏浪奋击,呼风唤雨,你追我赶。

从一方田头　走向八方街头

市场经济——一股挡不住的潮流,以其强大的活力,奔放不羁!它无情地冲击着计划经济的堤坝,也冲击着人们头脑中的固有观念。

前几年记者在基层采访,不少地方最自豪的话题是当年的光荣历史。"我们是全红县"、"为革命牺牲了无数烈士",几乎成了一些干部的口头禅。

而现在,人们最自豪的话题是:有多少产品打入了国内外市场,兴办了多少三资企业和乡镇企业。

话题上的这种变化,是人们观念更新的一种表现。大家认识到:忘记过去固然意味着背叛,但留恋过去,不思进取停滞不前,同样也是背叛。

当思想的闪电划破精神的夜空时,希望之帆便起航了。

我省是农业大省,粮多、猪多、柑橘多、木材多。但在一段时间内却关卡重重,自己封门困死了自己。

市场经济的大潮,首先将这些重重叠叠的关卡冲得七零八落。为了打破地区封锁和市场分割的局面,全省一举撤掉了各种关卡2200多个。农民在经历了各种"卖难"之后,从自己的一方田头,走向八方街头。全省已有数百万农民在流通领域大显身手。宁都县上万名向来满足于"养鸡为换油盐钱"的农民,以"十万家鸡下广州"、"百万西瓜上武汉"的宏大气魄而声名遐迩。

各种类型由农民组成的贩销集团随着大流通应运而生,形成了"倒粮"、"倒猪"、"倒菜"的专业化"部队",仅宜春地区这样的农民贩销集团就有5000多个。

大流通呼唤大市场。全省市场建设势头迅猛。去年全省用于集贸市场建设的总投资2.1亿元,超过1978年至1991年集市建设投资的总和。到去年底,全省集贸市场达2567个,生产资料市场344个,生产要素市场84个。市场经济的发展推动着我省市场体系不断向新领域延伸、向高层次迈进,涌现了一批跨地区、跨省市、远辐射、大流量、高效益的大型市场。

市场的勃兴又牵引着农村产业结构的调整,过去哼惯了"春种秋收政府管,生产什么卖什么"小调的农民,如今唱起了"自主经营找市场,哪样赚钱种哪样"的新曲。

打开封闭的厂门　走向开放的市场

纵观世界经济的发展,市场是迄今为止比较有效的资源配置手段。搞活企业,关键不在于给多少优惠政策,而在于放开企业的手脚,把它推向市场。

价值规律乃市场经济之魂。我省旧体制的缺口最先在价格上突破。几年来的闯关夺隘,价格形成机制出现了根本变化,市场调节价已起支配作用。全省农副产品价格除国家管理的少数几种以外,已全部放开,连过去看得像枪炮般重要的粮食,也于去年9月被推向市场。

全省社会商品零售总额中,市场调节价比重占96%以上,仅比深圳低一个百分点。过去人们生活离不开的商品票证,已全部成为"历史文物"。

竞争,市场经济的核心。让企业独立自主地运用经营权投入市场竞争,才能使其感受到优胜劣汰的压力,从而激发其奋发向上的动力。江铃集团、共青垦殖场、江中制药厂等一批企业,无一不是在市场竞争的跌打滚爬中,增强和壮大了实力。省里明确规定:要不折不扣地把《条例》赋予给企业的14

项经营权放给企业,取消对企业下达招工指标的做法,在企业工资、用人等方面也予以放开。同时宣布:凡省对企业下达指令性计划,必须相应地给予完成计划的条件,否则企业有权拒绝执行。

一系列的放权举措,使越来越多的企业打开封闭的厂门,走向开放的市场。国有大中型企业正加快经营机制转换,做好准备向市场大海冲浪;经营不善的企业或被兼并,或被拍卖,或转向第三产业。

省机械行业 300 多家企业,过去一直运行在产品经济的轨道,生产背离市场,导致一批企业产品积压,经营亏损。去年全行业向市场经济转轨,先后开发了 100 多个新产品投入市场,使全行业工业经济效益综合指标在全国排位由 17 位跃至 11 位。

这就是市场的魅力!

走过去,前面是个天

我省经济的结构,一是全民所有制经济比重大,二是农业比重大。从这个意义上说,江西是从浓重的计划经济和自然经济的背景色彩下走向市场经济的。面对这个陌生的新天地,在许多人投身其中、大展拳脚的同时,也难免有人一时感到不知所措,甚至无所适从。

不少地方出现了这样的情况:有的农民听说搞市场经济,扛着锄头在田塍上打转转,一时不知该种些什么好。南丰县白舍乡农民还通过新闻媒介表达他们的担忧:种什么作物心中无数,生产出的产品怕卖不出去。

还有的地方对发展市场经济茫然不知所措,甚至把市场经济简单地理解为建市场,结果不顾实际情况和需求,忙着圈地、摊派、集资建集市,结果建起来的市场成了有场无市的"空壳"。

不少企业既向往市场经济平等的竞争,又对政府怀抱中那张温暖的"摇篮"恋恋不舍。真正能在市场经济天地里纵横捭阖的企业还为数太少。

作为市场经济本身,固然有其神奇的魔力,但也有其胎带的弊端。当年烽烟四起的各种"大战",至今在不少人心头还留有余悸。

市场经济的生长和发育,呼唤着政府有力的宏观调控和引导。

尽管如此,市场经济仍是我们加速经济发展不容回避的选择。它正大步向我们走来,带着新的难题、新的风险和新的挑战,但更带着新的机遇。

　　江西老表,正在创造超越历史的辉煌!

(《江西日报》1993 年 3 月 11 日)

流变的时尚

——南昌新春风景线

狗年的钟声响了——

欢腾飞窜的礼花,锣鼓喧天的彩车,英雄城沉浸在欢乐之中,犹如一首热烈、古朴的交响乐,将千家万户的幸福与希望编织在中间。在这些古老习俗沿袭的同时,一些崭新的生活音符也汇入了新春的韵律,使省城人民的节日生活显得更加多姿多彩。

温馨销售热洪城

新春佳节来到之时,正是南昌商界的销售旺季。随着《反不正当竞争法》的实施,以往那没完没了的巨奖促销战终于降温,而简单地打出"削价"、"跳楼价"的招牌,已使顾客半信半疑。于是一种让消费者乐意接受的全新销售方式——温馨销售,正在新春期间的南昌各大商场升温:

南昌洪城大厦在搞好服务、吸引顾客方面做文章,公开打出"若购物不满意,七天内包退款换货"的广告,使顾客在此购物顿觉放心;

华联商厦则别出心裁地将其触角伸向文化领域,请来了南昌市在全国获过奖的小书法家们,为购物的顾客当场书写春联,使人们趋之若鹜;

金龙购物中心则推出"新春礼品文化特别行动"。请看他们的创意:"春节到啦!可别让岁月的砂轮磨砺了您的感觉,淡漠了人间的亲情和友谊哟……"这诗一般的广告词,使不少人受到感染,不知不觉跟着销售商走。

温馨销售为商业文化增添了一份独特的艺术魅力,也成为南昌新春的一个景观。

城乡拜年大反串

南昌城里的人到郊县去,郊县的人往城里跑,形成了南昌新春的又一景观——拜年大反串。

大年初一,尽管细雨霏霏,但位于八一桥头和沿江路边郊县公共汽车和班车停车场内,仍然是人来人往,车水马龙。一批又一批旅客从郊区和附近的几个县赶到南昌城里来拜年,而许多南昌市民则身背行囊登车赶往郊县的亲戚家中。

来自靖安县高湖乡的农民舒信标说:"好久没到南昌,听说这里盖了好多高楼大厦,建了好多大商店,修了好多马路和桥,早就想来看看。但平时城里亲戚忙工作,人家没时间招呼你。现在趁过年到这里来走走看看,增点见识,开开洋荤。"

而城里人到乡下去拜年,情趣则和这些农民不一样。他们趁着这几天难得的假期,到乡下亲戚家过过"把酒话桑麻"的农家生活,将都市的喧嚣、工作的劳累等,统统抛到脑后,从而得到彻底的返朴归真。这,大概也是一种新的时髦吧!

节日赠礼悄悄变

在我们这个注重礼尚往来的社会里,每年新春佳节的请客送礼习俗,其内容如今也在悄悄变化。赠礼中的含金成分,正逐渐被各种文化意味所冲淡。

早春二月,展览路上那一个挨一个的鲜花店已是姹紫嫣红,有的店铺还根据品种、色彩、造型和欣赏习惯,将鲜花组配成"贺岁花"、"情人花"、"礼品花"、"卧室花"等,购花赠友的人们手持一束束鲜花,为节日的南昌增添了春的气息。

与鲜花走俏相映的是贺卡大流行。春节前后,南昌几家大书店和邮政门市部,每天售出的贺卡都在千份以上,而那些以"小批量、多品种"为特色的贺卡摊档前,依然熙熙攘攘,人头攒动。

　　在南昌知识层中,以"书为礼"也渐盛行,一套精致的工具书或几本市面上的畅销书,已成为新春贺岁的佳品。从某种意义上说,新春的赠礼已逐步在变为一种高雅的文化活动。

　　透过南昌五光十色、新潮叠涌的新春生活时尚,我们看到的是一幅幅耐人寻味的时代变迁风景。时代往往就是这样,在我们不经意时,已向前迈出了几大步。惊回首,万里关山已渡!

(《江西日报》1994 年 2 月 12 日)

市场打出"文化牌"

　　当今市场经济,促使企业界群雄并起。为稳占市场一席之地,企业家们使出种种招数,或放马挑战,或扬鞭逐鹿,竞争达到白热化。而时下在江西,企业间的竞争已悄悄出现一种新景观:往日竞争的硝烟正在消散,浓郁的文化气息开始取而代之,企业家们连连打出"文化牌",稳坐中军帐,谈笑间运兵布阵,激烈的市场竞争被裹上了一层文化氛围。

　　赣文化的源远流长、博大精深,造就了我省独特的文化优势。企业家们在经营实践中认识到:赣文化一旦渗入经营活动,将大大提高企业和产品的知名度。以"临川才子"而名闻天下的临川县,商店、酒楼、舞厅,几乎都有与临川文化相关的称谓,漫步街头,"四梦歌舞厅"、"荆公酒店"、"玉茗储蓄所"……不时映入眼帘,仿佛处处使人感受到才乡的灵气。这里的产品更是与临川文化有着不解的渊源。"牡丹亭"牌纸扇使"才子之乡"的温柔之风徐来;"玉茗大曲"香飘万里,"安石菜梗"更是远销港澳和海外市场……厂家巧妙地利用了人们文化心理效应:谁不愿意享用"才子之乡"的物产呢!

　　这种开发产品用文化来"包装"的手法,正越来越多地为企业家们所采用。我国道教的发源地——贵溪县龙虎山,当地利用道教文化的优势,与外商合作开发出别具风味的道菜和捺菜,很快在市场打开了销路。严嵩故乡分宜县的企业家,竟别出心裁地将严嵩的大名派上了用场,生产出的白酒命名为嵩酒,引得人们欲尝其到底是什么滋味。有"将军县"之称的老区兴国县,利用苏区文化的优势,生产出20多个品种的红军斗笠,竟也成了人见人爱的遮阳遮雨佳品,并出口港澳和东南亚。更新鲜的是,南昌最近开张了一家"红军饭庄",推出红米饭、南瓜汤之类的当年红军菜,令人在品尝食物的同时,也享受革命文化的熏陶,真叫人其乐也无穷,其回味也无穷,引得食客趋之若鹜。

随着商战日趋加剧,一些有远见的企业家纷纷推出以文化为主旋律的营销新方式。今年"六一"儿童节期间,南昌洪城大厦和南昌时装大厦独具慧眼地分别举办"我心中的洪城大厦"儿童绘画比赛和小朋友讲故事比赛,吸引了许多儿童踊跃参加。比赛期间,两个商场的儿童用品销售额也直线上升。江西华联商厦特地腾出寸金之地,修建了一处音乐喷泉,周围摆着让顾客歇息的长椅,附近的柱子上挂着各种字画,使顾客有丝竹之悦耳,无案牍之劳形,妙曲绕梁,给购物者一份扑面而来的清新和惊喜。

市场竞争中这种"文化涌动"的新潮表明,我省企业的竞争已上升到一个更高的层次。"物业丰而至文化",文化与经济本属不同的范畴,企业家们从它们的联结和融汇中,拓开了一方富有魅力的新天地。

(《江西日报》1994 年 7 月 26 日)

隐形资源，登上经济大舞台

市场经济启动了多少智慧的脑袋，名气、活动能力、点子这些过去经济活动中从未引起人们注意的隐形资源，如今却像一座座被开掘的金矿，创造出令人瞠目的价值。宝藏处处有，行行可赚钱，这些隐形资源被社会认可后，市场之手已毫不迟疑地将其推上经济大舞台。

开发名气的含金量

利用名气赚钱，最直接的莫过于那些在广告中露面的明星了。然而对于商品经济头脑发达的人们来说，他们已在更宽广的领域，对名气的经济价值进行开发，这种延伸名人影响，营造名人氛围，利用名气去创造经济价值的本领，在我省许多地方的确是令人赞叹。

江西历史上名人辈出，俊彩星驰。过去这些名人的故乡最大的满足就是感到荣耀与自豪，现在这些名人都纷纷被请"出山"，为发展当地经济服务。吉安县是文天祥的故乡，该县举办了三次有关文天祥的大型活动，不过其落笔却是在后面：利用文天祥的名气，联络海内外的文氏后裔，进行招商引资，吸引有实力的文氏后裔为故乡作贡献。此举果然见效。目前该县已创办了不少合资企业，还开发了如文山文房四宝等"文"姓商品10多种，有的还出口创汇。

庐山的美庐别墅过去仅是供游人参观，这里的管理者灵机一动办起了餐馆，推出一道道颇有特色的宁波菜，人们在游览之余，当然愿意品尝当年蒋介石喜爱的菜肴的风味，因而收益自然不菲。这种做法的是非撇开不讲，只说其管理者将主意打到这里,不能不说明其精明过人。

开发名气的经济价值,使人们掂量出了这种隐形资源的分量,因为道理非常浅显:名气连着自己的钱袋。于是利用名气做经济文章的现象越来越多:

京九铁路经过的兴国县,这里以"京九"命名的产品、饭店、商厦纷纷出现。

江西华联商厦为了打开一种化妆品销路,曾将影星刘晓庆请来站柜台,一时顾客盈门。

至于餐厅、歌舞厅请当地一些有名气的演员、节目主持人加盟,则更是司空见惯。

名气,计划经济时代仅是囿于政治待遇的回报,如今和着商品观念的"酿造",开始升值了。

活动能力创财富

活动能力在过去往往与投机钻营画上等号,感情上总是带着贬义色彩。而现在在南昌市的人才市场和职业介绍所,许多的招聘广告中,都赫然写着一条:有一定的活动能力。活动能力是才,活动能力生财,已成为许多人的共识。公关人才和经纪人的出现,说明社会对这种能力的认可。在日常经济生活中常可见到这种情形:广告人才一旦被"挖",一批客户随之丢失;公关高手一旦"跳槽",大批朋友也随之过户。凭着灵脑袋、勤腿脚、巧嘴舌外加联谊高招打开一方市场,创造出巨大经济效益的更是大有人在。

盛产四大名砚之一龙尾砚的婺源县,过去所产的砚台却要由安徽屯溪、歙县等地"帮销",因而效益低下。眼睁睁看着别人用自己的产品挣大钱,一些头脑精明的砚农动了心思:这钱何不自己赚。年方三十的砚农曹增为打开销路来到北京,上下疏通,多方联系,先后在中国历史博物馆、中国美术馆等处举办了婺源龙尾砚展销,一举打开了市场。

随着市场竞争的日趋激烈,那些在商海中能"折腾"的人才往往十分抢手,不少企业纷纷高薪争聘,因为这些人的活动能力,能为企业带来更大的效益。临川市鹏田乡碑背村农民王松荣凭着其活络的头脑和熟悉的行情,在西瓜推销方面如鱼得水,年推销量达 500 万公斤,连年被乡里评为"优秀西瓜推销员"和"推销冠军"。南昌市中山水果批发公司看中其推销本领,以月薪近千元,聘他为该公司门市部经理。

市场经济造就了一大批能在市场上呼风唤雨的新型人才,同时市场的大舞台也使这些人的才干得到淋漓尽致的发挥,社会的需求更使他们八仙过海、各显其能。这正应验了那句老话:时势造英雄。

好主意也生金

美国有一家世界闻名的兰德公司,其年收入近亿美元,而其赚钱的途径是靠卖"主意"。这种"头脑公司"和"点子公司"如今已不断地出现在我们的经济生活中,仅南昌市这类公司就有七八家。"花花点子"生大财、一计顶万金已不是什么稀罕之事——

号称"点子大王"的何阳来南昌市作报告,曾引起强烈反响,许多企业要花钱请何阳出"点子";

许多企业不惜许以重金,公开征集能反映企业和产品形象的广告词;

我省一些实行股份合作制的乡镇企业为吸引人才和技术,明确规定"点子"和技术可以折股投入到企业中,日后按股分红。

不少企业家经过市场的洗礼已清醒地认识到,无情的市场淘汰的是没有头脑的弱者。为了在竞争中取胜,精明的企业家开始借别人的"点子"来护身生财。社会的迫切需求,使"点子"这类隐形资源的价值突现,并被充分地开发。像江西工商企业发展策划有限公司、南昌企业形象策划中心等企业便应运而生,他们的主要业务就是为企业出"主意"——进行企业战略策划、形象策划、营销策划。江西工商企业发展策划有限公司就先后为南昌电信局、东航江西分公司进行了南昌电话号码升位后的对策、东航江西市场等一批项目的研究论证。他们在为别人策划和论证的同时,自己也获得较好的效益。

"点子企业"、"头脑公司"的出现,证明知识有价,智慧就是金钱。诚如何阳在他的书中所言:"我的成功是一个信号,它说明,今天中国知识分子可以凭借自己的智慧赚大钱了。"的确,与前几年出现的教授卖馅饼、学者摆地摊的现象相比,高智能的知识分子能凭着自己的优势——掌握的技术、独到的见解、新颖的思想而获得与知识能量相当的收入,这不能不说是社会的一大进步。

透过名气、活动能力、点子这类隐形资源的开发利用,我们看到了在这背后是具有现代商品意识的人。一个观念的进步,往往带来的是巨大的财富。市场经济就像是一块魔方,它不时幻化出种种新的社会景观,其变化虽悄无声息,而无声的变化著就的是一篇沉甸甸的文章。

(《江西日报》1995 年 8 月 18 日)

九江石化的魅力

九江石化总厂的确很有魅力——

外来的人在这里看到的是满眼的新鲜。

厂里职工对它更是怀有一种强烈的依附感、归宿感和自豪感。

魅力源自活力。在九江石化总厂采访,记者感受到搞活了的国有大中型企业,它所焕发出来的勃勃生机和其他任何类型企业所不可比拟的强大吸引力和凝聚力。

营造"家"的氛围

人们常说爱厂如家。在九江石化,职工们有一种生活在美好大家庭中的感觉。正是这种家的氛围,使职工和企业贴得紧紧的。

在厂生活区中心,有一幢十八层全厂最高、最漂亮的大楼,初到厂里的人,往往把这里当成宾馆或办公大楼,然而这里却是九江石化总厂的单身宿舍! 宿舍设有专门的管理科,实行公寓式管理,到处窗明几净,整洁有序,的确给人一种家庭的温馨之感。当初大楼刚建成时,有人觉得这么漂亮的大楼做单身宿舍太可惜,建议改作他用,而厂领导则毫不含糊:"单身职工没有家,我们就是要让他们感到企业就是他们的家。如果连个'窝'都没有,怎么叫人家去好好干工作。"难怪,中央一家大报的负责同志看了这里以后感慨地说:"这么漂亮的单身职工宿舍,这本身就是一大新闻!"

在九江石化总厂,职工处处都能感受到企业这个大"家庭"的温暖。全厂6000多名职工,人均年收入已达1.1万元,因而人人都成了个人所得税的纳税人,今年 1 至 8 月,全厂就上缴个人所得税 36.4 万元。环境优美、宛若花园的工厂生活区,一幢幢职工宿舍拔地而起。近两年,全厂新增住房面积 37273 平方米,职工住房基本缓解,而且家家户户 24 小时都有热水,冬天都有暖气。文化宫、游泳池、体育场、设有康复病房的职工医院……处处使人感到这个"家庭"的美好。就连早几年"跳槽"到沿海的人,现在不少人都要求回来,想成为这个"家庭"新成员的人更是挤破门。国有企业的优越性在这里得到淋漓尽致的体现。

企业为职工营造了温馨"家"的氛围,职工也更爱企业这个"家"。关心企业、爱护企业已成了职工的自觉行动,该厂生产区有一个排放废气的常年燃烧火炬,从火头的大小,可看出全厂管理环节的好坏。现在只要火头稍大些,许多职工就主动打电话提醒厂领导,要注意加强管理,减少浪费。职工如此关心企业,企业岂有不兴旺之理。这几年,九江石化总厂生产经营连上几个台阶,今年 1 至 9 月就实现利税 6.12 亿元,其前景更是令人振奋。

以人为本的管理

"企业以生产为本,生产以人为本",这两句话道出了九江石化总厂管理的根本。作为全国五百家大型企业之一的九江石化总厂,可谓家大业大,要管好这样的企业难度自然不小。厂领导认为,如果把管理仅当成几位领导和管理部门的事,纵有三头六臂企业也难于管好,因此,必须着眼于每个人。

在九江石化总厂,大庆人"三老四严"的精神在这里得到充分体现。每个职工胸前佩戴的上岗证上,是党员的都印着党徽、团员都印着团徽。九江石化人说,这是一种荣誉,更是一种责任。

此次我们到厂里采访,主人给每位记者都发了三本名为《主人颂》的文集,这是厂里自己编辑出版的记述本厂先进人物的通讯集,目前已编了三集,还将继续编下去。厂长张文标说,先进典型是企业精神的人格化,我们为这些人树碑立传,同时用这些看得见、摸得着的人和事,来激励每一个人。

以人为本的管理,造就了九江石化总厂一种崭新的氛围,那就是企业管理者与工人之间的信任与沟通。厂里一些重大决策都要提请职代会或班组长会审议通过后才付诸实施。厂里设立了厂长、党委书记信箱和厂领导接待日,对职工所反映的问题,做到事事有着落、件件有回音。

厂党委书记张泗存常光顾厂里的菜场,每星期要去三次,他虽不买菜,但对菜的价格和销售情况都了解得非常仔细,通过菜场他直接了解职工的购买力和生活水平。

关心人、理解人、激励人是九江石化总厂以人为本管理的核心,而作为厂领导,更注意用人格的力量去感召、带动每个职工。他们有条不成文的规定:凡是要求职工做到的,自己带头做到;凡是要求职工不做的,自己首先不做。

在外人看来,九江石化总厂是个富得"流油"的企业。而该厂的领导却没有丝毫"富翁"的派头,厂领导办公室至今没装空调,他们的住房与厂里的干部职工相差无几。

信任、沟通、理解,营造出一种同心协力干事业的向心力。心往一处想,劲自然往一处使。厂里的决策能顺利化为每个职工的行动,用他们的话来说:人格和情感的力量比金钱大千百倍。

目前,九江石化总厂正在开展"塑九江石化企业形象,塑九江石化人形象"的双塑活动,将以人为本的管理推向更高的层次。

九江石化,正重塑国有企业的崭新形象;

九江石化,正显现出国有企业的强大魅力!

(《江西日报》1995 年 10 月 18 日)

辉煌的盛典

——写在京九铁路全线铺通之时

历史将记下这庄严而又神圣的庆典——

1995 年 11 月 16 日上午,在万里长江与京九铁路交汇处的九江市,经过 13 万多名建设者用心血与汗水提前绘就的纵贯华夏大地的东方巨龙——京九铁路,就要在这里由共和国总理李鹏、副总理邹家华和中央有关部委的负责同志、沿线省市县及铁路建设者的代表,为它作最后的"点睛"。

京九铁路经过的九江新火车站建设工地,人群涌动,举目望去,到处都是飘扬的彩旗、高悬的气球。临时搭起的主席台上,"京九铁路全线铺通庆祝大会"的巨型横幅赫然在目。主席台两侧"情系国脉十万筑路大军艰苦奋斗创伟业,众志成城沿线人民群众鼎力相助作贡献"的大幅对联,使人顿生豪迈之感。

11 时 35 分,庆祝大会正式开始。国务院副总理、京九铁路建设领导小组组长邹家华,向在江西、广东省界接轨现场的铁道部第一工程局和第十一工程局下达接轨指令,这时从扩音器中传来了铺架机的汽笛声和隆隆的轰鸣声。铺架队分别从南北方向放下最后两节轨排。11 时 40 分,从扩音器中传来接轨现场指挥向国务院领导报告的声音:京九铁路最后两节轨排连接完毕。邹家华副总理接着高声宣布:京九铁路全线胜利铺通!

此时,庆典现场锣鼓齐鸣、白鸽纷飞,全场欢声雷动。目睹这一历史性时刻的人们,分明感受到了一次心灵的震撼!

巨龙铺就,江西腾飞。京九铁路凝聚着江西人民多少年的富强之梦!它将三分之一的轨迹留在了这块红色的热土之上。现在人们可以全新的视角,来重新审视这块中华大地上的宝土——

京九铁路铺就的不仅是一条铁路干线,而且是江西千载难逢的机遇。京九铁路的开通,将改变整个中国的经济格局,京九沿线有望成为崛起于我国中部的一条经济隆起带。江西在这条隆起带上,占据着令人羡慕的重要位置——凭借京九铁路,北连京津、南接粤港,再依托黄金水道,可饮马长江,逐鹿千里,江西将在更大的空间、更广的领域、更高的层次上实现生产力要素的大容量吐纳和优化配置。

机遇难求,贵在神速。面对机遇的厚爱,时代的重托,江西人民闻"机"起舞,跃马扬鞭,正精心构筑下世纪支撑江西经济发展的脊梁。

我省已制定出《京九铁路沿线"九五"至 2010 年总体规划》,京九沿线的开放开发将依照"两头先行,中间崛起,东西联动,点面结合,重点突破"的原则,分步推进。

京九沿线各地市,正以吞天吐地、挟山超海般的气概,开始实施经济发展的新战略。

九江:纵横京九长江,实施商旅兴市,崛起宁汉之间;

南昌:发挥增强中心城市功能,策应大京九,构筑大交通,实行大开放,培育大市场;

吉安:借路兴区,梯度推进,以点带带,以带带区,跳跃发展;

赣州:以线带片,沿边接轨,中心辐射,借港兴区。

一个个实施方案切实有力,一项项新的举措掷地有声!

鼙鼓动地,全力抢占京九制高点的征战如火如荼;号角连天,在红土地再创辉煌的热望深入人心。"开发京九沿线,带动东西两翼"的建设热潮正在赣鄱大地兴起。

京九铁路铺就的不仅是机遇,而是江西经济发展新的起跑线。放眼京九铁路经过的各省市,都在围绕京九著华章,以此为起点,你追我赶,抢占先机,力争实现经济发展的新跨越。

占京九铁路优势的江西,在这轮经济发展的"百米赛"中能否占据优势,已成为摆在全省人民面前一个重大而又紧迫的课题。仅抱优势感,终将丧失优势;仅有机遇,而无脚踏实地的真抓实干,也将功亏一篑。抓住机遇,迎接挑战,最大限度地利用和发挥优势,这才是唯一的选择!

我省京九沿线地市流传这样一句话：抓住机遇是能人，抓不住机遇是庸人，不抓机遇是罪人。于是围绕京九线造势、强农、兴工、建城、活商……省内京九铁路沿线的地市，也同时摆起了擂台，展开激烈的角逐。

江西要争当中部崛起的"第一梯队"，这是全省人民的一大宏愿，如今其力已积，其势已蓄，其期已至！

江西，近年来不声不响地发生了巨大的变化。京九铁路的铺通，时代的列车将呼啸而来，这是更大变化的前奏。江西人民正以此为起跑线，用踏踏实实的苦干去竞争未来。

雄风扯地、云帆高悬。占尽京九线天时、地利、人和的江西人民，将搭乘京九快车，风驰电掣般地奔向 21 世纪，去实现经济大跨越这一更加辉煌的盛典！

（《江西日报》1995 年 11 月 17 日）

踏平坎坷成大道

——从资本经营看江铃的崛起之势

市场经济的魔方不时变换着各种新的组合,当许多企业在面向市场思谋产品经营之时,一种更高层次的经营方式——资本经营,摆到了欲实现大跨度发展的企业面前。

风风雨雨,寻寻觅觅。江铃集团公司在这条通向规模经济的道路上,不停地求索,创出了一个总资产达 65 亿元的现代企业集团,踏出了一条灿若云霞的希望之路。

神奇的资本纽带:连接起一个现代企业集团

透过江铃集团公司挥洒资本经营的大手笔,人们看到其神奇的魅力,而公司总经理孙敏却说:"这是逼出来的,江铃要发展,要生存,迫使我们非走这步棋不可!"

纵观汽车行业,对企业生产规模的要求十分苛刻,达不到相当的规模,产品最多红火几年,企业长远将无法生存。国家对轻型车的经济规模要求是 10 万辆,而这个规模所需的总资产,按世界汽车大公司通行的做法,要达到 100 个亿。

100 亿,对 80 年代刚刚崛起的江铃来说,不啻是个天文数字,然而这又是一条关系企业命运的难以逾越的"生死线"。

江铃面临着不可回避的选择:不在沉默中爆发,就在沉默中死亡。江铃毅然选择了前者。要在短期内形成上百亿资产,对江铃来说,无疑是一个挑战。尽管80年代江铃抓住了机遇,发展很快,但真正可用来再生产的资金只有6亿,这6亿元资金充其量也只能形成20亿的总资产。如果完全靠自己滚动发展,需二三十年才能达到年产10万辆的规模。而按这种速度发展,不要等到建成,早就会被人挤垮。

按以往的思路,企业扩大规模无非是指望国家投资和拨款,或是指望银行贷款,这些对江铃来说都无可能。面对着企业的生死存亡,江铃的决策者作出大胆的尝试:搞资本运作。通过联合、兼并进行资产重组,利用存量,扩大规模,逐步发展成为更高阶段的资本经营,力争在短期内把江铃推上百亿资产的规模!

这是一个果敢的举动,也是充满风险的探索。从单一经营产品转为经营资本,在别人没走过的路上跋涉,步履是艰难的,尽管如此,他们还是毫不犹豫地迈出了第一步:联合。江铃原指望通过政府发文与其他厂联合迅速扩大规模,但实施的结果却事与愿违,这种联合名义上是合起来了,但实际上由于地方和部门的条块分割,江铃与其他厂的关系极不明确,根本就管不了。折腾来折腾去,江铃在明白了此路不通的同时,也明白了另外一个道理:行政手段代替不了经济运行规律,企业之间缺少资本这根纽带,就无法结成牢不可破的整体。

不甘气馁的江铃义无反顾迈开了第二步:出资兼并。他们从左邻右舍开始,先后兼并了江西洗衣机厂、南昌缝纫机厂、江西钢窗厂、南昌钢圈厂、江西水箱厂、南昌制动器厂、江西拖车厂。当这些企业全部收归江铃麾下之后,江铃的发展空间已大幅度扩展。兼并,终于使江铃在资本经营的道路上,迈开了坚实的一步。

挟兼并成功之势,江铃奏响了向规模经济进军的第三步曲:投资控股,组建现代企业集团。

赣州齿轮箱总厂原是生产变速箱的专业厂家,江铃投资3600万元,控制其55%的股份,将其改造为股份有限公司。由于江铃的控股,使其增加了3600万元资本金,加上贷款,该厂迅速扩建了一个变速箱车间,为江铃系列车配套。江铃的控股对我省企业管理体制也是一次大的突破:该厂的人、财、物都由江铃统一管理,厂领导任命也以江铃的意见为主。一个企业跨地区任命另一个企业的领导,这在过去是不可想象的事情,江铃通过资本的纽带将其变成了现实。江铃以较少的投资,控制了赣州江铃齿轮股份有限公司约1.8亿元总资产的营运,使其成为江铃集团公司名副其实的成员。随后,他们又以同样方式,投入3000万元,控制了抚州江铃底盘股份有限公司约1.4亿总资产的营运。资产这条神奇的纽带,以江铃的母体为发端将子企业紧紧相连,形成了一个现代企业集团。江铃,可以利用资产一体化运作的强大手段,去实现更加宏伟的目标。

运作国际资本:大笔起落皆成篇

　　江铃自身的股份制改造,使其资本经营开始走向更为广阔的舞台:通过股票上市吸引资金,大幅度扩大资本金,使企业自身的规模不断壮大。1993年,他们在我省起步最早发行了9800万股A股。他们拿出集团的核心企业(利润中心)——江西汽车制造厂来进行股份制改造。该厂的净资产为3.9亿元,通过发行股票只相当于出让20%的股权,结果却募集到了3.4亿元的资本金,国有资产一夜之间增值50%。

　　江铃申报A股的同时,眼睛又盯上了国际资本,利用国际资本壮大自己规模,促进后续产品开发、打进国际市场是江铃的最终目的。江铃B股发行之时,正逢股市低迷,面对不利态势,江铃决策者采取断然举措:寻找战略投资者! 把B股的大头卖给战略投资者。迅即,他们同时给世界七大汽车制造公司发出信息。这样做的目的有两个:一是B股要卖个好价格,二是产品要有结合点。信息很快反馈过来,美国第二大汽车公司福特公司纳入了江铃决策者的视线。此时,福特公司正急于进入中国,而江铃在考虑第二代产品时,曾优选过几种系列车,福特公司的"全顺"系列车就是其中之一。双方一拍即合,江铃将B股的80%卖给福特,其价格差不多比市场上的卖价高一倍。B股的发行为江铃募集到了3.5亿人民币的资本金。

　　福特的进入,不仅为江铃带来了资金,更为江铃吸引外资带来了新的机遇。外经贸部正式批准其为外商投资企业。去年在全省招商引资会上,江铃又实现了与世界著名的汽车座椅内饰件公司李尔公司的联手。江铃将数年前花300万元人民币买下的一块地和建的一些设施,按现值重新评估后达到700万美元,李尔公司相应投入700万美元进行合资。李尔公司投入的资金,大大加快了座椅内饰件合资公司的技改步伐。

利用企业现有存量,吸引国际资本,江铃资本经营好戏连台,有声有色。目前江铃的模具厂正与美国的匹克集团在进行谈判合资。江铃决心在吸引国际资本方面以前所未有的气魄,迈出更大的步伐。世界汽车大公司纷纷向江铃走来,江铃也迈开大步走向世界。公司总经理孙敏说:"国际上大公司、大集团经常出现这种联合,互相投资,你中有我,我中有你。目的就是使企业在激烈的市场竞争中能处于更有利的地位。"

推出新一代产品:创造超越历史的辉煌

兼并、投资、控股与江铃自身的股份制改造,构成了江铃资本经营的两台重头戏。如果说,前者仅限于国有企业的范围,后者则使江铃形成了投资主体多元化的格局。江铃的资本经营也由此迈向了更加广阔的领域。他们利用自身的实力,在国际资本间纵横捭阖,游刃有余,为新一轮的发展积蓄力量,推出后续产品。记者在江铃集团采访时,他们与美国福特公司共同开发的新一代产品"全顺"牌系列新车,刚从海南通过国家汽车试验场3万公里试验回来。如果说江铃第一代 N 系列车是"独生子"的话,那么"全顺"系列车则是一个"大家族"。在品种、性能上,都比江铃第一代产品上了一个档次。去年12月,江铃集团特意将订货会放在海南召开,来自全国的汽车经销商看到正在试验的江铃新车大为振奋,纷纷看好这一新车系列。今年第四季度,"全顺"系列新车将投入批量生产,不仅将投放国内市场,而且还通过福特公司销售网络销往国外。

通过资本经营,江铃闯出了一条迅速扩大企业规模、营造集约优势的通衢大道,沿着这条大道江铃正迈着坚实的步伐朝百亿资产规模前行。

江铃,在资本经营中走出了徘徊的低谷,去年实现利税超过2亿元。

江铃,正以崛起的态势,向着超越历史的辉煌冲刺!

(《江西日报》1997 年 1 月 19 日)

重组,企业改革的重头戏

曾几何时,"搞活国有企业"成了对企业使用频率最高的口号,然而就在这一片"搞活"的希冀声中,真正"搞活"的企业似乎并不多。随着企业改革的不断深入,探索也在不断深入——

新年伊始,我省奏响了今年国有企业改革的主旋律:通过产权流动和资产重组,对国有企业实行战略性改组。

从着力搞好每一个国有企业,到着眼于搞活整个国有经济,这无疑是对企业改革认识上的一个飞跃。于是,企业的兼并与破产,在经历了多年的实践和摸索之后,终于被推到了我省企业改革的前台。这二者当中,企业的兼并又以其成本较低,社会震荡较小,更为人们所看好。

透过近年来我省企业兼并的行为,不难发现,兼并作为调整资产存量结构的有效手段,正以"舍我其谁"的姿态,大步走向企业。

以优兼劣,将劣势企业的存量资产转移给优势企业,使我省一些优势企业、重点产品得到低成本的迅速扩张,也使劣势企业得到重组新生。去年赣州阀门厂兼并了亏损严重的赣南铸锻厂后利用其厂房和设备进行中、高压阀门的开发,不仅弥补了铸锻厂的亏损,而且还实现了盈利。江铃集团兼并江西拖车厂后,利用其一部分设备和厂房,同时加以扩建,基本上实现了生产十万套汽车前桥的框架。兼并不仅消灭了一个个亏损企业,也使优势企业迅速壮大了实力。让该"死"的企业坚决死去,该"活"的企业才能活得更好。一些企业今天的"死"预示着明天的"活"。我省越来越多的企业已认识到,要建立社会主义市场经济,以兼并为主的资产重组是一条绕不开的路。

谈起兼并,人们想到的往往是"大鱼"吃"小鱼",然而在上饶地区的铅山县,却发生了"小鱼"吃掉"大鱼"的事。该县的县办小矿五都煤矿,竟然兼并了上饶地区数一数二的煤炭企业新安煤矿。与新安煤矿相比,五都煤矿是个小矿,但前者困难重重,后者生机勃勃。通过兼并,小企业为大企业注入了新的生机和活力。透过这个"小鱼"吃"大鱼"的现象,引发了一个值得人们深思的问题:五都煤矿救活新安煤矿,靠的并不只是资金上的优势,更多的是通过兼并,将自己先进的管理和经营机制引入,使"老大难"企业的整体管理水平得到大幅度提高,从而获得新生。这一成功兼并的事例向人们昭示:兼并,也是扩散企业先进管理制度、提高企业管理水平的一条重要渠道。

目前对企业来说,没有什么比市场更至关重要的了。饮马市场前沿,许多企业为开拓市场费尽心思,甚至企业之间为争夺市场相互搏杀。我省民星集团为了抢占东北大市场,却独辟蹊径——一举兼并辽宁省三个饲料生产企业,其中包括投资达3000多万元的锦州饲料厂。当这些企业收归到民星集团麾下时,其原有的市场也为民星集团所占据。民星集团对这些厂家的资产进行重组,生产"宝丰871"饲料,从而兵不血刃地在东北饲料市场长驱直入,市场占有率迅速扩大。"不战而屈人之兵,善之善者也。"兼并,已成为企业开拓市场的重要手段。

在我省企业兼并为主的资产重组大舞台上,人们已从诸多的兼并现象中感到:我省企业改革的一个新局面正在到来。在激烈的市场竞争面前,每个企业都将屈从于适者生存、强者发展、优胜劣汰的市场法则。"明天,我经营的企业还会存在吗?"将毫无疑问地成为众多企业家们不能不思考的问题。

经济界人士认为,企业兼并并不只是为了消灭亏损企业,最根本的作用乃是优化资源配置,通过资产重组,进行经济结构的调整。

结构不合理已成为当前我省国有企业深层次的突出矛盾,长期计划经济体制下形成的企业"大而全"、"小而全"的组织结构,同构低质的产品结构,单一投资主体的产权结构,以及过度沉重的负债结构,造成布局分散、结构趋同、重复建设、企业规模小等问题,已成为制约我省经济发展的严重障碍。因此,对我省国有企业进行战略性改组,充分利用现有企业,把经济增长的着眼点转移到国有存量资产的调整改组和优化配置上来,已成为迫在眉睫的任务。

继去年我省南昌、九江被列为"全国优化资本结构试点"城市之后,景德镇、新余今年又加入了这一行列。这些我省工业较为集中的城市，将率先迈出兼并破产、资产重组、调整结构的步伐。可以预见，在实现"两个根本性转变"过程中，我省国有企业大军中，那些规模不经济、技术落后、管理低下、效益不佳的成员，将很难在市场的竞争中苟延残喘。企业资产重组大潮冲刷的结果将是：劣势企业或被市场遗弃，或被同伴吞吃。社会生产资源将逐渐集中到那些产品有市场、技术水平高、资金雄厚、管理先进的优势企业手中，一批大集团、大公司将在企业的兼并重组中脱颖而出，它们将托起明天我省国有企业的太阳！

（《江西日报》1997 年 2 月 9 日）

结构调整势在必行

在当前我省的经济生活中,结构性矛盾已显得愈来愈突出。人们不难看到这样一种现象:水泥厂遍地开花,却难于形成规模;酒厂蜂拥而上,却成不了"气候"。低水平的盲目重复建设,不仅造成了地区间的产业结构趋同,而且与这种重复建设相伴生的是大企业过少、小企业过多,没有规模经济效益。据统计,目前我省的水泥厂已有 233 个,其中 20 万吨规模以上的仅 15 个,其余大多是不到 10 万吨的小水泥厂。由于缺乏规模,许多水泥厂已陷入困境,有的只能依靠当地行政手段保护才能维持生存。全省生产白酒的企业近 200 家,这些酒厂年产量加起来只有 20 多万吨,仅为山东一个兰陵酒厂年产量的一半左右。难怪如此众多的酒厂,却难于抵挡外省酒类产品在我省市场上"攻城略地"。水泥、白酒行业的这种现象,只是我省经济结构性矛盾的一个缩影,类似的现象在其他行业也不同程度存在,成为制约工业生产发展的一个关键问题。

我省经济运行中的结构性矛盾并非今天才有,而是长期计划经济体制下积累起来的。过去由于在短缺经济下搞生产经营,产品供不应求,只要生产出来就可以卖掉,经济结构中存在的问题难于表现出来。而现在面对一个丰富活跃、色彩斑斓的买方市场,经济结构的矛盾遂得以充分暴露。据调查,目前全省大体只有 10%左右的产品畅销,90%左右的产品平销或滞销。对全省几十个商场的调查表明,在其所销售的商品中,我省地方产品所占比重只有 7.8%。这些数字所揭示的深层次问题是发人深省的。我省经济结构性矛盾突出地表现在:产品结构上适销对路的产品少,高技术含量、高附加值的产品少,最终产品少,能在全国占有一定份额的产品更少。在全国 60 种主要工业产品中,我省产品所占比重超过3%的只有木材、中成药、硫酸、灯泡和汽车五种,而且这些产品中初级产品多、低档产品多、原材料型产品多、名牌产品少。这"三多一少",必然造成所占市场份额少;行业结构上重工业太重,轻工业太轻,就是在行业内部也存在结构极不合理的矛盾。全省纺织行业的大部分厂家都是生产原料型的初级产品,而生产面料和服装的厂家比重太小,这是造成我省纺织业全行业亏损的重要原因。在产业结构上,"大而全、小而全"和低水平的盲目重复建设,使省内地、县之间产业结构雷同,不能形成经济特色。许多行业产品生产集中度和专业化程度低,既削弱了地区间经济的互补性,又造成过度盲目竞争,影响了经济健康发展。在企业组织结构上,大企业少,小企业多。我省迈入全国500强的企业,包括中央企业在内仅8家,而小企业占全省企业总数的97.8%,企业规模过小,直接影响了企业的市场竞争能力。

我省经济结构中存在这些问题,不仅是单纯的经济问题,在很大程度上是体制问题,是思想观念问题。"两个根本性转变"已提出一年多了,但经济发展中那种万事不求人、追求自给自足、肥水不流外人田的自然经济思想和习惯于靠外延扩张求得经济发展的观念,仍然没有得到根本转变。体制上条块分割、地区封锁,人为地割断了经济活动的内在联系。由于政企不分,各级地方政府仍然是事实上的投资决策者,企业没有成为真正的市场主体。为追求自身眼前利益,地方政府和行业主管部门,对眼前的热点热线产品、产业,往往有着强烈的投资冲动,而容易忽视长远和宏观的经济效益。

近年来,各地在调整经济结构方面做了许多工作,产品适应性调整已见成效,但宏观经济结构仍未得到根本改善。今年我省决定从增量控制和存量重组两个方面同时着力,加大结构调整的力度。增量控制,就是对今年所开工的项目审批严格把关,对低水平的重复建设项目一律不予批准,对在建项目进行认真清理,凡因生产不配套、市场发生变化、工艺落后等原因不能正常投产的项目,要逐个研究解决办法,分别作出处理。存量重组,就是根据国家产业政策,结合国有企业改革,对国有资产存量进行结构性重组,通过跨地区、跨部门的联合、兼并,改善存量分布,形成新的生产力。

当前全省上下都在进一步解放思想,努力开创经济工作新局面,如何通过结构调整使我省经济的发展真正转到"两个根本性转变"的轨道上来,是题中应有之义。结构调整势在必行,结构调整正当其时!

(《江西日报》1997 年 5 月 8 日)

阔步迈向市场路

——江西国有企业改革的新突破

放权让利，两步利改税，承包经营责任制……山重水复，步步向前。

作为整个经济体制改革中心环节的我省国有企业的改革，在经历了传统计划经济体制下的几步探索，到党的十四大确立社会主义市场经济体制，终于迈入了一个豁然开朗的新天地。回眸五年来我省国有企业改革的历程，我们发现不仅改革力度在加大，步伐在加快，而且改革的着眼点和工作的着重点都发生了一系列深刻的变化，并在一些重要方面取得了实质性进展。

我省国企改革走上了一条新路。

改革着眼点：从搞好单个到整体搞活

曾几何时，我们采取许多办法力图搞好一个企业，但结果却往往事与愿违。事实证明，在市场经济条件下，要把每个国有企业无一例外地搞好，既不可能，也没有必要，而应该建立有生有死、优胜劣汰的企业竞争机制。我省企业改革从着眼于搞好单个企业，开始转向着眼于搞活整个国有经济。通过"抓大放小"，对国有资产进行战略性重组。

规模偏小、竞争实力不强是我省企业总的现状，而市场竞争却迫切需要造就一批能在市场上呼风唤雨的"大家伙"。通过扶优扶强，实施大公司、大集团发展战略，引导生产要素向优势企业、名牌产品聚集是我省"抓大"的主要内容，组建工业"省级队"、"双百双十工程"等一系列"抓大"的举措接连付诸实施，以资本为纽带组建起来的一批企业集团先后"亮相"。目前，全省国有企业集团已达 76 个,在巩固规范现有企业集团的基础上,全省还将扶持发展 10 至 15 个总资产 10 亿元或净资产 3 亿元以上、年销售收入 10 亿元、实现利税 1 亿元以上的企业集团,使之快速成长,成为全省工业经济的支柱。

与"抓大"相比,全省小企业的改革则显得更加波澜壮阔、蔚为壮观。我省小企业量大面广,在独立核算国有工业企业中小企业占 90%。"放小"使国有企业的改革推进到原有经济体制的核心部分——国有资产。多少年来,人们只把实物当资产,一个经营不好的企业被出卖,就认为"没"了,就会被责为"败家子"行为;而设备闲置、锈了、坏了、贬值了、失效了,却认为"资产还在"。"放小"使国有企业改革由经营方式的改革发展到产权制度的改革。一个个通过"放小"使"死物变活钱"的事实,明白无误地告诉人们,国有资产的流动并不等于国有资产的流失,与其让它在闲置中自然流失,不如让其在流动中实现增值。特别是今年以来,伴随着全省上下进一步解放思想的大讨论,我省国有小企业改革更是如火如荼,取得突破性进展。各地积极探索公有制的实现形式,以股份合作制为主体的改组、出售、兼并、联合、租赁等多种形式的"放小"举措,如百花齐放,全面实施。今年上半年全省国有小企业的改革面已达到 68%,至年底要达到 90%。"放小"的意义已远远超出了国有企业改革的本身,它使全省人民的思想得到进一步解放,观念得到进一步更新。

改革的方向:从放权让利到制度创新

在传统体制下,国有企业实际上是一个个的生产车间,几乎没有什么自主权可言。因此,改革首先从调整企业与国家的利益分配关系入手,扩大企业自主权,减税让利,实行承包。但这种改革并不能改变企业对政府的依附状况。

建立社会主义市场经济体制,国有企业就应真正成为具有自主经营、自负盈亏、自我约束、自我发展机制的市场竞争主体和法人实体,通过建立现代企业制度成为真正的商品生产者和经营者。

我省国有企业的改革从此走上制度创新之路,由过去靠政策解决表象问题,转向通过制度创新解决深层次问题。

从 1994 年开始,我省制订了全省现代企业制度百家试点工作方案,并从

104 家试点企业中选出 35 家企业作为首批试点单位,现在这些试点企业工作正在展开,其中 11 家企业已进入运作。通过试点,已基本摸清了建立现代企业制度需要解决的问题和必须具备的条件,为全省大面积推广现代企业制度积累了经验。

公司制改革是国有企业建立现代企业制度的基本途径,为此,我省在国有大中型企业中积极推进公司制改革,目前全省已有规范的股份有限公司 56 家,总股本达 32.5 亿元,多元投资主体的有限责任公司 4300 多家。在股份有限公司中有 8 家发行股票上市,成为上市公司。这些公司通过股票上市不仅募集了发展所需的资金,而这本身就是对企业体制的重大改革。今年上半年,在我省工业企业效益不理想的情况下,这 8 家上市公司的效益却看好,它有力地证明:改革出生产力。

改革的方式:从孤军深入到配套推进

国有企业的问题,是经济生活中各种矛盾的综合反映,国有企业改革不可能离开其他方面的配套改革孤军深入。改革之初,我省国有企业自身的改革抓得比较多,但随着改革的深入,越来越触及到一些深层次的矛盾,这些矛盾制约着企业自身的改革。

围绕国有企业改革和建立市场经济体制配套改革整体推进,五年来,我省国企改革正逐步演变为企业内外综合配套改革。养老、医疗、失业保险等社会保障制度的改革一个个被推到前台。社会统筹与个人账户相结合的新的养老保险制度全面实施,截至去年年底,全省参加养老保险的企业在职职工达 203 万人,长期以来职工依靠企业养老的惯例被打破。九江市作为全国两个医改试点城市之一,为全国医改提供了示范。新余、鹰潭、宜春等地市也被国家列为扩大试点城市。

企业改革必然要触及失业问题。1996 年 4 月,我省再就业工程开始实施。从此,一项项有力的对策先后出台,一条条充满希望的再就业之路正在拓展。全省各地实施再就业工程以来,通过发挥政府、企业和劳动者、社会各方面的作用,综合运用政策扶持和就业服务等手段,通过行业调剂、企业分流、发展社区服务、建立劳动力市场、设立再就业服务中心等多种手段,分流安置富余职工。据统计,去年全省共分流安置下岗职工 10 万余人就业,今年上半年又分流安置下岗职工 8 万多人,缓解了我省国有企业改革的后顾之忧。

　　国企改革 5 年的探索、5 年的实践,伴随着的是一个又一个重点和难点的突破,标志着我省国企改革迈上了一个更高的层次。惊回首,万里关山已渡!朝前瞻,峰峦依然重重。在我省国有企业仍未彻底摆脱困境的情况下,国企改革任重而道远,但踏平坎坷之后,迎来的必将是一条灿若云霞的希望之路。

(《江西日报》1997 年 8 月 16 日)

青山遮不住

——试验区改革十年看赣南（观念篇）

金秋时节，放眼赣南大地，使人感到"风景这边独好"——

一片片橙园蔗田、一方方菜畦花圃，组成了重重绿波的海洋；而那一个个洋溢着现代气息的工业区，一座座拔地而起、五光十色的城镇更使人目不暇接，这里的整个地表仿佛正在被重塑一遍。

省委、省政府作出打开我省"南大门"，把赣南列为经济体制改革试验区的决策短短十年间，这块我省改革开放"先行一步"的地区，以其迸发出来的活力和创造力，令人刮目相看。

记者近年来数次到赣南采访，几乎每次来都会有新的发现和新的感受，而一切感受和感慨都基于这样一个事实：赣南这块昔日边、远、穷的老区，已成为我省改革开放最前沿和最富生机的地带！

谈起赣南的变化，人们似乎又都有这样一种共识：最大的变化莫过于赣南人的观念。

当十五大精神在这里贯彻落实时，赣南人感触颇深，也深受鼓舞。因为江泽民同志十五大报告中的许多内容，正是他们所干过、所亲身经历过的。

"青山遮不住，毕竟东流去"，辛弃疾当年在赣南写下的词句，倒成了当今赣南人解放思想，转变观念的写照。十年改革风雨路，赣南试验区就是在突破一个个"禁区"中得到发展，在改革中走向新岸。

试验区创办之初，正是广东、福建等沿海地区改革开放的大潮涌起之时，而与之相邻的赣南，许多地方却在为争当老区"特困县"、"特困乡"而上下奔忙。强烈的反差，使赣南人认识到：要在这块贫困、封闭的老区创办改革试验区,如果仅从一两件事做起,不可能带来全局性的变化,唯有从转变观念入手,才能带来根本性的变化。于是,解放思想,更新观念始终贯穿于赣南改革开放的全过程。从"等靠要"的老区观念中走出来,自己去开拓进取,大胆探索,大胆试验成为赣南人不可回避的选择。近年来他们更是明确提出:闽粤干了的我们学着干,闽粤没干的我们试着干。于是诸多全省领先的行动在这里出现:在全省率先探索股份制改革,非公有制经济的比重和从业人数居全省前茅,招商引资走在全省前列,赣南的宁都县还在全国第一个成立了国有资产管理局……这诸多的敢为人先的动作,折射出的是赣南人勇于开拓和探索的精神。

　　谈起观念的更新,赣南人自己总结了三大变化,那就是:干部不再安于现状,敢于创造性地开展工作;农民不再安贫守困,敢于走出山门闯世界;办事不再按部就班,敢于打破常规求发展。观念的更新,带来的是行动的果断。1991年,当许多地方还在姓"资"姓"社"和姓"公"姓"私"问题上打转转时,赣南人已毅然在企业产权制度上"动刀子",次年就组建了4家规范化的股份有限公司,并逐步推开,早早地打响了企业改革的攻坚战,这在当时需要何等的勇气!赣州市在对企业放权让利和承包制改革向纵深发展时,毅然提出:哪种改革形式有利于搞好搞活企业,就采取哪种形式;哪条路走得通就走哪条路。他们灵活地采用股份合作制改造、公司制改组、注资经营责任制等十三种改革形式,使企业摆脱了困境,焕发了生机,受到中央领导的肯定。

　　赣南人敢于这样勇敢地探索,并非吃了什么豹子胆,而是他们认准了"三个有利于"的标准。赣南的干部说:"解放思想,转变观念,虽然投入无形,但最重要也最有意义。"更使人赞叹的是,赣南人在解放思想过程中,不仅敢于解放思想,而且善于解放思想,他们联系实际,抓住要害,使思想解放到点子上,进而使每一个重大改革步骤落实到人们自觉行动上。

　　上犹县在赣南是一个经济发展长期滞后的山区小县,而这几年其面貌却大为改观,连续三年主要经济指标增幅都居全区前茅。

　　同是这座山,同是这方土,何来如此迅速的变化?该县的做法是:骑上虎背,自我加压。他们认为,经济落后地区如按部就班去工作,就要永远落在人家的后面,因而要给自己创造一种骑虎难下的境地,只要不偏离实际,造成骑虎难下之势,一定会挖掘出潜力,会想出更多的办法,把事情办得更好。这几年正是在这种"骑虎"氛围下,该县自我加压,开拓创新,使面貌大为改观。

　　赣州地委书记张海如说:"赣南人靠解放思想发展了自己,也靠解放思想树立了良好的赣南形象。"的确,记者与赣南的地县乡干部交谈,他们流露出的往往是强烈的进取精神,那就是一切围绕经济干,一切围绕效益转,一切围绕发展忙。言为心声,每当他们向你吐露这般豪情的时刻,使人感到,这心声绝不是一种缥缈的梦幻,而是缘自生活中惊天动地的实践。

　　"闽天海气从东尽,粤岭晴光向北来。"紧邻闽粤得改革开放风气之先的赣南,在贯彻落实十五大精神之时,又在描绘新的改革开放蓝图,那就是:思想再解放,改革力度再加大,发展环境再优化,努力把试验区办成全省推进新一轮改革的"试验田",扩大开放,辐射内地的"传送带",非公有制经济迅速发展的"先行区"。赣南,又一轮意义深远、波澜壮阔的历史性跨越,正在这里雄壮而又迅速地展开。

　　　　　　　　　　　　　　　　　　　(《江西日报》1997 年 11 月 6 日)

食品工业"龙头"高昂

——来自赣州地区的报告

苦瓜、花生、芋头、红薯……这些普通得不能再普通的农副产品,一经加工转化为苦瓜酒、花生巴、香芋丝、果蔬脆片……便摇身一变,身价倍增。像这样出自赣南的农副产品精深加工食品,正以其独特的魅力,展示赣南"三高"农业的风采。

赣南,我省的资源大区和农业大区。这里有中国的白莲之乡、板鸭之乡、脐橙之乡、甜柚之乡……然而,这一顶顶"桂冠"带来的并不都是喜悦,由于大量农副产品无法加工转化,致使销售不畅。产业化程度低,农民丰产难丰收,也困扰着赣南经济的发展。

算账、对比、探索,赣南农业效益低,主要低在"原"字上。

于是难题的破解之法便随之而生:大力发展以农副产品为主要原料的食品工业,是赣南作为农业大区强工兴农的最佳结合点,也是赣南发展"三高"农业不可回避的选择!

为把农业的优势转化为食品工业优势,赣州地区把食品工业作为优势产业和支柱产业来抓。全区十八个县市在争、在干、在奋起。一批批以农副产品为主要原料的食品工业在赣南大地蓬勃兴起。粮食、肉食、果茶、糖类、酒类、调味、保健产品等众多的食品加工系列,把赣南的农副产品转化为成百上千种食品。这些带着"土"味的食品从赣南山野走出,登上了城乡市场的"大雅之堂",深受消费者喜爱,小食品终成农民增收、企业增收、财政增收的大产业!

南安板鸭、崇义酸枣糕、信丰红瓜子、赣州苦瓜酒、兴国鱼丝、龙南恒泰花生……赣南几乎每个县市都有一两个特色食品,它们就像含苞的鲜花绽放在赣南的红土地上,争奇斗艳,带来赣南食品工业的满园春色。据统计,近年来赣南利用本地资源开发的食品达 193 种之多。现在,赣南食品工业无论是产值还是利税,都坐上了全区工业的头把交椅,在我省的食品工业中,赣南也是独占鳌头。

　赣南食品工业的崛起,延伸了农业产业链,拉动着农业比较效益的上升。大余县以南丰、新城等十多个乡镇为基地组建的风味小食品集团公司,每年可使 2000 多吨芋秆、红薯等农副产品增值 10 倍以上。被誉为"中国白莲之乡"的石城县,近年来白莲种植发展到四五万亩,但随之而来的是白莲价格的下跌。该县武夷山白莲食品厂把白莲加工引向深入,相继开发了莲子速溶粉、莲子糕点、莲子果冻、莲子奶糊等产品,一年可转化白莲七八百吨,白莲身价陡升。为赣州创业集团嘉乐酒厂提供苦瓜原料的龙埠乡火燃村,农民亩种苦瓜年收入达到七八千元,种苦瓜已成为农民的致富之路。

　食品工业"龙头"高昂,还推动着赣南农业产业化的进程。多年的实践使人们认识到:搞农业开发,不仅要考虑资源的开发,即什么好卖就种什么、养什么,还要考虑初始产品的加工增值,即种的养的能加工什么,有时还要从后道工序着眼来安排种什么、养什么。于是,食品工业这一"龙头",带动了赣南农业的专业化生产、区域化布局、一体化经营、社会化服务,提高了农业的组织化程度和科技含量。工厂加基地、公司加农户等模式已成为赣南农村经济发展的新格局。生产 SOD 保健产品的赣南帝龙生物制品厂,以产品为"龙头",采取公司加农户的形式,在地区老建办的支持下,第一车间建到广大农村,由公司提供原种、技术指导和包销产品。目前已有于都、信丰、宁都等 8 个县的 1500 多家农户建立了原料基地 150 亩,农民亩年纯收入达 3.5 万元,如今基地又辐射瑞金、全南等地,面积达 230 亩,可使一大批农民走上致富路。

　伴随着一个个食品工业原料基地在赣南的田野乡村崛起,一个个工厂加基地加农户、龙头连龙身连龙尾的新的区域型经济格局也正在形成,它奠定了赣南"三高"农业的基础,昭示着赣南农业发展的美好前景。

　赣南的食品工业为赣南"三高"农业的发展,可谓立下了汗马功劳。但是,其发展本身也存在着严重的不足,突出的表现在规模偏小,缺少名牌。与赣南丰富的农副产品资源相比,这种加工规模只能是相形见绌。赣南的米粉丝在广东、港澳及东南亚乃至欧美市场都畅销,香港市场常常供不应求。但目前全区米粉丝的产量只有 2 万多吨,如能扩大到 20 万吨,一年出口创汇就可近 1 亿美元。不仅能取得较大的经济效益,而且可解决赣南早米的出路。与规模相对应是,市场占有率大、知名度高、经济效益显著的食品名牌产品少,这在一定程度上也影响了农副产品的比较效益的提高。

赣南已认识到这种不足和挑战,一批食品工业重点技改项目正在付诸实施,1997 年全年完成技改投资 1.58 亿元,是上年同期的两倍,大规模的资产重组也在着手进行,八个食品工业名牌的争创,特别是利用高新技术及其工艺来延长农副产品的产业链,搞好加工转化已成为赣南食品工业的主攻方向。随着这一系列"高难动作"的完成,赣南食品工业定将出现更加辉煌的跨越。

食品工业加力前行,"三高"农业再上台阶。赣南,食品工业"龙头"高昂,发展"三高"农业其势已蓄,其力已至!

(《江西日报》1998 年 2 月 12 日)

走出山野的赣南食品

'98 江西食品展销会是对江西食品业的一次大检阅。

从 11 月 21 日至 23 日,众多的参展厂家和各色食品,铺天盖地的广告,随处可见的彩球彩旗彩车,川流不息的人流车流物流,把个赣南光彩大市场及其周边的赣县、赣州市闹腾得比什么节日都热闹。

更让赣南人风光的是,在全省参展的 646 家企业中,赣南就有 370 家,参展单位也占全省展位的近二分之一。如此强大的食品阵营,确实令其他地市的人员吃惊不小,他们不能不叹服赣南在全省食品行业中独占鳌头的地位,更惊叹赣南食品业的发展速度。

曾几何时,只要一谈起赣南的工业,人们便不由得想起"世界钨都"这顶桂冠,冶金工业也确实长时间占据了赣南工业"龙头老大"的地位。随着时代的变迁,在人们不经意间,过去那个"不骑马、不骑牛,骑着驴儿中间游"的不紧不慢的食品工业,则趁势扬鞭策马,将冶金这个赣南工业多年的"老大"一下甩到后面,当仁不让地坐上了赣南工业的头把"交椅"。

放眼赣南大地,这里的食品工业的确令人刮目相看:到市场上走一走,往餐桌上看一看,面对琳琅满目出自赣南的酸枣糕、果蔬脆片、恒泰花生、米粉丝、红瓜子、天择酱油、麦饭石酒等美味佳酿醇香,赣南人感到的是几分欣喜与自豪。

据统计,赣南乡及乡以上食品工业企业已达 300 多家,年产值 17 亿多元,税利 1.4 亿元,分别占全区工业的 20% 和 30% 以上。形成了以氨基酸和麦饭石等系列产品为代表的营养食品,以苦瓜酒和南酸枣糕等为代表的绿色食品,以美味鸡和花生巴等为代表的风味食品。赣南的食品包括了食品工业所有的 4 个大类及 21 个中类。

　　赣南是客家的摇篮和客家人集中居住区,丰富多彩的客家文化滋养着赣南食品工业的发展。客家饮食别具一格,传统食品加工工艺精湛,品种多样,风味独特。利用这一传统技术挖掘提高,并与现代加工条件、科学技术和管理技术相结合,形成了赣南食品客家风味的独特优势。苦瓜、花生、芋头、红薯……这些普通得不能再普通的农副产品经赣南人加工转化为苦瓜酒、花生巴、香芋丝、果蔬脆片……便摇身一变,成了独具特色的赣南食品,而且身价倍增。近年来,赣南各县市如雨后春笋般地冒出了各类特色食品达 200 多种,每个县市都有几个特色食品,它们就像含苞的鲜花,绽放在赣南的红土地上,争奇斗艳,带来赣南食品工业的满园春色。

　　赣南食品工业"火"起来,不仅使赣南的食品令人刮目相看,而且使赣南的万顷田野、山坡、水面、栏院变成了食品工业的"第一车间",人们戏称为田野里长出了"工业大树"。食品工业的"龙头"牵动着工业与农业的有机结合,带动了赣南农业的专业化生产、区域化布局、一体化经营和社会化服务,大大提高了赣南农业产业化程度,众多的食品加工系列,把赣南大量的农副产品转化为各式各样的食品,这些带着"土"味的食品从赣南的山野走出,登上了城乡市场的"大雅之堂",深受消费者喜爱,小食品做成了农民增收、企业增效、财政增长的大文章!

　　纵向看赣南的食品工业,赣南人没有理由不感到欣慰,而横向仔细"打量"一番,困惑也会不期而来:这就是缺少名牌与规模偏小。

　　有人形容赣南的食品工业是"只有星星,不见月亮",此话可谓一语中的。赣南有中国的白莲之乡、板鸭之乡、脐橙之乡、肉兔之乡、鹧鸪之乡、甜柚之乡……然而与这一顶顶"桂冠"相比,赣南食品的知名度却相形见绌,赣南人能一口气数出好些"中国某某之乡",但至今数不出一个能在全国叫得响的食品名牌。赣南的食品工业企业数量不少,但大部分小而分散,缺少大的食品企业集团,难于形成规模效应。比如赣南的南安板鸭曾享誉海内外,而赣南大大小小的板鸭厂竟有近百家之多,而且各打各的牌,各唱各的调。像这种低质同构不合理的现象,在赣南其他食品行业也同样存在,自然形成不了合力,更难于形成骨干企业和名牌产品。

　　令人担忧的是,曾经风光一时的赣南一些知名的食品行业,如今风光不再,已经在走下坡路或面临严峻挑战。拥有两家卷烟厂的赣南,却抵挡不住后来居上的广东南雄卷烟的进攻,后者在赣南卷烟市场上攻城拔寨,长驱直入,而赣南本地卷烟却难有还手之力。曾使赣南人颇为自豪的制糖业,如今也已陷入困境。酿酒业面临兵临城下的态势,继广州珠江啤酒厂要兼并瑞金啤酒厂之后,广东韶关的活力啤酒厂捷足先登,已在南康市动工建设分厂。赣南啤酒市场基本上由本地赣江、赣良啤酒两分天下的局面将被打破。"煮酒论英雄",赣南啤酒能否顶得住来自广东啤酒的进攻,谁是竞争中的最后胜者尚待分晓,但赣南啤酒市场一番惨烈的搏杀已在所难免。

"国以民为本,民以食为天",食品是永恒的消费主题。"喉咙深似海"道出了食品工业发展的广阔前景。赣南人看到了这种前景,也感到了自己的不足与差距。为了推动赣南食品再上新的台阶,赣州地委、行署根据省委、省政府建设食品工业大省的决策,提出了建设"食品强区"的战略,并制定出具体目标:到2000年,全区食品工业总产值达40亿元,增加值15亿元,平均每年增长30%。用8年左右的时间,基本建成食品工业大省中的强区,主要经济效益指标居全国先进水平,培植2至3个在全国有一定影响的重要名牌产品,形成30个税利超千万元的重点食品企业。

坐拥全省农业大区、资源大区的赣南,面对日益突出的优势与挑战,发展食品工业其势已蓄,其力已至。一个名牌荟萃、生机勃勃、竞争力强的食品工业体系,一定会以新的辉煌崛起在赣南这块充满希望的土地上。

（《江西日报》1998 年 11 月 30 日）

农村市场为何难以启动

农村市场从来没有像今天这样备受人们关注——企业把启动消费的目光瞄向这里,政府把拉动经济发展的希冀投向这里。

农村市场又令人难以捉摸——看似比较容易启动的农村市场,却远非用"大篷车队"送货下乡那么简单,真正做起来难度不小,乃至一些工作至今未见明显成效。

开启农村市场的"金钥匙"在哪里?记者最近深入到赣南农村采访,以期认识农村市场的"庐山真面目"。

潜力不等于购买力

农村市场的确是一块诱人的"蛋糕",诱人之处在于其蕴藏的巨大潜力。在赣南750多万人口中,农业人口就有641万,这支挟裹泥土气息从田野大步走来的消费群体,正是赣南农村消费市场最大、最基础的潜在力量。潜力不仅是人口的数量,还有收入水平。改革开放以来,赣南农民人均纯收入由1978年的111元,增加到2084元,增长了18.77倍,正接近赣南80年代末城镇居民的收入水平。而其收入结构亦发生了变化:实物收入下降,货币收入增加。农户货币收入在整个收入中所占的份额由44.92%,上升到68.67%,正是农民收入的增加和收入结构的改变,为农民消费提供了可能。在赣南农村最直观的变化,莫过于随处可见的一幢幢砖混结构的楼房从广袤的山村崛起。这股方兴未艾的建房热,折射出当今农村消费结构的升级换代,农民的消费重心已由吃、穿开始转向住、用、行,农民的生活消费正在由必需品为主的生存型消费向发展型消费转变。人民银行赣州地区分行对全区 18 个县市 270 户农户问卷调查表明,农户对彩电的计划购买率为 64.8%,对洗衣机的计划购买率为 38%,对冰箱的计划购买率为 17%。由此可见,只要农民收入不断提高,农民消费就会不断出现新的需求,有需求就有市场。

　　然而农村市场这种巨大的消费潜力并不等于现实的购买力,潜在的消费需求能否转化成有效需求,关键还要看农民的实际消费能力,而目前农民的实际消费能力仍受到诸多因素的制约。近年来,农副产品的"卖难"问题,使农民生产的产品难于转换成货币收入,即使能卖出去,也因价格下滑而影响农民的收入,农民的购买力因而大受制约。在赣南农民货币收入中占很大比重的外出打工收入,由于受到沿海产业内移和城市下岗职工增多等因素的影响,使农民外出就业机会减少。仅南康市就约有四成的外出打工者返乡,从邮局部门寄回的现金比上年同期减少 20% 左右。因此,农村市场的巨大潜力还有待于变成实实在在的购买力。

亟待培育与开拓

　　当前农村市场消费水平虽然不是很高,但仍有消费热点。记者常常听到一些企业对"投资无热钱,消费无热货,市场无热点"的抱怨。然而一项调查表明,眼下对农村市场作过系统调研和营销策划的企业不足 10%,大多数企业与主管部门对农村市场还处于一知半解的状况,在许多工业品卖不动的同时,也存在农民想买而买不到的现象。如果说当前大多城市居民的消费需求正处于"买得起的看不上,看得上的买不起"这么一种状态的话,大多农民的消费需求则处于"买得到的不称心,称心的买不到"这么一种状态。农村居民与城市居民的消费相比,前者购买商品一般要求经济实惠,经久耐用,使用方便,不追求高标准、享受型的时尚消费,价格是他们选购商品首先考虑的因素。对 270 户农村居民的问卷调查结果表明,61% 的农户认为当前商品不适应农民的需求。此外农村本身的消费环境差也制约了农村市场的培育。一些地方供水、用电、道路、电视信号接转台等基本问题仍未解决好,而且产品维修网络不健全,商品售后服务差,特别是农村电价大大高于城市,农民购买家电商品买得起用不起的现象较为普遍。目前,农民用电费用每度一般在

1.2元以上,有的甚至更高。而且还存在供电时间受限制,电压不稳等问题。以上诸多因素都程度不同地抑制了农民的消费需求,制约了农村市场潜力的发挥。

激活潜力正当时

扩大内需拉动经济增长,既要依靠投资拉动,更要依靠最终消费拉动。而目前与投资需求相比,消费需求拉动明显不足。特别是农村市场的需求潜力还远远没有发挥出来。要激活农村市场的潜力,使其转换为现实的购买力,最根本的问题还是提高农民收入。虽然在目前情况下要大幅提高农民的收入的确有一定难度,但也并非是无所作为。赣州地区以农业产业化作为提高农民收入的突破口,重点培植优质米及米制品、果茶、畜产、家禽、商品蔬菜、林产、花卉、水产、蔗糖、烟草等十大主导产业,使农产品多层次大幅度增值,多途径增加农民收入,到2000年,农民从十大主导产业中要增收20.5亿元,人均增收315元。对生产和销售企业来讲,开拓农村市场不能简单地等同于产品下乡,农村不是推销城市积压商品的场所,而应该根据农民的需求、市场的特点组织、开发产品,制订农村市场的营销策略。对企业来讲,农村市场的开拓,要有一种强烈的机遇意识,谁在此时领先一步,谁就能抢得主动。信丰县五交化公司是"康佳"彩电在赣南的总经销商,他们面向广大农村市场实行薄利多销、强化售后服务、银商联手开拓、搞好收视设备配套建设等营销策略,1996年以来,连续三年获得"康佳"彩电全国县级市场销售第一名,目前已占领赣南50%多的彩电市场。这从一个侧面折射出农村市场的巨大魅力。

通过农村小城镇建设,加快城乡市场的沟通和融合,既有利于增加投资需求,又有利于扩大消费需求,从而为启动农村市场注入活力。同时,改善农村消费环境。大余县仅通过加强农电管理和改造农村电网,使农村电价下降到每度0.75元以下,便在农村形成了新一轮家电消费热,连续几年农民购买家用电器以近20%的速度递增。

买方市场的初步形成,需求因素对经济增长的作用日益明显,从现实和发展趋势看,在城市市场相对饱和的情况下,启动农村市场越来越重要,越来越迫切。

　　农村市场前景广阔、魅力无穷。

　　启动农村市场正当其时。

　　　　　　　　　　　　　（《江西日报》1999 年 1 月 12 日）

风　物

故乡情

大厅内：乡情浓郁忆赣南；桌子旁：乡音声声道衷情。

10月21日，40多位赣南籍或在赣南战斗、工作过的红军老战士，欢聚在江西驻京办事处内，参加江西赣州地区慰问在京老红军座谈会。这些红军老战士，今天在这相见分外亲切。

赣州地委副书记梅继尧，首先向在座的老红军汇报赣南老区经济建设的情况和还存在的困难，热闹的大厅顿时静了下来，老将军们聚精会神地听着，家乡的情况牵动着他们的心哪！

全国政协副主席杨成武，今天辞掉了一切活动，同老伴一起特地赶来了。他俩一进会场，大家热烈鼓掌，一些老红军纷纷推举："请杨司令先代表我们讲话。"杨成武同志兴致勃勃地接过话筒，他说："我是福建长汀人，我的家乡与瑞金就是一山之隔，我们杨姓的家谱上还记载着我的祖籍就是瑞金，今天我是到这里寻根来了！"他的开场白，顿时使会场活跃起来。杨成武说："赣南遍地都是宝贝，物产很丰富，在中央和江西省委、省政府的领导下，赣南建设取得了很大成绩，但也有很多困难。特别是交通不便，水土流失。现在党中央很关心，我希望赣南人民能像过去支援革命一样，全力把赣南建设好。"

老红军们喝着家乡的清茶，品尝从赣南带来的红瓜子，回忆往事，为家乡建设出谋献策。总政治部原副主任黄玉昆说："这几年许多中央领导都去了赣南，对赣南老区建设非常重视，我希望家乡人民能尽快脱贫。"他提议："我们在座的年纪都大了，但我们第二代、第三代还可以为家乡的建设有所作为，要动员他们为家乡建设继续作贡献。"说到这里，大家以热烈的掌声表示对他讲话的响应。

全国政协赴江西老区调查组组长、老红军陈宇今天也赶来了。他说:"到江西看了以后,感到更有责任为赣南经济振兴作贡献。我可以尽自己能力为赣南多呼吁一点。我不是江西人,但我总想凑近江西老表这个行列里,为老区人民办几件事。"他风趣的讲话,引得大家笑声阵阵。

说不尽的心里话,道不完的故乡情。肖华同志的老伴王新兰,讲起肖华当年在赣南战斗的情况,声音哽咽,热泪滚滚,在座的老红军们也不由得热泪盈眶。是啊,在这样的时刻,想起那些先后离去的战友,怎么能不叫人思念呢?

以活跃而著称的老红军邓飞,早就准备了节目,准备一显身手,今天果然表现不凡:听,他唱起了《当兵就要当红军》的苏区歌曲呢!他一边唱,一边表演,仿佛真的回到了当年,不时引得人们哈哈大笑。接着,他又朗读了自己刚创作的一首诗:"风啸马嘶军号急,万里长征梅坑起。铁蹄通过千山障,草鞋踏破百万敌。四化建设新长征,赣南龙虎英豪聚。继往开来从头越,齐心奋发振江西。"话音刚落,台下立即响起一片喝彩之声。

(《江西日报》1986 年 10 月 22 日　与熊焰、练炼合撰)

从困惑走向希望的田野

——江西省农村村级班子建设考察纪事

"大包干"一泻千里的激流,冲开了人民公社"一大二公"的樊篱,给广大农村带来了无穷的活力,在 8 亿农民的面前展现出一片希望的田野。

然而,在农村经济开始从产品经济向商品经济的突破性推进中,农民却觉得田越来越难种了。

这既有发展农业的外部环境发生变化的原因,同时也有一个现实的问题摆在广大农民的面前——

在农业生产中,有许多一家一户办不了的事,谁来为他们提供服务?在向商品经济的推进中,谁来带领他们去叩开新的致富之门?

在目前上上下下一片重视农业的呼声中,我们行进在我省的乡村田野,对目前农村基层班子建设状况作了一番调查,所到之处我们深深感到:发展农业除为其创造良好的外部环境外,如何发挥农村基层班子在农业自身发展中不可替代的作用,已越来越为广大农民所关心。

农村的新困惑

"蜘蛛站岗,老鼠坐庄,铁将军把门,一年四季找不到人。"这是赣东一些农民曾经给他们村委会编的一句顺口溜。

像这种情况在我省一些农村,特别是边远的农村不乏其例。

据统计,我省村级基层班子中,目前真正发挥作用比较好的占 40%左右,处于一般状态、得过且过的占 50%左右,较差的约占 10%,有的甚至处于瘫痪和半瘫痪的状态。

不可否认,实行"大包干"之后,我省农村许多村级班子,在带领群众组织生产、发展经济等方面,发挥了巨大的作用。但是也有不少地方,在"队为基础、三级所有"的农村经济格局瓦解之后,忽视了农村村级班子的建设,致使现有村级班子的服务实力,日益暴露出其明显的不足。

目前我省村级班子中,存在着一种比较普遍的现象:一些村干部几乎成天陷入"催、收、要、罚"等繁忙的事务工作之中,根本没有精力去抓商品经济的发展,做好社会服务工作。有的村干部对我们说:"催粮催款,计划生育,成了我们唯一的使命。"而群众则抱怨他们是:"集体出工习惯吹哨子,包干到户不会抓票子。"

特别是在一些经济落后的地方,一些村班子陷入一种难以摆脱的"怪圈":由于集体经济薄弱,村里各项费用只得向农民摊派,但农民越穷越难要,越难要越牵扯村干部的精力,影响他们抓商品经济和社会服务工作,最终集体没钱,还得向农民要,致使干部与群众之间关系紧张,村班子在群众中失去了向心力和凝聚力。

症结何在

透过我省一些农村基层班子的"软、懒、散"现象不难发现,造成这种现象的根本原因,是摆在当前农村基层班子面前一系列尚未解决的实际问题。

——村班子的群体素质与深化农村改革、发展农村商品经济的要求不相适应。村干部普遍存在年龄偏大、文化素质偏低的情况。据萍乡市去年年底进行的一次调查,全市村级班子干部中年龄在 46 岁以上,文化程度在初中以下的,分别占村干部总数的 59.74% 和 65.89%,有相当一部分干部还是从土改以来连续任职的,有的村干部甚至大字不识一个。

——村干部的报酬得不到兑现,后顾之忧难以解决。目前,我省大部分农村村干部的工资还得向农民摊派解决,但在一些经济条件差、群众收入低的地方,实际上很难兑现。德安县河东乡河东村干部的工资,自 1984 年以来就没有兑现过。该县磨溪乡宝泉村的村委会主任,工作 11 年,未兑现的工资在 2000 元以上。一位村干部说:"我们一年辛苦到头,而报酬却要自己向群众去讨,群众交的是'赌气钱',我们收的是'怄气钱'。"与此同时,一些干了几十年的村干部退下来以后,不仅没有退休金,而且生活上的困难很少有人过问,严重挫伤了他们的积极性。

——村级规模设置不合理。农村实行承包责任制后,原来作为农村经济核算基础的生产队一级组织基本解体,管理生产等职能基本上都落到了村委会一级。现在的村级组织,实际上担负了原来生产大队和生产队两级的工作。村级组织成了农村一切工作的落脚点。一位农村干部为难地说:"根据《宪法》和《村委会组织法》规定,村委会是基层群众性自治组织,必须代表农民利益同社会各种组织打交道,没有行使政权的职能。但现在实际上村委会又不得不执行乡(镇)政府所布置的行政任务,这样我们夹在政府与农民之间非常难办。"再加上一些村所辖地域偏大,交通不便,要管理好就更困难。

走向希望的探索

村级班子中存在的软弱涣散现象,已引起了我省各级党和政府的重视,许多地方都在探求化解之良策,把它作为深化农村改革,使农业生产迈上一个新台阶最有力的措施之一,并取得了一定的成效。到目前为止,我省萍乡、宜春、鹰潭、赣州等地市,已经分别在去年年底和今年年初对后进村的班子进行了全面调整,全省性的调整将在今年年底全部结束。

从各地整顿村级班子的情况看,都把提高村干部素质,解决好干部报酬和发展村级集体经济作为加强村级组织建设最重要的措施。并注意把那些年纪轻、文化素质高、办事公道、有商品经济头脑的人,推选到村级领导岗位上。

宜春地区采取"本人自荐、群众推荐、组织考察、民主选举"相结合的办法,推选村领导,全区共调整充实主要村干部1465人,对于那些实在难于选出素质较好干部的村,则从乡镇干部中选派下去,全区共有930名乡镇干部下到一些老区、贫困村和后进村。

抚州地区的南丰县、抚州市和南昌市的新建县,则通过组建村公所来加强村级班子建设。这些县市,将原村民小组撤销,改设村委会,以原来的村委会为单位设立村公所,作为乡镇人民政府的派出机构,直接领导村委会工作。

这样既充实了基层干部队伍,又解决了村级规模设置不合理的问题。

对全省 100 个经过整顿后的村级班子进行的调查表明:村班子整顿后,其成员平均年龄为 38.9 岁,初中以上文化的占 59%。使村班子中年龄偏大、文化偏低和缺乏组织领导发展商品生产能力的状况有了改变。

合理解决好农村干部的报酬问题,是稳定干部队伍,调动他们积极性的关键。我省许多地方在整顿村班子的同时,即注意解决在职村干部的报酬和退休干部的待遇问题。

萍乡市从去年开始,每年由市财政拿出 17 万元,用于 100 个贫困村的干部工资,一定 3 年不变。同时区、乡再负担一些。

宜春地区村干部报酬由县、乡财政和村办企业上缴利润三级负担,统筹解决,并根据村干部的工作实绩,实行"基本工资+效益工资+奖励工资"的结构工资制,并力争在 2 至 3 年内不再向农民摊派。

为了解决农村干部老有所靠的问题,南丰、东乡、全南 3 个县,对村干部实行退休保险。保险费村干部本人每月交纳 30% 至 40%,村或村公所负担 50% 至 40%,乡镇政府补助 20%,这样使村干部退休后,每月可领取 30 元至 40 元的退休费。

大力发展村级集体经济,是增强村班子战斗力,搞好农村工作最根本的出路。目前,我省各地已把壮大村级集体经济实力,作为加强村级班子建设最有力的措施之一。许多地方根据江西农村"三缺一富"(缺资金、技术、人才,山水资源丰富)的特点,把兴办村办企业与正在全省兴起的农业总体开发的泱泱大潮结合起来,大批被人们称之为"绿色企业"和"蓝色企业"的林场、茶场、果园和利用水面的养鱼场、养鸭场正在全省各地兴办起来,并已成为发展村级经济的突破口。广大农民正带着绿色的希冀和蓝色的梦幻,去唤醒沉睡多年的荒山荒坡和水面,开辟出充满生机和希望的田野。

(《江西日报》1989 年 6 月 9 日　与刘小宁合撰)

田野里的新萌动

——乐平县乐河镇村民议事会纪事

以联产承包责任制为开端的农村改革,在广大农民面前展现出一片希望的田野。随着农村改革的进一步深入,在各种闻所未闻、见所未见的新事物从广袤的乡村田野突发出来的同时,许多新的矛盾、新的问题也随之而出现。解难化疑的良策在哪里? 人们在寻求、在探索。乐平县乐河镇村民议事会也就在这种氛围中顺理应时,脱颖而出。它摆脱了过去农村工作主要依靠行政命令的工作方法,直接引导农民参与农村的民主管理,从而化解了农村的许多矛盾。记者在采访中,深切地感受到这种探索的可贵,也感受到广大农民在获得生产上的自主权后,他们的政治观念上的权利意识、参与意识也已开始在希望的田野上拔节迅长。

把政策变为群众的主见

村,是农村工作的最前沿。然而在一些地方,党和政府的方针政策到了这一级,却往往难以顺利地贯彻下去。几名村干部,面对千家万户,往往显得心有余而力不足,致使许多工作难以顺利完成。这种状况严重制约着农村各项事业的发展和改革的深入。

1989 年下半年,一种让千家万户农民自我管理、自我教育、自我激励的村民议事会在乐平县乐河镇出现了。这是一次新的尝试,更是一次新的探索。

刚刚建立起来的村民议事会,会不会成为那种装装门面、摆摆形式的"花架子"呢,人们不无担心。乐河镇为此作了周密的考虑与安排——

议事会一般每月议事一次,也可根据情况增加次数,议事的内容是国家大事、本村实事和农户家事,18 岁以上村民均可参加。

为了加强对村民议事会的领导,设立了议事理事会,主要由村干部和德高望重的村民组成,每次开会前,村党支部都要会同理事会对议事的内容、方式进行研究,以防出现"人多嘴杂、乱议乱扯"的局面。议事内容一旦形成决议,大家都得执行,如有违反决议的,不论干部群众,照样处罚。村民们说:"只要过得硬,我们开会舒心,今后也放心。"

村民议事会出现不久,就开始触及一些"尖锐"问题,并显示出巨大威力,从而使人们的担心烟消云散。

乐河镇有 16 户未经批准就乱占耕地建房的农户,而居佳村占了 13 户,镇村干部曾经多次做工作,均无成效。这个"老大难"问题被提到议事会上,大家议田少人多的村情,越议越感到问题严重。最后大家议定:限期 10 天清基还田。结果只用了 7 天,便全部清完了。

计划生育工作向来是令镇、村干部最感头痛的事,每抓这项工作就得"硬着头皮、磨破嘴皮、跑破脚皮、气破肚皮"。议事会上村党支部引导群众自己来讲,大家坐在一起算解放初与现在的土地、人口对比账,算人口增加的负担账,越算越觉得国家制定的计划生育政策有道理。那些结扎对象户,虽然想再生一个男孩,但觉得大家讲得实在、说得有理,大家议定的事自己再顶着,实在说不过去,而且得罪了众人脸上也无光,于是"自推车子,自带被子,自送妻子"去结扎。现在,乐河镇一女户全部上环,二女户全部结扎。

记者与乐河镇各村党支部书记座谈时,他们一致反映:让群众自己说,比我们磨破嘴皮、叫干嗓子强得多。一些村干部说:"过去我们几个干部是少数,而做工作的对象是多数,现在通过议事会,把政策变成了群众的意见,自然事情就好办多了。"

政策一旦深入到群众心里,不仅能为群众所自觉接受,而且能产生巨大的效力。在乐河镇,过去一些一家一户难办成的事,现在好办了。像兴修水利、大面积垦荒造林等等,议事会上大家一议,都知道与自己的利益密切相关,只要村干部一牵头,大家都跟着上。

干群架起连心桥

　　群众说了话,天没塌下来。相反,干群关系、党群关系比以前更和谐、更密切了。

　　以前,村里的事都由干部定,群众只有干的份。本来一些十分有益的事,由于没讲清楚、没议明白,群众不知为什么干,结果不但没执行,反而引起群众的抵触情绪。

　　下石村党支部书记石长大说:"说起来我们天天和村民在一起,但感情上与群众疏远了。议事会上大家把话一说,没想到群众竟有那么多好的想法,没想到他们对我们有那么大的期望,更没想到的是,他们竟有那么多心里话给我们村干部掏哇!"村、镇干部们都震动了。

　　村民议事会把政策交给群众,把议事权放给群众,把监督执行权授给群众,从而把群众放在既是受教育者又是教育者的位置,这样他们在议事过程中,都自觉地把自己摆进去,产生了责任感,增强了主动性,并从中充分体验到当干部的苦衷。议事时,干部群众坐在一起,大家以心换心,沟通感情,增进了理解。在干部眼中,农民纯朴的形象又还原了,比以前更通情达理了。在群众眼里,干部变得更亲近了,工作更完美了。

　　那么,干群之间还有没有意见呢? 有,有时还很尖锐呢! 比如干部用公款吃喝的问题,分配农资批条子为自己留有余地的问题等等,在议事会上,大家也一股脑倒出来,使干部们吃惊非小,深感自身廉洁、办事公道是多么重要,这在无形之中对干部工作也起了监督作用。从此,村里的账目都公开张贴在议事室里,农资分配也由议事会来议定。

　　议事会架起了一座党同群众、干部同群众的连心桥梁,增进了群众对党和干部的信任,也增强了干部的服务意识。过去许多村干部的工作,往往总是陷于催、收、要、罚之中,根本就没有精力来抓好服务工作。现在议事会上,他们的工作得到了群众的理解与支持,因而大家议定的事,干部们总是想方设法去办好。去年8月,杨村因干旱二晚无法栽插,以往为抢水村民之间往往发生纠纷和械斗。在议事会上,村民们提出,只有由干部和党员放水我们最放心。于是,这个村20名干部、党员5天5夜守护在水渠上,分轻重缓急,先群众、后自己安排放水,使大部分二季晚稻适时栽插,夺得了丰收。至今,广大村民还记着这样一句话:"水流人情在,难忘干部党员情。"

民风纯朴物华新

乐河镇农民议生产、议生活、议科学、议社会风气……镇风、村风、民风在议事中也悄悄发生着变化。

以前乐河镇打架斗殴、赌博偷盗、乱砍滥伐、虐待老人等现象时有发生。议事会上,大路不平众人铲,这些坏现象成了众矢之的。

俗话说:清官难断家务事。乐河镇鹊山村和中堡村有几户村民,不愿承担赡养老人的义务并虐待老人,干部三番五次做工作无济于事。在议事会上,这种行为遭到了众人的指责,使他们羞愧难当,改正了错误。如今,谁要是做了什么有损于集体和国家利益的事,在议事会上准要被议得脸上发烧,身上发烫,坐立不安。因此,谁还敢犯"众怒"呢?

邪气下降,正气上升。乐河镇邻里之间、群众之间互帮互助的事也日渐增多。下石村村民石建兵家,去年10月被一场大火烧得精光。怎么办?村里决定召开议事会。会上大家议定:有粮的捐粮,有钱的捐钱,有物的捐物。在大家的帮助下,他一家顺利地渡过了难关。

村民议事会符合群众愿望,事关群众利益,使它的吸引力越来越大。现在群众心里有疑惑、有话说,都会主动要求开议事会。许多村干部反映,要是在以前,一年到头开次把会还开不拢,再加上"广播断了线、报纸难见面",农民群众长期不了解上级精神,总是担心政策要变,有人甚至准备变卖承包的果园。乐河镇干部感到,要使群众的精神面貌和整体素质得到提高,村民议事会不能光停留在会议形式的水平上,必须不断赋予新的内容。他们以村民议事会为载体,建立了全方位的农村思想教育新格局:全镇26个村委会,村村通了广播,并建立了墙报、黑板报、宣传栏、文化站(室),镇里设立了文化中心站。他们把这些形式引进到村民议事会,实行学、议、看、听相互结合,会内、会外相互补充,从单一的议事过渡到丰富多彩的综合教育,给村民议事会增添了新的活力。乐河镇已连续两年被树为全县的"红旗单位",去年目标管理总分在全县名列第一,并被评为全省的"文明集镇"。

乐河镇的村民们还在议,笨嘴拙舌地议,酣畅淋漓地议,满怀希望地议。而且,越议越爱议,越议越会议,越议热情越高。

（《江西日报》1991 年 4 月 18 日）

走进瑶山

大山连着大山。

阳春三月,我们迎着潇潇的春雨,踏着浓浓的绿色向大山深处进发,此行的目的地是我省唯一至今仍保留着自己民族语言和生活习俗的少数民族聚居地——全南县竹山乡瑶山村,那里居住着我省仅有的瑶族同胞。

翻过一座又一座山,越过一道又一道岭,我们仿佛进入了一个绿色的世界,举目四望,林木参天,绿树遍地,青杉翠柏依依,修竹乔松冉冉,人在车中,仿佛飘浮在绿色的海洋里。

车在坑洼泥泞的山路上颠簸,我们在车里左右摇晃、前俯后仰,同行的同志曰:"我们是在摇着进瑶山。"吉普车停在一条山间的溪流前不能再往前开,乡长指着半山腰掩映在绿树梨花中的片片青瓦说:"看,那就是瑶山村。"我们下车步行,走过用木头架成的桥梁,沿着山间的小道,走进了瑶山。

瑶山村村支书赵观胜热情地招呼我们,正在香菇棚中忙碌的瑶族同胞向我们点头微笑。这里的瑶族村民属于"过山瑶",是瑶族中的一支,以前他们居住在人烟稀少的深山老林里,一家一户各占一座山搭棚而居,过着贫困孤单的生活。他们刀耕火种,打猎为生,每当野兽减少,耕作不利时,便迁徙到另一座山居住,这种迁徙方式便称为"过山"。

直到1958年,政府为他们建造了房屋请他们居住,同时划出2万亩山林和20多亩农田给他们耕作,"过山瑶"们才告别山头定居在这里。如今的瑶山村有48户人家共248人,都使用本民族的语言,但他们没有自己的文字,与汉族人交往则讲全南县方言或普通话,"过山瑶"们虽然定居下来,但他们的生产、生活习惯大多仍保留着。

　　打猎是这里村民的拿手好戏,瑶族的小孩七八岁时就学放枪,有时为打一头野猪,瑶民可在山上过上三夜,饿了就用刀砍下竹筒,挖个小洞装上米和泉水放在火里煨,饭熟了拌了食盐叫吃"竹筒饭"。夜晚,烧一堆火取暖,互相背靠背睡觉。为追一头野猪,他们甚至可以追上百公里。目前,全南县其他地方的猎枪和火铳都实行枪支管制被收缴了,唯独瑶民们的猎枪和火铳作为生产工具予以保留。瑶民除上山打猎外,夏秋时节还喜欢捉石鸡,这种叫石鸡的蛙类昼伏夜出,是难得的山珍,瑶民一晚可捉几公斤。每年挖春笋的季节,是这里瑶民最忙的时候,瑶族家庭除老人和小孩外,全部都进山,在山上吃住两个月挖笋烧炭,将笋制成玉兰片带回来。山外的商贩,则经常到瑶山村来,收购他们生产的笋干、香菇和木耳。

　　在瑶山村里居住着唯一的一户汉族人家,主人名叫胡周兴,他夫妻俩70年代末从浙江庆元县来瑶山做工,由于他会生产袋装香菇,村里的瑶民便跟着他学,如今生产袋装香菇成为瑶族同胞重要的经济收入。淳朴、好客的瑶族同胞热情地挽留他,胡周兴便在这里定居下来。在这个瑶族聚居村里,他这个汉族家庭倒成了"少数民族"。

　　村里的瑶族同胞平时穿戴和汉族人差不多,只是在喜庆之日才会穿上民族服装,瑶族妇女进入中年后都用布包头,生一个孩子就包一层布,所以,只要看这个妇女包布是几层,就知道她生了几个孩子。

　　瑶族村民仍保留着传统的婚俗,男女青年自由恋爱,不由父母做主,举行婚礼那天,新郎新娘陪客人喝酒、谈笑,通宵达旦。结婚成家后,都另建住宅分居,分居时父母只给碗筷,本人带上原来使用的被席、衣物等迁入新居。婚后所生子女,一半随父姓,一半随母姓。

　　瑶族村民对外来的客人十分热情,远在他乡的亲朋到这里来,只要在河对岸点燃鞭炮,听到客人的爆竹声,接客人家也放鞭炮迎接,其他家家户户也像迎接自家客人一样,都点燃鞭炮欢迎。不管是哪里来的客人,累了都可以到瑶民家歇脚,甚至可以倒在其床上睡觉(但不能脱鞋子,否则就会惹来麻烦)。这里的瑶族村民还喜欢唱山歌,瑶族的山歌有长短调之分,长调高亢、舒展、优美,长于抒情;短调山歌节奏紧凑、平缓,长于叙事。

　　瑶山村的村长邵优发当选为省人大代表,每年全省人大开会时,能坐上大会主席台的赣州地区代表只有地委书记和他两人,对此,瑶族村民倍感自豪。

　　改革开放的大潮,同样也冲刷着这个大山怀抱中的瑶族村寨,该村已有 8 位瑶族姑娘走出大山,加入到广东沿海打工的行列。这对瑶家姑娘来说,在过去是想都不敢想的事情。瑶族刀耕火种的耕作方式也被科学种田所取代,一些新的农业科技已在瑶山开花结果。瑶山,正在走出大山的封闭,拥抱外面的世界!

　　　　　　　　　　　　　　　　　(《江西日报》1998 年 4 月 6 日)

客家摇篮在赣南

赣南,客家的摇篮。这片青山秀水与闽、粤的相邻地带,共同孕育了汉民族中一支重要而又特殊的民系——客家人。

客家人,一群无论从文化还是地理上都能找出特色的人。客家的语言习俗、风土人情、起居饮食等诸多方面都与其他地方的汉族有相异之处,形成并非少数民族而又独具特色,悠悠然焕发出与世迥异的客家风情。

围屋、擂茶、米果、山歌、灯彩……赣南浓郁的客家文化,即使是来到这里的外乡人,也时常会被其所感染、所陶醉。随着海内外"客家热"的兴起,赣南在中国客家民系形成上的特殊地位,已逐渐为海内外众多学者所确认,越来越引起人们的关注。

"千年做客实非客,四海为家便是家。"当年客家的先人因躲避战乱,举家举族从中原几次大规模南迁,从沃野千里的北方来到当时仍属蛮荒之地的赣南,扎根、拓荒、繁衍,经过与当地土著人的长期竞争、冲突及相互融合,逐渐演化成汉民族中一支新的族群——客家民系。他们身上流淌着北方的血,有着剽悍刚勇之气,同时又融进了南方青山秀水孕育的灵性,变得更加精明坚韧。

记者最近来到与石城县仅相距20公里的福建宁化县石壁村,这个号称"客家祖地"的小山村,如今建起了规模宏大的客家公祠和客家民俗馆,最早的客家先民就是在石城、宁都这一带繁衍生息,创造出灿烂的客家文化。遥想当年这群被称为"中国吉卜赛人"所唱的漂泊之歌,仿佛处处都让人感到仰俯古今的博大,到处都让人听见历史的浩叹!

"无山不客,无客不山"、"逢山必有客,无客不住山"。赣南的客家人总是与山联系在一起的。在赣南的高山深谷中,客家山民保留着典型的客家人的性格,他们性情豪爽,讲究礼仪,十分好客。"泡上一壶茶,交友一大权",就是他们生活的写照。赣南的客家民居虽然各有特色,但都大同小异——傍山依水、挨山靠坡的黛瓦粉墙,鳞次栉比,错落有致,构成了客家村庄建筑整体的韵律和完美。许多客家民居都有门榜,一个门榜甚至就是一部家史。走在赣南的农村,依然可以看到许多房屋大门上有诸如"江夏渊源"、"沛国传家"之类的四言韵句,标榜门户,荣宗耀祖。赣南客家建筑最有名的莫过于围屋,它与北京的四合院、陕西的窑洞、广西"杆栏式"、云南的"一颗印",合称为中国传统民居的五大建筑。在龙南那些随处可见的"方屋围"客家建筑,其数量之多、规模之大、风格之全、保存之好,属全国之最。最出名的为杨村燕翼围、关西新围、桃江龙江围等。大多占地十余亩,四角耸立坚固的碉堡,墙体由青砖或花岗石砌成,分布着一排排"猫眼"似的枪孔炮洞。四堡之内是围屋,一般为两至三层,也有的四层。大的围屋有九栋十八厅,内有粮仓、水井、排污道、戏台等,生活功能齐全,防匪、防盗、防灾,体现了客家人高超的建筑艺术。近年新建的龙南边贸城,它的构图造型仍然保留着客家围屋的特点,四边角是炮楼造型,不过那一扇扇当年布满枪眼的门窗,如今已全部洞开。赣南客家人正以开放的胸怀,笑迎四方来客,畅纳八面来风。他们在这里开垦出块块田地,养出群群畜禽。这便有了客家的粗茶淡饭,也便有了生生不息的客家子孙。但能干的客家人并没有满足于粗茶淡饭,他们用灵巧的双手,魔术般地将简单的食物,制成了五花八门的传统佳肴。仅仅是一把大米,将它磨浆、蒸煮、煎炸之后,便有了米果,有了珍珠粉、云片、水酒、粉蒸笼等众多的客家美食。仅仅是一把茶叶、一把生姜、一撮大米,加上豆子、芝麻、陈皮之类,放入擂钵擂至细烂如泥,开水一冲,便成了味道鲜美,既可解渴,又可充饥的擂茶。赣南的客家食文化至今仍在滋养赣南食品工业的发展壮大,月亮花生巴、多味花生,果蔬脆片、酸枣糕、鱼丝⋯⋯这些带有客家风味的赣南食品,正源源不断地走向市场,使赣南的食品工业在全省独占鳌头。

天上的星星数不清,赣南的山歌唱不完。古老的客家山歌是赣南客家文化中一道独特的风景。尤其是在有山歌之乡美誉的兴国县更是如此,这里似乎什么都能入歌,什么事情都有歌。无论在山上、田间、路边、河里,常常听到有人唱歌。《牧牛歌》、《摘茶歌》、《莳田歌》⋯⋯人们做什么就唱什么,不做什么就什么都唱。赣南客家人爱唱山歌是因为它有乡土情、泥巴味,唱出的都是客家人自己的喜怒哀乐,听起来格外亲切。近年兴国一年一度的重阳山歌节更是热闹非凡,参赛歌手一对一地轮番上台,他们中有上至 70 余岁的古稀老人,下至八九岁的男童女稚。有时夫妻相遇,有时祖孙同台。这时候的歌手"六亲不认",一个个使出浑身解数,把锣点敲得奔马般欢畅,把山歌唱得流云般舒展。

有人说,走进客家人的聚居地,最美、最让人牵挂的风景是客家女。在赣南,记者曾多次听过客家女吃苦耐劳、勤俭持家的故事。客家女的故事演不出"男耕女织"的情节,这红土地上的男人,信奉"情愿在外讨饭吃,不愿在家掌灶炉",他们带着憧憬和希冀,成群结伙外出淘金寻梦。客家女人则义无反顾地挑起男人留下的养家抚子、耕田种地的重荷。客家女是汉民族中唯一不曾缠过小脚的女人,她们有一双勤劳的大脚。男人能干的事,客家女人都能干。下地扶犁使把,上屋架梁盖瓦,客地到处都有客家女人劳作的身影。

赣南客家文化博大精深,源远流长。它是一首隽永的诗,更是一曲澎湃的歌。但与闽、粤两省龙岩、梅州对客家文化的挖掘和弘扬,以文化的认同吸引投资促进经济发展相比,赣南在这方面的工作尚有不小差距。目前世界客属人口达 9000 余万,其中 800 万散居 67 个国家和地区,占海外侨胞的三分之一。对赣南来说,通过客家文化吸引海内外客家人到这里来寻根认祖、投资兴业,仍是一篇有待于做好的大文章。赣南的客家文化还将继续演绎下去,不过将翻开新的一页。

(《江西日报》1998 年 7 月 13 日)

走进龙南客家围屋

　　每个人梦里都有一个故乡。而中国人的故乡梦中，断断少不了这样一些意境：一黛青山、一抹平芜，柔婉清碧的曲流、青瓦粉墙的民居……来到位于九连山下桃江河畔的江西省龙南县，正好还我们一个完整而清晰的故园情境：南有小武当山的奇秀，北有龙头滩之幽丽，而更令人为之惊叹不已的是在这块神奇的土地上至今还保存着370多座充溢着浓郁客家风情、形态各异的围屋。它与北京的"四合院"、陕西的"窑洞"、广西的"杆栏式"、云南的"一颗印"合称为中国传统民居的五大建筑。这些高大的建筑、奇特的结构、精湛的工艺与迥异的风格，令许多慕名前来观赏研究的专家学者和游客流连忘返，赞叹不已。

高耸入云的燕翼围

　　位于九连山下杨村镇圩镇中心鲤鱼寨下的燕翼围，因其建筑高耸，当地俗称"高守围"。这座高大坚固的客家围屋始建于清代顺治七年，历经了328年的风雨沧桑，那高达15米的宏大建筑依然巍然屹立着，至今仍然是杨村镇上最高的建筑，犹如鹤立鸡群般俯瞰着四周的田园农舍和日趋繁荣的杨村圩镇。

　　燕翼围是座封闭式高墙建筑，占地面积近2000平方米的围屋只有一座大门供人们出入内外。安放在围屋东面的拱形石框大门高2.5米，大门顶上镌刻着"燕翼围"三个颜体大字，笔力沉雄神完气足，给人以一种宽容博大端庄肃穆之感，足见书者书法功力之深厚。据有关资料介绍，这三个大字系清朝道光年间殿试钦点探花郎周玉衡所书。其时任赣州府道台,于道光二十九年巡乡至杨村,住在围屋内,宴罢登楼远眺,南望小武当突兀奇峰,西览九连山苍茫林海,俯视田园农舍袅袅炊烟,仰观天际苍穹霞染云飞,赞不绝口。围内绅士赖嘉谟乘机送上文房四宝,恭请道台大人题写围名。周玉衡手捋长须欣然应允,乃挥毫驰墨写下"燕翼围"三个大字,后由赖嘉谟延请名匠高手镌刻于大门顶上。

这座始建于明末清初动荡多事之秋的燕翼围,在众多客家围屋当中以高大坚固而著称。其时赣粤边境战事频仍,烽烟四起,当地绅士赖福之感于率家奔走避乱之苦,顿悟古训"高筑墙、广积粮"之明,遂萌生建造高围御敌安居之念,禀父告准后乃延请丰城名师巧匠择吉起基。为防御盗匪贼寇侵袭,赖福不惜重金,选料考究,精心施工。整个建筑设计建造构思奇特,匠心独运,令人叹为观止。三百多年来,燕翼围历经了无数次战火劫难的考验,其高耸的身躯依旧傲然屹立着,足见围屋之坚固。

我们从大门走进围屋,只见围内共分 4 层房屋,沿围墙建筑,中间是 300 多平方米的大坪,坪中有两口暗井,一是水井,二是埋藏粮食和木炭的旱井。平时填土封闭,遇战时危困可掘井自救。全围以大门和厅堂为中轴,每层对称建房 34 间,四层共有房 136 间。进大门后旁设楼梯上楼,二三两层有一米宽木制楼廊环通四周全层,与闽粤一带客家围屋的走马楼极其相似,有异曲同工之妙。三百多年来,在围屋居住的人们已将厚实的木板楼廊和梯阶踏得凹凸不平,楼廊上的木栅栏也被磨损得光滑油亮。这一切都记述着围屋经历的沧桑岁月,记述着客家人酸甜苦辣悲欢离合的梦幻人生。

宏大壮观的关西新围

关西客家新围建成已有 200 多年的历史,围屋规模极其宏大,占地约达 2 万平方米。围屋四角建有高耸的炮楼以抵御外敌,座座炮楼内皆连通,相互呼应。围墙高 9 米、厚 2 米,异常坚固。围屋背靠巍峨连绵的青山,面朝清流激湍的关西河,依山傍水气势磅礴,端庄肃穆蔚然壮观。

这座建于清代嘉庆年间的围屋不知什么缘故没有设正大门,只在正面围墙朝东、朝西方向开有两座高耸厚实的石框侧门。我们来到围屋前时即提出这个疑问,一位住家人笑着摇摇头说,这个问题没有很明确的记载或传说,也许是避讳的原因吧。我们从东侧门走进围屋,据说以前东侧门是文官儒士坐轿进出的门,而西侧门是武将士卒骑马进出的门,这与京剧戏台上出将、入相两门的意思差不多。从东侧门步入到前大院中,只见院中地面全用条形花岗岩铺成。院内的大门前两边分别有雕刻精美的石狮各一只,形象逼真栩栩如生。左边这只张着大嘴口含朝珠的是雄狮,凶猛威严;右边那只昂头闭嘴的是母狮,它的身上爬有几只小狮,虽不及雄狮之猛,却也显示出端庄肃穆、凛然难犯的气势。石狮的前方立有一块硕大的照壁,照壁背后是花园,园内设有戏台,戏台正前则是开合相间,赏园憩息的二层小楼阁。前院中还有水井、马廊房、轿房和车房。侧院还另辟有一块供游乐、学习的场所,占地约1600多平方米。围内亭台楼榭,居中开挖了一口约有一亩水面的小湖,起名小花洲。因各种原因,小花洲几近遭到破坏,只依稀留下原来建筑风格的痕迹。

我们注意到围屋主体分五组排列。分前后进,由124间主房构成九栋十八厅,共有14个天井。当地人介绍说围屋内等级森严,除祠堂外住房大致分了三个等级。望着这座颇具神秘色彩的围屋我们问起它的来历,这里的住家人告诉我们,建造这座关西新围的是清代嘉庆年间当地名绅徐名钧,为人精明能干,做木材生意发了大财,富甲一方。因当时社会动荡盗匪猖獗,他考虑自己万贯家财,映人耳目,恐会招来匪盗之患,故不惜耗费巨资建造大围,以保平安。围屋的墙体皆选用精心磨光的上好青砖砌成,异常坚固。为防御匪盗从地下偷掘入围,四周墙基皆土埋有10米深的防腐材料梅花桩,千年不坏;为防火攻,围内设有多处消防注水口;为防匪盗从天面入侵,天面瓦背上布有许多用剧毒药浸泡过的三角钉,见血封喉;为防围困断粮,围内设有多处粮仓,还有用米粉精心制作的米粉砖砌成的假墙作储备粮,围内的各种储备粮可供围内人吃两年。为建造这座宏大的围屋,徐名钧耗费10万两白银,历时十多年方才完工。

听完当地人的介绍,我们兴致盎然地观赏着围屋奇特的建筑,穿堂过室地漫步在这颇似迷宫般的围屋之中,客家人传诵的"九栋十八厅"在此得到印证。围屋内设计紧凑,层层递进,曲径通幽;轩廊飞檐垂珠,堂壁绘龙画凤;大至栋梁中柱,小至门窗栅檐,无论青石红木皆精雕细刻,略无瑕疵。前厅后堂照壁柱檐皆用油漆,色彩和谐绚丽,充分显示出古代客家人深厚的文化渊源和高超的建筑雕刻艺术,显示出我国劳动人民卓越的聪明才智。而透过那些幽深的枪眼,我们可以想象客家人千百年生存斗争中血与火的岁月!

风格迥异的围屋群

赣南的客家围屋始建于明末清初,至今尚存有500余座,而其中大部分都在龙南县,各式各样大小不一的客家围屋在这块1600多平方公里的土地上可说是随处可见。围屋数量之多,风格之全,保存之完好都是其他地方无法相比的,这就无怪乎有人把龙南称之为"客家围屋之乡"了。虽然我们所看到的龙南客家围屋尚不及十分之一,而那些别具一格的建筑却已深深地烙入我们的脑海中。在龙南现存的围屋当中,除以高耸坚固而著称的燕翼围和以规模宏大而驰名的关西新围外,还有位于里仁镇圩镇旁按八卦地形建造的栗园围,围内有水田、池塘、果园,占地面积更大于关西新围。围中房屋取势、定向,接龙脉、定穴位,合阴阳、依八卦演绎而成,东岔西弯错综复杂,内有"生门"、"休门"之秘,如不熟谙围内地形贸然进入,则很容易迷路。还有位于105国道旁临塘乡黄竹陂的谢屋圆围,围屋前有条河环绕,整个围屋呈圆形。这种圆围多见于闽粤地区,在赣南是较为罕见的。位于杨村镇东水小学后有一座半圆围,背靠青山处是方形,前面地势较宽则建成了圆形。整个围屋呈扇形,十分奇特,别有一种格调。另外还有桃江乡清源村风格奇特全用花冈石建造的龙江围,关西镇精小玲珑的沙坝围以及杨村镇上坊和背夫岭有两座风格构造与燕翼围大致相似的永藏围、光裕围等。370多座风格迥异的客家围屋犹如一颗颗镶嵌在赣粤边陲龙南热土上熠熠生辉的明珠,吸引着越来越多的专家学者和国内外游客前来观光游览、考察研究。

走进一座座客家围屋,犹如走进一个个不同的大地,感受到各不相同的情调。从客家围屋中那些雕梁画栋的精湛工艺上,从那些设计高超奇特的建筑风格中,从那些柱檐堂壁上精美细腻的绘画图案和书法墨韵中,我们感受到深厚浓郁的客家文化,感受到客家人精湛高超的艺术修养,感受到客家人的聪明才智和他们丰富多彩的情感世界与生活。

(《信息日报》1998年9月3日　与赖建青合撰)

探胜九曲河

"江西九十九条河,只有一条通博罗。"

民谚中说的这条能通广东省博罗县的河流,就是发源于安远县三百山,流经定南县,最后注入珠江流域东江水系的九曲河。

人们都知道东江的源头三百山,但却很少人知道东江上游在江西境内的九曲河。从三百山飞奔而下的清流,在青山峡谷间蜿蜒跌宕,由北而南,至定南九曲乡沙螺弯时,受高山阻挡,忽向东折,绕行数里,又重新南流,迂回曲折,故名九曲河。

汩汩流淌的九曲河钟灵毓秀,将流经的山川抚摸得如诗如画、如幻如仙。当60年代东江—深圳供水工程建成时,九曲河便成了养育香港同胞的母亲河。

九曲河曾是一条沟通赣粤两省的通衢要道,据史料记载,清代同治年间,九曲河舟楫畅行上溯可达定南县的龙塘、安远县的鹤仔。木船及各种竹筏木排载着南运的竹木及土纸、药材等山货,以及北往的海盐、咸鱼、榄角等干鲜食品往返穿梭,构成一派繁忙景象。同治三年,一座横跨九曲河的石桥建成,五个桥墩如船形,拱似弦月,精巧绝伦。因建桥时恰逢大旱,河水干涸,天赐建桥良机,故取名为天成桥。它是定南古代最宏大的工程,天成桥为九曲河平添了几分壮美。

古桥依旧在,碧水仍南流。如今的九曲河已不再是航运通道,它变成了一条宁静而又秀美的河。为了探寻九曲河的美景和神韵,记者乘一叶小船顺流而下,向下游广东龙川县境内漂去。

隆冬的九曲河河水悠悠,清澈可人。船在河中行,如在画中游。举目四望,两岸的亚热带原始森林风光尽收眼底:林木翁郁的丛林下,手腕粗的古藤纵横交织,两岸石壁爬满青萝,千姿百态的古乔木,有的岸然挺拔,有的参天而立。危崖、绿树、苍藤、碧水,相互映衬,绿意森然。为了给香港同胞送去一泓放心水,定南县提出了"保护东江源,净化九曲河"的口号,并毅然割舍了可能污染九曲河的制造、化工和采矿等发展项目。正是定南人民的精心呵护,九曲河才能流动着一派清纯。

小船沿九曲河逶迤而下,忽然静谧的山谷中传来飘忽的客家山歌,一支竹筏贴着明镜般的水面由绿树丛中划出来,那是打鱼的客家汉子在巡河。客家汉子划着木桨,满面春风,用我们听不太懂的客家话向我们吆喝致意,我们先是愕然,继而连声叫绝!

水是生命之母,也是人类文明之母。每一条江河都流淌着人类蜿蜒曲折的前尘后世。九曲河以其博大的胸怀,养育着两岸 19 万多客家儿女,这里有独特的客家民居、客家山歌,客家风情古朴玄妙。

如今的九曲河也回荡着现代文明的气息,沿河而建的三座水电站,已将九曲河拦腰抱住,它们像三颗闪闪发亮的明珠,镶在九曲河这条绿色的缎带上。我们乘的船到达最下游的长滩电站,这座电站是定南规模最宏大的现代工程,它位于赣粤两省的交界处老虎峡。左岸是江西,右岸便属广东,船往右岸一靠,便算到了省外。现在长滩和另外一座九曲电站组成长久电力公司,与省高新能源有限公司和赣州黄金电力开发公司,以各占 36% 和 64% 的股权,组成长新电力股份公司,创下我省电力企业的首宗产权交易的纪录。香港五丰行创办的年产 3 万头供港生猪企业,已矗立在九曲河畔。定南—九曲亚热带森林风光旅游开发也在筹划之中。

"小河弯弯向南流,流到香江去看一看。"九曲河像一条绿色的纽带,正连接起江西人民和香港同胞之间的款款深情。

(《江西日报》1999 年 1 月 15 日)

赣南客家"活化石"

　　赣南是孕育客家民系的摇篮,又是目前世界上最大的客家人聚集地,赣南在客家民系形成上的特殊地位,已逐渐为海内外所认同。

　　客家是汉民族一支重要而又特殊的民系。客家的先民是古代中原的汉族,由于躲避战乱,举家举族经过 5 次大规模南迁。他们最早来到赣南,然后在赣南、闽西、粤东定居下来。千年开拓,百代磨炼,经过与当地土著人的长期竞争、冲突及相互融合,逐渐形成汉民族中一支新的族群——客家民系。因而,赣南、闽西、粤东被称为客家大本营。客家民系形成后,仍有大批客家人向南乃至向海外迁徙,以至于有"有海水处就有华侨,有华侨就有客家人"的说法,在海外华侨中,客家人占了三分之一。

　　赣南的客家有"老客"和"新客"之分。"老客"是指当初客家先民因"中原丧乱"从江淮大地溯赣江、抚河而上,逐渐进入赣南和闽西,孕育成客家民系后,一部分继续向南迁徙。而另一部分则留居赣南深入发展。这部分迁入赣南后没有再迁出者,称之为"老客"或"先客"。老客主要分布在赣南的宁都、石城、于都、赣县等北部县地。由于这些地方属于山区,交通不便,使从中原徙入其间的客家先民在外界变化纷呈的历史河流中处于相对的静态,因而,"老客"地区的语言、习惯、风情保存着较多的"汉唐遗韵",表现在具体文化事象上:这一带的聚落很多是唐宋时开基建村,保留下的古老祠堂特别多;语言声调更接近中原古音,礼仪风俗更为古朴。古代的中原文化在如今的中原地区已很难找到,而在这一带却得到较为完整的保存。其语言也成为古汉语的"活化石"。而"新客"是指明末清初,从闽粤大批返徙入赣的客家人。

其祖先绝大部分都是宋元时从赣南迁出,历经数代再从闽粤重新迁回赣南。这些重新回迁的客家人,因其祖先经历闽、粤时的进一步发展变化,回到赣南后,在语言、风俗上与当初在此分支时已存一些差异,因此为区别于原有客家,便称之为"新客"或"后客"。"新客"主要分布在赣南的龙南、定南、寻乌、安远等地。因此,赣南既有客家形成初始首次分支后的老客家,又有明清时再次分支后的新客家,这样,可以说,赣南是一部客家发展史,了解了赣南,也就了解了客家历史。

近年来,随着赣南对外开放和客家研究的深入,越来越多的客家人已开始认识到:客家源头在赣南。一些海外客家人已开始到赣南来寻根认祖和认同客家文化。宁都县洛口乡灵村是客家邱姓的发祥地,唐代光禄大夫邱文仲于唐代开元年间从中原的洛阳南迁定居这里,经过1200多年,从这里播迁到海内外的邱姓客家人已逾百万。台湾同胞、世界邱氏宗亲总会副理事长邱正吉先生从有关资料和谱牒上查证后,到这里捐资30万元修复了被列为县级文物保护单位的灵村邱氏祠堂,后又率台湾邱氏宗亲寻根祭祖团前来寻根认祖,台湾客家同胞这种强烈的寻根意识,体现了同胞之间血浓于水的感情。香港电讯职工会还捐资30万元为兴国县梅窑镇三僚村兴建一所小学,2月26日举行了典礼,150多名香港同胞组成的观礼团参加了典礼。这是赣南旅游史上接待香港同胞人数最多的一个团。近年来,随着客家研究的不断深入,笼罩在赣南客家头上的面纱逐渐被掀开,人们已注意到赣南在客家地区的分量和在民系形成上的重要性。

今年1月25日,赣南客家联谊会在原赣南中华客家研究会基础上正式成立,赣南各县(市)的客家联谊会也相继成立,这是赣南举起客家旗帜,加强与海内外客家联谊组织和客属同胞联系与沟通的一个标志。新建的省博物馆也将开辟赣南客家文化与风情陈列。赣南孕育了客家民系,海内外客家人也越来越多地关注着赣南。

(《江西日报》1999 年 3 月 1 日)

巴黎的文化气息

　　西欧行,最忆是巴黎。情思悠悠写下了这句话,笔尖仿佛都有些醉意。

　　巴黎号称浪漫之都,香水、葡萄酒、法国大菜……这些浪漫之物都与它有关联,然而更令我怦然心动的是它浓郁的文化气息。巴尔扎克、雨果、卢梭、毕加索、罗丹……这些世界文化巨匠的名字,早在大学时代就深深地印入我的脑海中,同时也在心里留下一个谜团:法兰西这块土地为何能产生这么多的世界级文化大师。今年4月上旬,我作为中国新闻代表团的成员出访西欧,首站便踏上了巴黎这块土地。

　　埃菲尔铁塔、凯旋门、卢浮宫、凡尔赛宫、巴黎圣母院,这些法国文化的象征之物,对我来说既熟悉又陌生,我曾多少次在电影、电视、画册、书刊中目睹和了解它们的雄姿倩影,而今一旦置身于这些著名的文化景观之时,心中不免还是多少有些激动。这些人类文化艺术的瑰宝,正是由于它们,巴黎才显得如此魅力四射。

　　"巴黎不是一天建成的"这句西方的俗语,道出了巴黎历史的悠久。在巴黎市中心区,看不到高楼大厦,那些几百年前建的风格各异的中世纪和文艺复兴时期的建筑,被完好地保存着,虽然其内部装修已是今非昔比,但其外表却无丝毫变化。拂去岁月的风尘,这些代表着不同时代法国文化的建筑与新区的高楼大厦相比,愈发显露出其古朴沉静的底蕴,构成了巴黎整座城市的风格,也从一个侧面展示出巴黎人对过去文化存留的精心呵护。

　　巴黎有一道独特的文化风景,那就是六十八个国立、私立的博物馆遍布全市,博物馆成为人们休闲的好去处,其中最著名的是卢浮宫博物馆,这座规模宏大的宫殿,犹如一座世界艺术的宝库,它分七个部分展出三万件世界艺术珍品,此外还有多个临时性展览。走进这里参观,犹如在人类文明的海洋中遨游,诸如"维纳斯雕像"、"蒙娜丽莎的微笑",这些极为珍贵的人类艺术珍品的原件,都在这里陈列着。三万件艺术珍品要将其看完一遍也非易事,而巴黎人却有其独特的欣赏方法,他们平时没有那么多时间来仔细欣赏,一俟退休之后,许多人便去上卢浮宫学校,一星期上两至三次课,而且一上就是好几年,这样他们就能在有生之年来细细品味这些人类艺术的瑰宝,这也算是巴黎人的一大福分。

巴黎的现代标志性建筑也往往与文化密切相关,造型形似打开着一本书的篷皮杜中心、以四座大楼组成的密特朗国家图书中心,都是巴黎人引为自豪的现代建筑。走在巴黎街头,漫步塞纳河边,还能看到一个在其他国家所看不到的景象:无论在公共场所,还是在车站候车,一有空许多巴黎人手中都捧着一本书在看,那份专注的神情,使人感到读书已成为巴黎人生活中不可缺少的一部分。

我们到达巴黎的时候,正值巴黎的春天,许多巴黎人坐在咖啡馆外面,伴着音乐边喝咖啡,边享受着春日的阳光,这是一幅极富浪漫与文化色彩的景象,这就是巴黎!它恬淡而清新,宁静而致远,仿若是一首韵味悠长的抒情诗,使我心动,让我难忘。

(《江西日报》1999 年 5 月 11 日)

罗马怀古

　　我曾在好莱坞明星格里高里·派克和赫本主演的影片《罗马假日》中领略过意大利首都罗马的风采,影片中那极富浪漫情调的故事和罗马市景使人为之神往。今年4月,我作为中国新闻代表团的成员终于来到了这座城市访问。

　　意大利是古罗马文明的发祥地,也是欧洲14世纪至16世纪文艺复兴运动的中心,到罗马领略异域文明,无疑是一大快事。置身于罗马城,仿佛进入一个巨大的露天历史博物馆,一脚踏进了欧洲的"过去"。在著名的威尼斯广场附近,古罗马的遗迹历历在目,还有一大片已从地下发掘出来或正在发掘的考古现场,那些断墙残柱和文物,无不闪烁着古罗马人的智慧之光,展示着昔日罗马帝国名盛一时的繁华荣耀,我们的思绪也不由得拉长拉远,好像穿越时空回到古罗马的从前,不知不觉就缠绵了脚步不忍离开。

　　古罗马人建立的文明从公元前8世纪至公元5世纪,在长达1200多年间,铺垫了西欧文化的雏形。罗马帝国的统治疆域西从现今的英国大不列颠岛,东到波斯湾,南由非洲直至欧陆北部的日耳曼,形成一个横跨欧亚非大陆、称霸地中海流域的庞大帝国。古罗马文明虽然未延续至今而消亡,但它的文化积淀却对后世的人类文明进步仍有种种滋养。

　　罗马的象征,也许莫过于古罗马的竞技场了。它位于罗马市中心偏东南处。我们下车后,只见百米之外兀现一座硕大无比的圆形巨石建筑,面对如此壮观的古代建筑,古罗马文化的恢宏博大,就像一股汹涌的海潮铺天盖地而来,那份罗马城的永恒魅力,一刹那间似乎浸润了我的全身。这座宏伟的建筑跻身于世界最著名的古代建筑行列是当之无愧的,它历经1900多年仍巍然屹立,其规模竟与 1998 年法国世界杯足球赛主体育场相当,上下四层能容纳 5 万名观众。竞技表演可动用上万名角斗士和上万头野兽,暂不说其残忍性一面,那种盛大的场面我们只能从小说和电影《斯巴达克斯》艺术创作所描绘的场景中去遐想了。虽然岁月剥蚀之痕历历在目,而竞技场整体却依然固峨,古罗马帝国那曾经拥有的辉煌已随岁月的流逝而远去,但那个时代留给我们的代表性建筑——竞技场,却依然屹立在历史长河的岸边,它像一位历经沧桑的老人,对身边熙熙攘攘的人们讲述着关于人类文明的话题。

　　身历罗马古城,如读天之史,顿悟苍茫悠长;如读古之卷,感受博大深厚;如读今之书,领略异域文明的清新灵动。

(《江西日报》1999 年 6 月 16 日)

在赞比亚感受江西的影响力

若问江西在中国以外的哪个国家影响力最大? 答案一定是赞比亚。9 月中旬,记者随江西文化信息代表团出访赞比亚,深切地感受到江西在这里巨大的影响力和江西企业"走出去"取得的成功。用中国驻赞比亚大使周欲晓的话说,"在赞比亚'江西'两个字是赫赫有名的,江西人在这里为中国人露了脸,争了光"。

在该国首都卢萨卡街头的建筑工地上,不时可以看到围板上用英文写的"中国江西"和用中文写的"江西国际"等字样,该国最雄伟的建筑——政府大厦是由江西企业承建的,就连赞比亚去世的两位前总统的纪念墓地也是由江西民营企业建造的。从上世纪 80 年代初以来,江西的企业和江西籍的华人华侨就陆续来到这个前英国殖民地投资创业,他们克服重重困难,不仅在事业上取得了成功,而且为江西赢得了声誉。目前,在赞比亚投资注册的各类江西企业有近百家,占中国在赞比亚注册企业总数的五分之一多,位居榜首。它们既有像江西国际赞比亚有限公司、华港企业有限公司、中煤集团赞比亚有限公司等江西的国有企业,也有像扬子江企业有限公司、华江投资有限公司、顺亚实业有限公司等江西民营企业。通过 20 多年的打拼,江西企业为赞比亚的经济建设和社会发展作出了不可磨灭的杰出贡献,同时江西在赞比亚的企业亦在发展中不断壮大。目前,赞比亚排名前三位的华人富豪,全部都是江西籍人士。

在赞比亚,江西企业的身影几乎无处不在,涉及的产业领域有建筑装饰、房地产、道路桥梁、矿业、金属冶炼、建筑材料、气体化工、轻工塑料、机械制造、汽配、农业、畜牧业、医疗器械、木业、物流运输、饮食酒店服务、体育娱乐休闲等。在赞比亚的边陲小市利文斯顿,这里唯一一家中餐馆的华人老板听说我们来自江西,不禁伸出大拇指赞叹:"江西人在赞比亚太了不起了!"目前,江西籍华人华侨及到赞比亚务工的劳务人员常年保持在 3000 人以上,在卢萨卡总共有 20 家中国餐馆,其中江西餐馆就有 4 家。卢萨卡东方饭店是一对南昌夫妻开的,已经营了 10 多年,在这里我们吃到了南昌炒米粉、白糖糕、筒子骨烧萝卜等地道的南昌口味,更令人惊异的是,这里有些赞比亚黑人员工竟能说一口的南昌话,这在万里之遥的异国他乡真令人有回到家的感觉!

9 月 15 日,顺应众多江西企业和江西籍华人华侨的共同期待,赞比亚中华江西同乡会成立,这是赞比亚有史以来第一个海外华人华侨同乡社团组织,也是目前赞比亚最大的侨团机构。在随后举行的赞比亚江西企业座谈会上,中国驻赞比亚大使周欲晓高度评价江西企业在赞比亚所取得的成功,他说:"江西的企业进入赞比亚时间早,规模大。更难能可贵的是,江西的企业都是在没有国家扶持的情况下,自己走出来在赞比亚'找米下锅',到市场上去找项目,而且取得了辉煌的成就。"就在我们访问期间,江西国际赞比亚有限公司又签订了一个 1 亿多美元的项目,今年仅这家公司在赞比亚的经营额就可突破 4 亿美元。

江西企业在赞比亚的成功说明,对外开放不仅是对外招商引资,省内企业"走出去"同样是对外开放,作为经济欠发达地区的江西企业,抓住机遇走向国际市场大有可为!

(《江西日报》2012 年 10 月 9 日)

访　谈

江南都市报打造区域强势品牌之路

——与江南都市报总编辑王晖的对话

陈旭鑫

进入新世纪以来,江西各项事业进入了加速发展的快车道。作为江西当地经济和社会发展"晴雨表"的报业,也得到了长足的发展。《江南都市报》作为当地都市类报纸领跑者,更是捷报频传:2003 年,该报的"市民热线"专栏荣获"中国新闻名专栏奖";中共中央政治局常委李长春,中共中央政治局委员、书记处书记、中宣部部长刘云山等领导同志先后亲临该报考察,对该报实行的"脑中有导向、心中有读者、眼中有市场"的办报方针进行了高度评价;该报广告营业额排名进入中国报业 50 强,成为江西惟一进入中国报业 100 强的纸质媒体;2004 年,该报的广告实收达 1.15 亿元,占据了南昌报业广告市场份额的"半壁江山"……江南都市报在江西省内所处的区域都市类报纸强势品牌地位进一步显现。

近几年来,该报为什么能快速发展? 她在报业经营、内容打造等方面究竟有什么"秘笈"? 笔者带着这些问题,采访了江南都市报总编辑王晖先生,就该报打造区域强势品牌报纸等相关问题进行了一番对话。

陈旭鑫:进入新世纪后,贵报凭借什么进入到快速成熟发展阶段,从一个亏损、无利润、影响力小的报纸变成江西报界发行量最大、影响范围最广、利润最多的报纸? 你们的办报"秘笈"在哪里?

王晖:本报实行了市场化运作,进行了科学准确的定位,找到了一条适合自己特色的办报之路。

我认为,办报一定要讲求"生态办报"。所谓"生态办报",就是要充分考虑到当地的政治、经济、文化等多个方面的因素,对自己报纸的发展定位要科学、准确。

通过理性分析和对市场的深入调查,我们把读者定位于普通市民,把报纸办成市民报。因为江西全省的高端白领读者不多,普通市民占绝大多数。在这个基础上,我们提出了"关注都市冷暖,关心百姓甘苦"的办报理念。只有定位于市民报,关心普通市民的生活冷暖,为普通市民的利益鼓与呼,我们的报纸才能拥有最大数量的读者群,才能带动本报的发行和广告收入。

陈旭鑫:目前,全国都市类报纸的发行基本都是亏本的,广告成了报社生存的最大支柱。去年,贵报在整个南昌全年广告仅为2亿的盘子中,拿到1个多亿,能否谈谈贵报在广告经营方面的经验?

王晖:确实正如你说的那样,都市类报纸是亏本发行的,广告就成了报社安身立命之本,本报也是如此。广告的盈利能力决定了报社的生存和发展,也决定了报纸品牌建设的成败。本报在广告经营方面,现在是江西全省惟一真正全面实行广告代理制的媒体。

我们的广告定位是做品牌广告,我们的广告价位,在省内同类媒体中也是最高的,这是我们报纸的优势。为什么能这样做? 原因就在于,本报是江西境内影响力最大的平面媒体。本报也是全省惟一真正实行广告代理制的媒体。为什么我们能实行广告代理制? 就是因为本报已经是一家运作非常成熟、规范的媒体。为了保证本报的公信力,我们严禁本报记者编辑外出拉广告,因为那样做就必然导致媒体公信力的下降,得不偿失。

当然,我们实行的广告代理制,也有过曲折,也在不断完善。

在我们实行代理制初期,不管什么广告公司都可以进来,出现了鱼目混珠、良莠不分的现象,一些皮包公司也混迹其中,导致广告欠款很严重。于是,我们就着手进行改进,采取了四个新举措来保证报社利润最大化:

第一,我们实行了一级代理制,对代理商还设置了进入门槛,即向代理公司收取一定数额的押金,否则就不让其代理本报的广告。这样,就可以保证代理本报广告的代理商,都是实力雄厚的广告公司;也保证了本报广告款的及时到位。我们要求广告代理商将广告款当月到账,对完成任务好的有适当奖励,对完成不了任务的也有相应的处罚。现在,本报每个月的广告到款率都很高。

第二，我们今年开展了广告代理招商招标活动，把原来由某些广告代理公司垄断的项目进行拆分。早些时候，本报把一个大类广告由某广告公司总代理，本报收取该公司的广告费是固定的，而由于垄断，该公司就可以任意向广告客户要价，也就容易形成广告代理公司的暴利。为此，我们把分类广告进一步细分，拆分成几块进行招标。这样，广告代理公司就形成不了垄断，也保证了报纸利益的最大化。

第三，本报的广告一年内实行两次招标，分别为年初和6月份。为什么要这样做？因为，报纸的发行量在年初时，往往是最低的时候，这时的广告代理价格也就低；而在下半年，发行量会上升，如果广告代理实行一年招标一次，广告的价格就必然要保持年初的价格，报社就要受损失了，所以在6月份，我们报社的广告代理又要进行第二次招标，代理价格也会有提高。以后，我们的分类广告等其他广告都将推广这种做法。

通过招标，我们要求广告代理公司一年内在本报的广告必须达到一定的投放量，对投放量的要求甚至细分到每个月，对完成不了任务的，可以对该公司实行淘汰制。

第四，广告价格细分到每一天、每一个版面。星期五的广告刊登量最多，原因是周末市民外出的机会多，这一天的广告价格也最高。这样做，都是为了报社利益的最大化。

我们报社在广告招标方面，运作规范，公平竞争。我本人作为一个总编辑，在广告价格方面拥有的权力，还比不上一个广告代理公司的老总。这样做，才能保证广告代理制的规范运行。

陈旭鑫：有专家认为，目前报业竞争已经到了品牌竞争的阶段。您对此是怎样理解的？

王晖：确实如此。对于报纸来说，内容就是最大的品牌。报纸的大品牌是由若干个小品牌组成的，比如，名牌栏目、名牌板块、名牌专栏甚至名牌记者。现在确实到了品牌频发的阶段。品牌也不神秘，它的最大内涵在于其差异性。报纸的品牌就在于树立自己的内容特色。我们注重不断培育自己的新闻名专栏来提升报纸的公信力，提高读者的忠诚度，扩大读者群。

本报的"市民热线"专栏，以"我倾听、我传递、我沟通"为主要职能，设置了一个虚拟的主持人"郑义"（与"正义"谐音），是全国率先推出的每天一个专版的市民热线。针对重大政策的出台或市民反映集中的问题,定期或不定期地请有关部门负责人到报社接听电话,当场予以答复。为了方便群众,报社还将有关部门领导接听电话的信息,提前数天在报上公布。市民与政府官员对话的详细内容,第二天在报上公布。

本报的"市民热线"一头连着百姓,一头接着政府,起到了积极效果:一方面,密切了党、政府和人民群众的联系,切实帮助群众解决了困难,有效缓解了社会矛盾。多年来,这个"热线"得到了政府部门的大力支持和人民群众的拥戴;同时,也树立了报纸的权威,建立起了报纸的公信力。2003年,该专栏荣获中宣部授予的"中国新闻名专栏奖"称号,在全国同类报纸中是第一家,本报的品牌效应就体现出来了。

在"市民热线"专栏取得成功后,本报还针对不同读者的需求,适时推出了"深度调查""探索江西""收藏大观"等新专栏,不断扩大读者群。

现在办报的过程就是经营报纸的过程。报社既要注重打造自己的名专栏,也要注重保护。我们把本报的"市民热线"等名专栏,在省商标局注册,这样做就是为了保护我们的品牌专利。

陈旭鑫:刚才您介绍了贵报在打造名专栏方面的努力。今天,媒体资源极大丰富、信息爆炸,电视占据了第一媒体的位置,网络的发展势头更猛。"酒香也怕巷子深",贵报如何来推广自己的品牌,以使自己在竞争中立于不败之地?

王晖:我们现在真的进入到了一个信息爆炸的时代。我们的竞争,真是全方位、立体化的竞争,既有同类媒体的竞争,也有电子媒体的竞争,独家新闻已经变得越来越难得,甚至几乎变得可遇而不可求了。怎么办? 我认为,进入到互联网时代,报社的编辑记者就要从发现新闻向选择新闻转变;办报就要从追求独家新闻向追求独家策划转变。

我刚才说过,现在办报的过程就是经营报纸的过程。经营报纸的过程与以前传统的办报过程是两码事:以前办报是记者写稿、编辑编稿、印刷出版,最后由发行员投递到订户手中,办报的流程就到此结束了;现在的办报过程,不是从记者写稿开始,而是要从报纸的市场调查开始,读者喜欢看什么、需要什么、年龄结构等都要进行调查;最后也不是报纸送到读者手中就完了,还要了解报纸的阅读率如何。总之,现在办报的外延,显得比以前宽泛多了,有很大的不一样。

　　我欢迎本省其他同类报纸的发展强大,因为这样能推动本报的前进,没有竞争对手的报纸,"一家独大"对报业的发展竞争是不利的,那样就容易自我满足,最终会被自己打垮。

　　陈旭鑫:再次谢谢您接受我的采访!

(《新闻与写作》2005 年第 7 期

作者单位:南昌大学新闻与传播学系)

用创新的实践打造强势

记者：当前，都市报的竞争十分激烈，同质化倾向越来越严重，一家报纸想在市场上站稳脚跟，进而做大做强，都会锐意创新，运用自己的核心竞争力，去打造报纸品牌。《江南都市报》经过数年的不断创新，现在已经成为江西省日发行量最大的报纸，在南昌招招领先。请问，《江南都市报》迅猛发展的"招数"是什么？

王晖：南昌市只有190万人口，但南昌的都市类报纸就有6家。在这些平面媒体中，由于现代科技的发展，信息的迅速传播，都市报无论从内容到形式上都出现了同质化倾向，一家都市报有了新的"招数"，其他都市报就会立即"克隆"。而解决报纸同质化最好的办法就是作为当地"龙头老大"的报纸必须实施"品牌兴报"战略。在市场经济日益发达的今天，向品牌靠拢已经成为商品消费的主要趋势，由于报纸可选择性的增强和受众的日益成熟，读者对报纸品牌的理性认识已上升到一个重要的地位。因此，报纸是否能打造出自己的品牌，将是决定其能否独领风骚的关键。

要让读者在可选择的报纸中对《江南都市报》情有独钟，就要设法加快读者对该报纸从认可、满意到心理依赖的流程，提升读者对报纸的忠诚度。在这样的背景下，《江南都市报》决定实行"品牌战略"，把报纸打造成为读者喜爱的品牌报纸。

具体到每一家报纸，由于办报宗旨不同，对报纸的理解不同，实行"品牌战略"的内容也就不同。《江南都市报》在实行"品牌战略"时，从解决都市类报纸的同质化入手，运用系统论的思想作指导，开始了全方位创立品牌的工作，取得了明显的成效。

　　据调查,在南昌市场,10个人购买《江南都市报》,其中3个人是看了报纸内容后购买的,7个人是不看内容就购买的,不看内容就购买我理解这就是品牌效应。

　　记者: 在实施"品牌战略"过程中,面对方方面面的工作,《江南都市报》是从哪里打开缺口,使品牌概念首先植入读者心中,并以此为契机,逐步扩大品牌影响力的?

　　王晖: 品牌不是一个空泛的概念,而应当是一个读者看得见的载体。我们首先把创立"品牌栏目"作为工作的重点,《江南都市报》在全国都市报中率先开设"市民热线",在国内的知名度不断攀升,"市民热线"以"我倾听、我传递、我沟通"为主要宗旨,每天把读者电话反映并经记者采访核实的稿件在报纸上刊发,拉近了报纸与读者的距离。

　　以往,都市类报纸大都以报道社会新闻起家,其中不乏一些"打打杀杀"的场面描写。"市民热线"开通后,我们主动与省厅职能部门联系,增添了"行风政风评议"内容,每年在规定的时间内,邀请省里的厅局长们到报社接听电话,就读者关心的热点问题进行解答,让读者直接与厅局长们进行交流。"行风政风评议"热线的开通,提升了报纸的影响力,增强了报纸的权威性,体现了主流报纸的特色,报纸的品牌也逐步树立起来。

　　开通"行风政风评议"热线后,我们在选择评议主题和热线交流内容时,注意把握三个原则:一是政府想做的,二是老百姓需要做的,三是媒体应该做的。只有兼顾这三个方面,才会取得政府和百姓都满意的效果,才会达到提升报纸品牌的目的。

　　2003年11月,我们的"市民热线"栏目获得了"中国新闻名专栏奖"的殊荣,填补了江西省新闻界的空白。"市民热线"栏目的成功,标志着《江南都市报》在实施"品牌战略"中迈出了坚实的一步。

　　记者: 如果说"市民热线"只是打开了一个与广大读者间接交流的窗口的话,那么,精心策划一系列与老百姓生活密切相关的活动,则是在更加广阔的"舞台"上直接展示报纸的风采,使品牌效应在读者亲身参与中达到了一个新的高度。

　　王晖: 是的,解决报纸同质化问题,需要从自身找出破解的办法。我们认为,只有策划出属于自己的独家品牌活动,让读者亲身参与到活动中来,报纸才能真正在读者心中把品牌树立起来。

　　2001年7月16日,《江南都市报》与江西省慈善总会共同设立了"江南都市报读者慈善扶贫济困基金"。2003年7月至8月中旬,《江南都市报》发起新闻助学活动,一个月刊发新闻报道100余篇,募集爱心捐款289万余元,帮助820名寒门学子圆了大学梦。2004年高考以后、新生入校以前,我们刊发了《谁来资助清华北大寒门学子》的大型报道,刊登了求助学子的名单、高考成绩、录取学校、家庭基本经济状况,引发了许多感人的故事,求助的清华、北大寒门学子均得到了好心人的资助,顺利就学。2005年,我们继续开展助学活动,募捐160万元,帮助寒门学子顺利入学。这个具有品牌意义的活动连年举办,在读者心中产生了深远的影响。

　　除此之外,我们每年还举办江南"新丝路"模特大赛、与南昌市政府联合举办大规模的房产交易会、大型车展等独家活动。通过这些独家的策划活动,将报纸的形象直接展示在读者的视野之中,彰显了别人无法复制的核心竞争力,使报纸在读者心中的满意度大大增强。

　　记者: 打开与读者交流的窗口,策划与读者生活密切相关的活动,从而扩大报纸的影响力,从某种意义上说,还具有广告的性质,属于树立外部形象的范畴。报纸的生命在于内容,品牌的最终成就靠的是报纸质量。请问,在制造新闻产品的环节中,《江南都市报》遵循哪些理念?

　　王晖: 归纳起来有两句话,即在新闻操作层面上,实现从"放火烧荒"到"精耕细作"的转变;在报纸服务终端的层面上,完成读者从"阅读"到"悦读"的转变。

　　要想让报纸深入人心,报纸在进一步加强权威性、公信力的前提下,大力提倡"精耕细作"。在都市报的初创阶段,一般都要求记者能及时把消息采回来,以密集的资讯集合,在第一时间内抢发,以赢得读者,我们把它称为"放火烧荒"。由于实施"品牌战略",这种新闻操作方式已经不能满足竞争的需要了。在新闻同质化倾向十分严重的情况下,我们提出在新闻处理上要高出对手一筹。虽然没有太多的独家新闻,但是要有独家处理。我们要求新闻作品要有观点、有分析,提高新闻作品的档次和水平。在新闻形式的处理上,我们也要求包装,在印刷时要精美等,我们把它称为"精耕细作"。

　　说到底,报纸最终是要让读者阅读的,报纸的竞争,说白了就是争夺读者的注意力,这就需要发现并且满足读者的阅读需求。我们提出了"口头新闻"的概念,探索"口头新闻"的写法,力求在表达上口语化,语言生动、活泼,符合读者的阅读习惯和地域文化特征。在版式处理上,要求有视觉冲击力和现代美学的形态,以此去争夺读者的注意力,让读者达到快乐阅读的目的,完成从"阅读"到"悦读"的转变。

记者:先进的或者说符合"品牌战略"的新闻理念是需要人来执行的,采编人员的执行力是生产高质量新闻产品的组织保证。请问,《江南都市报》采取了哪些措施来保证采编人员执行力的到位?

王晖:我们在选择、录用记者时,制定了严格的用人标准。这个标准是有特定的内容的,按照这个标准去选择人才,才能完成实施"品牌战略"的特定任务。我们的选人标准是:敏感+理性+文字。新闻敏感是第一位的,不再赘述;理性是我们着意要求的,在"独家处理"新闻的时候,记者的理性思考是至关重要的;文字也要符合能让读者"悦读"的要求。尤其是在同题竞技的情况下,我们的记者就会像烹调大师一样,用同样的原材料,却可以做出自己的"招牌菜"。

为了让记者在实战中得到锻炼和得到读者的认同,我们对记者实行了"挂牌制度",公开记者的姓名、照片、手机号和写作特点等,让读者点记者进行采访,打造读者喜爱的"名牌记者"。

在打造"名牌记者"的同时,我们开始了刻意打造"名牌版面"的工作,通过对"名牌版面"的打造,推出自己的"名牌编辑"。我们特意推出了《收藏周刊》《都市新观察》《百姓周刊》《探索江西》等版面,深受读者喜爱,也培养了一批"名牌编辑"。

在正面激励采编人员刻意创新的同时,我们制定了严格的考核制度,实行末位淘汰,让机制发挥作用,让不适应报纸发展的人被淘汰,让采编队伍一直保持旺盛的战斗力。

记者:作为品牌的载体,报纸的形态当然十分重要,但是,决定报纸形态的因素却是在报纸之外,它与品牌经营的战略是紧密相关的。请问,《江南都市报》在报纸经营方面的具体做法是什么?

王晖:2004 年,《江南都市报》年广告到账收入突破 1.2 亿元,广告份额占到全省报纸广告总收入的 33%、南昌市报纸广告收入的 50%以上,发行量达到 40 万份,是江西省日发行量最大、广告收入最多的报纸,而且每年都保持较高的增幅。目前,都市报的竞争有个显著的特点,就是两极分化,形成"一报独大"的态势。

《江南都市报》在基本上巩固"龙头老大"的地位后,审时度势,制定经营策略。在发行上,牢牢占领南昌第一的位置,不容动摇;在中心城市寸土必争,县一级则保持一定的覆盖,形成了一个"倒金字塔"形的发行结构,以确保成本不能太高。在报纸形态上,实行小而优的策略,不盲目扩版,不搞大投入的厚报,以实现合理的利润。在报纸质量上,全力打造"品牌栏目"和"品牌活动",实现读者对报纸的心理依赖,打造读者对报纸的忠诚度。

(《新闻爱好者》2006 年第 7 期)

由湖入江携手共进

——访江西日报传媒集团社长王晖

冯正安　梁锋

当前,我国媒介市场尤其是报业市场正处于一个体制与机制均发生剧烈变革的转型期,报业传统的垄断经营地位已经丧失,国内外的竞争者蜂拥而至,市场竞争日趋激烈。同时,报业的生产方式和传播模式也发生了巨大变化,即时性、互动性、虚拟性和多元化的特征日趋明显,传统受众的忠诚度正经受着严峻的考验。

王晖认为,近几年来,中国报业的发展已逐步突破单一产业发展模式,随着媒体整合趋势的加快,媒体之间的界限越来越模糊,报业的跨媒体经营趋势也愈加明显。与四川广播电视报社有密切合作的上市公司博瑞传播,开始从报纸发展到网络媒体和IT电视节目制作领域。赛迪传媒重组ST港澳后,从原先主要经营16家IT专业报刊开始渗透电视传媒、网络传媒等领域。跨媒体经营加强媒体间的合作,为中国报业的发展提供更大的空间,同时也实现资源的共享。

王晖说,伴随跨媒体的发展,报业的跨区域经营也渐成趋势。最早是南方日报与光明日报两大报业集团联手打造《新京报》,在市场上获得很大的成功。之后,其他的报业也纷纷仿效。2004年8月,深圳报业集团全资购并新华社辽宁分社旗下的《时代商报》,同月,华商报业投资1亿元的《重庆时报》创刊,11月,上海文广新闻传媒集团、广州日报报业集团、北京青年报社在上海创办《第一财经日报》;12月,解放日报与成都日报两大报业集团投资的《每日经济新闻》出版。羊城晚报报业集团甚至把这种模式延伸到了澳大利亚,2005年6月与侨鑫集团合作创办了华文报纸《澳洲新快报》。跨地区的经营加强了报业集团之间的合作,这也是在竞争日益激烈的报业市场上报业集团寻求生存和发展的有效途径之一。通过地区间的合作可以开拓市场,实现资源的共享以及节约运营资本,从而为报业的发展开拓更大的利润空间。

王晖介绍,近年来,江西日报社多次积极组织和承办不同类型的跨区域省级党报合作会议,与各区域的省级党报传媒集团达成了多项共识,建立了多层次、宽领域的合作关系,取得了丰硕的成果。如:

——海峡媒体庐山峰会成为两岸媒体交流的里程碑。

2011年5月24日,由江西日报社、台湾旺旺中时媒体集团等单位主办的海峡媒体庐山峰会在庐山举行。来自台湾的15家主流媒体的高层和记者,以及来自中国内地10个省市报业集团的负责人聚首庐山,共商促进海峡两岸媒体合作交流大计。本届峰会取得多项突破,影响巨大,成为两岸媒体交流的里程碑。

——泛珠峰会打造泛珠区域主流媒体全方位合作新机制。

2011年9月19日至23日,由江西日报社承办的第七届泛珠三角媒体合作峰会在南昌市举行。泛珠三角区域的9家省级党报传媒集团和香港《文汇报》、《澳门日报》的负责人出席峰会。峰会以"协作·创新·共赢"为主题,以"深入探讨面对媒体发展新生态,泛珠三角媒体如何融合借鉴新的传播理念、新的传播手段,强化互惠互通、协调合作,实现共促共赢"为主旨,通过专题报告、深度对话、互动沟通等形式,共同推进泛珠三角媒体的合作与交流,以提升话语权与影响力。与会各方就"9+2"主流媒体进一步扩大协作领域、深化协作内涵、建立协作机制、增强协作实效达成广泛共识并签署了合作框架协议。

王晖介绍,江西日报传媒集团目前拥有五报三刊五网站一手机报,报刊期发总量达120多万份,2011年实现总收入6.6亿元,年末总资产14.9亿元,净资产8亿元。集团一直很重视跨媒体跨区域合作。从历史上来看,江西同湖南、湖北,人缘相近,地缘相亲,报业发展所需要的许多元素都基本相同或相似。

王晖认为,三家党报集团坐在一起,也是呼应国家长江中游城市群发展战略,呼应"中三角"战略,这是我们媒体义不容辞的责任,同时这也是江西日报传媒集团向湖北日报传媒集团和湖南日报报业集团学习的一个机会,这是一个非常好的合作,除了三个省在战略层次上的合作,三个省媒体的合作,一定能够获得三赢。我们江西有鄱阳湖,湖南有洞庭湖,湖北有洪湖;江西有滕王阁,湖北有黄鹤楼,湖南有岳阳楼,既有湖又有楼。我想我们的合作就是长江把我们联系在一起,一条江把三个湖连在一块,长江是我们的母亲河,我相信我们的合作,也一定能够由湖入江,直挂云帆济沧海!

(《新闻战线》2013 年第 3 期)

后　记

　　编这本集子就是对自己从事新闻工作的一次系统回顾。我从大学毕业从事新闻工作至今，一干就是三十二年，既做过一线记者，也当过夜班编辑；既做过都市报的总编辑，也当过党报的总编辑；既做过分社的社长，现又担任省级党报社长。角色的变换使我在不同时期的新闻作品各有侧重。从当记者到担任分社社长大多是在一线采访，新闻作品主要是来自一线的报道。自从担任党报副总编辑兼都市类报纸总编辑到现在，职责不同了，下去采访的机会也就少了，这时期的新闻作品主要以新闻论文为主。

　　收在这本集子里的作品，是我在已公开发表的新闻作品中挑选出来的，由于时间跨度很大，我按内容做了些简单的分类。新闻论文部分的顺序没有按原来发表的时间顺序编排，但每篇的最后都注明了发表的时间。新闻报道部分为了体现时代的纵深感，都是按照发表时间的先后编排的。收入的作品基本保持了当时发表时的原貌，少数篇目作了一些技术上的改动。

　　沙行留痕，风过有声。在新闻从业的道路上我一路走来，路过的风景已成为历史的永恒，从时间的长河里"打捞"起自认为有价值的部分，结集呈现在读者面前，也算是给时代和历史留下个人的一抹印记，再从新的时代节点出发，不断前行。

　　在此，我要感谢这个文库的策划者、组织者，特别要感谢本书的责任编辑罗华彤先生。他们为本书的出版付出了很多努力。

王　晖

2014 年 6 月于南昌